클린 *Clean My Life*
마이 라이프

Korean Language Translation copyright © 2008 by PowerBook Publisher
DOES THIS CLUTTER MAKE MY BUTT LOOK FAT? by Peter Walsh
Copyright © 2008 by Peter Walsh Design, Inc.
All rights reserved.
Published by arrangement with the original publisher, Free Press,
A Division of Simon & Schuster, Inc., New York
through KCC(Korea Copyright Center Inc.), Seoul.

이 책의 한국어 판 저작권은 (주)한국저작권센터(KCC)를 통한 저작권자와의 독점계약으로
파워북에 있습니다. 저작권법에 의해 한국 내에서 보호를 받는 저작물이므로
무단전재와 복제를 금합니다.

클린 *Clean My Life*
마이 라이프

인생의 비계를 없애는 정리의 기술   피터 월시 지음 | 김예리나 옮김

파워북

클린 마이 라이프

초판 인쇄 2008년 11월 24일
초판 발행 2008년 11월 28일

지은이 피터 월시
옮긴이 김예리나
펴낸이 유제구
펴낸곳 파워북

디자인 아베끄(02-3143-4947)

주소 서울시 마포구 염리동 161-5 대동빌딩 4층
전화 02)730-1412
팩스 02)730-1410
등록번호 제300-1997-13호

가격 14,000원
ISBN 978-89-8160-113-3 (03320)

• 잘못 만들어진 책은 구입하신 곳에서 바꿔드립니다.

누군가의 엉덩이가 너무 뚱뚱할 때는
절대 겁내지 않고 그 사람에게 그 사실을 알려주셨던 나의 아버지,
제임스 패트릭 월시를 기리며

차례

들어가는 말:
과다체중

- 뚱뚱함의 문화 010
- 너무 많은 게 문제: 더 적은 물건으로 더 풍요로운 삶을 살자 014
- 별로 다르지 않은 두 가지, 잡동사니와 뚱뚱함 019
- 음식이 문제가 아니다 021
- 불완전함의 허용 027
- 새롭게 접근하기 029

Chapter 01
당신에게 주어진 삶

- 당신의 체중은 얼마나 무거운가? 036
- 자가진단: 체중의 무게 036
- 당신은 혼자가 아니다 041
- 당신은 뚱뚱하다—변명은 안 통한다 041
- 인생의 걸림돌, 뚱뚱함 048
- 당신이 살고 있는 삶이 당신을 뚱뚱하게 만들고 있다 054
- 잡동사니는 뚱뚱함을 부르고, 뚱뚱함은 잡동사니를 부른다 056
- 건강한 인생을 위한 정리정돈 060
- 잡동사니 법칙 060
- 잡동사니 음식 법칙 062

Chapter 02
당신이 원하는 인생

- 자신을 위한 모험을 스스로 선택하라 072
- 원대한 시작-비전을 가져라 074
- 당신이 살고 싶은 인생을 상상해 보라 075
- 당신이 그리는 이상적인 당신 079
- 뚱뚱함아, 물렀거라! 085
- 주의 깊은 식습관을 실천하라 095

Chapter 03
당신이 느끼는 감정들

- 감정보다는 이성 100
- 당신은 먹기 전, 먹는 도중, 먹고 난 후, 어떤 기분이 드는가? 108
- 새로운 습관을 길러라 113

Chapter 04
당신이 사는 집

- 고백의 시간 122
- 보통의 집이 아닌 '당신의' 집 124
- 집에 낀 비계 점검 126

Chapter 05
당신이 가꾸는 부엌

- 지저분한 부엌에서 훌륭한 선택을 내릴 수 있는 사람은 없다 134
- 당신은 부엌에서 무엇을 원하는가? 136
- 부엌의 체중을 통제하라! 144
- 구획 나누기 149
- 목적이 있는 냉장고 153
- 목적이 있는 식료품 수납장 157

Chapter 06
당신이 저장하는 음식

- 부엌 채우기와 배 채우기 168
- 당신의 하루를, 당신의 시간을, 당신의 인생을 계획하라 169
- 자가진단: 당신은 계획성 있는 사람인가? 170
- 도움이 되는 것과 도움이 되지 않는 것 178
- 새출발―시작이 반이다 180
- 다음 주 식단 짜기 188

Chapter 07
당신이 준비하는 식사

- 당신은 저녁 식사에서 무엇을 얻고 싶은가? 196
- 그냥 먹지 말고 즐겁게 먹어라! 200
- 다른 식사들 203
- 패스트푸드 209
- 당신과 함께 식사를 하는 사람 214
- 식사를 하는 장소 225
- 성공으로 가는 마지막 비결 229

Chapter 08
당신이 사는 인생

- 모든 것은 하나로 연결돼 있다 236
- 당신이 원하는 인생을 위해 운동을 하라 238

Chapter 09
당신이 뛰어넘어야 할 장애물들

- 좋아하는 음식 현명하게 즐기기 247
- 자가진단: 스스로의 약점을 파악하라 248
- 특별한 행사와 명절 256
- 스스로에게 거짓말하기 261

맺음말:
당신이 누릴 성공

- 매일의 성공을 인정하라 268
- 뚱뚱한 엉덩이는 이제 그만 269
- 자기관리의 즐거움 270
- 규칙적인 일상과 지루함은 동의어가 아니다 272
- 뚱뚱함과는 이제 정말 안녕 273
- 당신이 그리는 이상적인 인생과 이상적인 당신 274
- 포기는 금물! 275

감사의 말 276

| 들어가는 말 |

과다체중

● **뚱뚱함의 문화**

우리에게 가장 쉬운 일이 있다면 바로 뚱뚱해지는 거다. 일하는 것, 가족을 먹여 살리는 것, 돈을 버는 것은 물론이고 자리에서 일어나 TV 스위치를 끄는 것보다도 훨씬 더 쉬운 일이 바로 뚱뚱해지는 일이다. 뚱뚱해지는 게 국민적 취미생활이 돼버렸다.

신체 사이즈와 신체 이미지(body image: 자신의 신체를 보는 시각이나 인식을 뜻하는 말-옮긴이)에 있어서 우리는 혼란에 빠진 모순된 세상에 살고 있다. 삐쩍 마른 모델들과 엄청난 속도로 몸집을 줄이고 있는 연예인들을 다루는 번드르르한 패션 잡지나 연예 잡지에 대해 시사평론가나 심리학자들, 사회적으로 바른 소리 하는 걸 좋아하는 사람들은 우려의 목소리를 높이고 있지만, 진짜 문제는 딴 데 있다. 그렇다. 잡지와 영화, TV에 등장하는 날씬함의 문화는 자동차에서부터 틀니 광고에 이르기까지 손길이 미치지 않는 곳이 없다. 그러나 날씬함은 현실의 이야기와는 거리가 멀다.

현실에서는 우리는 무엇이든 '큰 것'을 좋아하는 경향이 있다. 15Km를 가는 데 4리터의 기름을 먹는 대형 승용차를 몬다. 평균 가족 사이즈는 줄어들고 있는데 평균 주택 사이즈는 꾸준히 증가하고 있다. 우리의 가정은 우리가 쇼핑으로 사들이는 물건들의 비계로 넘쳐흐르고 있다.

우리가 식사하는 양은 그야말로 거대하다. 1인당 평균 식사량은 지난 25년 동안 세 배 가까이 증가했다. 보잉(Boeing)사는 승객 1인당 체중 추정치를 10Kg 가까이 늘려야 했다. 사무용 의자 역시 우리의 펑퍼짐해진 엉덩이에 맞춰 더 크게 만들어지고 있다. 지구상에서 가장 행복한 곳이라는 수식어가 따라다니는 디즈니랜드조차 뚱뚱함의 공격을 피하지는 못하는 모양이다. 점점 더 늘어나는 직원들의 허리치수를 따라잡으려고 코스튬과 유니폼을 다시 디자인하고 있으니 말이다. 허리가 58인치라 해도 디즈니랜드에서 일하고 싶다면 맞는 바지를 찾을 수 있을 테니 걱정하지 않아도 된다는 말씀!

점점 더 뚱뚱해지고 있는 현상의 증거는 사무용 의자에서부터 브래지어 사이즈에 이르기까지 어디서든 찾을 수 있다. 모든 게 점점 더 커지고 있다. 하지만 그중에서도 가장 눈에 띄는 변화가 바로 바지 치수이다. 평균 허리 치수가 십 년도 안 되는 기간 동안 4인치나 늘었다. 미국인의 3분의 2가 과체중이나 비만에 시달리고 있는 현실 속에서 우리가 뚱뚱함을 너무나도, 끔찍이 사랑한다는 사실을 부인하기는 불가능하다.

국가 전체가 절제 없이 닥치는 대로 사들이는 소비의 잔치에 흥청대고 있다. 멈출 기미는 보이지 않는다. 우리는 그 무엇에도 만족할 줄 모른다. '많을수록 좋다'가 전 국민의 슬로건이 돼버렸다. 우리는 입맛을 쩍쩍 다시며 이런 모토를 삶의 거의 모든 면에 적용시키고 있다. 소비가 좋은 거라면 더 많이 소비하는 건 더 좋은 거라는 논리다.

물건을 사들이는 게 언제부터 국민적 집착의 대상이 된 걸까? 언제부터 우리는 그런 미치광이 소비자가 된 걸까? 우리는 어느 틈에 이렇게 뚱뚱해져 버린 걸까? 이 모든 일이 눈 깜짝할 새, 경고조차 없이 일어난 것만 같다. 어제만 해도 무리 없이 들어가던 청바지가 오늘은 허리를 죄어오는 것처럼 느껴진다. 전 세계가 우리가 보는 눈앞에서 극적으로 변해버렸다. 모든 게 더욱 빨리 움직인다. 빠른 여행, 속달 우편, 패스트푸드 등. 우리는 모두 점점 더 빨라지기만 하는 이런 속도의 소용돌이 속으로 휘말려 들어가고 있다. "지금, 바로 당장 그걸 갖고 싶다."라는 말이 이성적인 말처럼 들린다. 다른 사람들이 가질 수 있다면 왜 나라고 안 되냐고?

놀랍게도, 원하면 무엇이든 바로 얻을 수 있어야 한다는 생각이 눈앞의 현실로 다가왔다. 신용카드는 욕구가 우리를 충동질하는 순간 바로 물건을 사들일 수 있다는 한 가지 증거다. 그 물건을 살 수 있는지 능력의 여부는 상관없다. 물건 값은 나중에 지불하면 되니까. 어차피 별로 걱정하지 않아도 되는 싼 물건들이 태반이다. 결과에 대해서는 거의 생각도 해보지 않고 우리는 물건을 사들인다. 빚더미에 묻혀 있을 때조차 우리의 구매는 계속된다. 우리는 많은 것을 살 수 있고, 원하는 것은 신속하게 얻을 수 있다. 그러니 당연히 그 결과는 무엇이겠는가? 우리는 우리의 집과 인생을 물건들로 가득 채운다.

음식도 마찬가지다. 싸고, 원하면 바로 구할 수 있다. 이제 우리는 먹는 음식의 반을 집 밖에서 사온다. 테이크아웃(takeout)은 신속하고 효율적이며 저렴하다. 빠르게 돌아가는 우리 삶에도 잘 맞는다. 자기가 뭘 먹고 있는지, 얼마나 먹는지에 대해서는 생각하지 않아도 된다. 그건 나중 일이니까. 영영 생각해보지 않는 일이 될 수도 있다. 우리는 스스로의 입속에 집어넣고 있는 음식과 허리치수의 연관성에 대해서는 정말 까맣게 모르고 있는 것 같다. 심지어, '날씬해 보이기' 기능이 장착된 디지털 카메라를 구입하면 현실을 무시해버릴 수도 있다. 휴렛팩커드(Hewlett-Packard) 사는 홈페이지에서 이렇게 약속한다. "최신 HP 디지털 카메라에 장착된 날씬해 보이기 기능은 사진 속 인물의 체중을 즉석에서 줄여줄 수 있는 미묘한 특수효과입니다!" 이제 날씬했던 옛날로 돌아갈 수 있게 된 것이다. 하지만 이런 눈앞의 편리함에는 대가가 따르는 법. 오늘 돼지처럼 게걸스레 먹는 것까지는 좋다. 하지만 내일 속옷만 입고 발가벗은 채 거울 앞에 서 보자. 그러면 내가 말하는 대가가 어떤 건지 보일 것이다!

살을 빼고자 할 때도 우리는 그런 디지털 카메라의 기능과 같은 즉석 체중감량을 약속받는다. TV에서는 일주일이면 집이 뚝딱 만들어진다. 황금시간대에 TV를 켜보면 60분이라는 짧은 시간 안에 미운 오리 새끼가 새로운 얼굴과 새로운 몸을 갖게 된다. 연예인들은 출산으로 찐 살을 3주만 지나면 뺄 수 있다. 그런 즉각적인 해결책을 바라는 걸 보면서 누구를 비난할 수 있단 말인가?

그러나 그런 것들은 모두 환상일 뿐이다. 신용카드로 물건 값을 지불하는 게 편해 보일 수는 있지만 결국은 나중에 청구서가 날아올 것이라는 사실, 오랜 시간의 고된 노동을 통해 그 카드 값을 갚아야 한다는 사실을 우리 모두 알고 있다. 정기적으로 과식을 하는 것도 마찬가지다. 힘든 노력으로만 군살을 뺄 수 있을 것이다. 오늘 우리가 내리는 선택은 내일 우리가 처리해야 하는 결과를 가져온다. 거기서 빠져나갈 '프리패스(free pass)' 따위는 없다.

● **너무 많은 게 문제:**
　더 적은 물건으로 더 풍요로운 삶을 살자

　4년 전 나는 〈클린 스윕(Clean Sweep: '대청소'라는 뜻—옮긴이)〉이라는 TV 프로그램에서 정리정돈 전문가 역할을 맡았다. 이 프로그램의 취지는 매우 간단했다. 나와 디자이너 한 명, 목수 한 명, 그리고 페인트칠과 디자인 구상 등을 돕는 보조반 등으로 구성된 전문가 팀에게 이틀이라는 시간이 주어진다. 감당할 수 없는 난장판 속에서 한 가족이 벗어날 수 있도록 돕기 위한 것이다.

　2,000달러의 예산, 이틀이라는 시간 내에, 우리는 두 개의 방을 공략해서 말 그대로 기적을 만들어냈다. 이 프로그램에 나오는 집들은 이곳저곳에 물건이 조금씩 어질러져 있는 정도가 아니었다. 어떤 집에 들어섰던 때를 나는 아직도 생생히 기억한다. 그 집주인은 1미터 높이의 잡동사니 더미 속에 서서 눈도 깜짝하지 않고 "여기 어디쯤 피아노가 있었는데 17년 동안 그 피아노를 한 번도 못 봤어요."라고 말했다. 6년 동안 (식탁에서 식사를 해보지 못한 건 말할 것도 없고) 식탁의 윗면을 구경도 못했다는 가족을 만나보기도 했다. 신발을 300켤레나 가진 남자도 있었다. 그게 그나마 내가 찾아가기 전에 그가 창고에 숨겨놓은 신발들을 뺀 숫자였다! 잡동사니들 자체가 생명력을 얻어 집안 전체를 장악하여, 깔끔히 정리되어 스트레스를 안겨주지 않는 삶을 살 수 있는 기회를 가족들에게서 송두리째 앗아가고 있었다.

　〈클린 스윕〉 출연자들은 극단적인 경우일 수도 있다. 하지만 이런 상황은 〈클린 스윕〉 팀이 예상했던 것보다 훨씬 더 흔히 있는 일이었다. 프로덕션 사무실에는 보통 하루에만 250통 정도의 신청서가 도착했다. 모두 프로그램에 출연시켜달라고 애걸하는 내용이었다. 그들은 잡동사니에 파묻혀 있었고, 우리 역시 도움을 필요로 하는 사람들 속에 파묻혀 지냈다. 수많은 가정들이 소유한 물건의 무게와 부피만 해도, 그들이 감당할 수 있는 정도를 넘어서는 양이다. 요즘 같아서는 차고에 차를 주차할 공간이 남아 있는 집을 찾아보기가 힘들다. '물건'들로 꽉 차서 그 집에 사는 사람들이 난장판 사이로 길을 내서 다녀야 할 정도인 집들도 있다. 우리는 수집품, 가구, 서류, 옷, 책, 신발 등으로 꽉 차서 집주인조차 변해버린 자신의 삶에 황당해하는 그런 공간들을 목격했다.

이 프로그램은 사람들이 잡동사니들을 처치할 수 있도록 도우려는 의도로 출발했지만 빠른 속도로 어떤 다른 의미가 생겼다. 잡동사니가 많은 사람들의 삶과 그들의 대인관계에 일어나고 있는 훨씬 더 의미심장한 어떤 것을 상징한다는 게 분명해졌다. 그런 사람들에게, 그리고 내가 도왔던 많은 클라이언트들은 자신도 알아차리지 못하는 사이 일종의 '변화'를 겪었다. 이제 더 이상 그들이 물건을 소유하는 게 아니라, 물건이 그들을 소유하게 된 것이다. 더 심각한 문제를 안고 있는 사람들도 있었다. 그들의 '물건'은 그들이 스스로를 정의하는 방식이었다. '나의 소유물이 곧 나'라는 것이다. 그들은 소유물로부터 자기 자신을 분리할 수 없었고 그럴 의지조차 잃은 상태였다. 그래서 주거 공간이 부분적으로(어떤 경우에는 완전히) 쓸모없게 돼버릴 지경까지 온 것이다. 이런 패턴을 박차고 나오는 일은 혹독한 도전이다. 단순히 물건들을 쓰레기봉투에 집어넣거나, 적당한 사진 정리 상자를 찾는 문제가 아니다. 사람들이 자신이 소유한 물건과의 관계를 바로 보고 재정립하는 걸 도와주는 게 내가 하는 일이다.

이 책에 등장하는 편지들은 하루도 거르지 않고 나에게 도착하는 수많은 이메일과 편지들의 일부이다. 이름은 삭제하고 그 사람이 누구인지 알 수 있는 세부사항들은 빼버렸지만 편지에 묻어나는 감정들만은 진실하며, 그 감정들을 표현한 사람들 역시 실제 인물들이다.

> 피터 씨,
> 저는 '버리는' 법을 배울 수만 있다면 변화를 이룰 수 있을 거라고 믿어요. 이 모든 잡동사니들이 제게서 저의 인생을 앗아가고 있답니다. 저희 집에는 말 그대로나, 비유적으로나 너무 많은 것들이 어질러져 있어서 행복이 발을 디딜 틈이 없어요. 이제 제 몸도 견뎌낼 수가 없고, 우리 집도 견뎌낼 수가 없고, 제 정신도 견뎌낼 수가 없게 됐어요. 벗어날 수 없는 감옥을 스스로 만들어낸 꼴이죠. '난장판'이 제 인생의 구석구석을 지배하고 있어요.

누구에게나 단 한 번의 인생이 주어진다. 당신도, 나도, 우리의 친구들과 가족들도. 하지만 나는 이렇게 묻고 싶다. 이 인생이 당신이 원하는 인생인가? 뜻밖의 질문처럼 느껴질 수도 있다. 하지만 그게 난장판을 정리하고 집을, 그리고 궁극적으로는 그들의 삶을 정리정돈할 수 있도록 사람들을 도울 때 내가 첫 번째로 던지는 질문이다. "당신이 살고 싶은 인생에 대해 어떤 비전이 있는가?" "당신은 스스로가 원하는 인생을 살고 있는가?"

내 클라이언트들의 대부분이 헤매는 곳도 바로 이 대목이다. 어쩌다 보니 그들은 자신에게 주어진 인생에서 자기가 원하는 게 뭔지를 잊어버리고 말았다. 부지불식간에 물건이 그들의 영역을 침범한다. 좌절감과 무력감이 자리를 잡고 상황을 바꿀 수 없다는 무기력함을 느낀다.

당신이 어떤 인생을 살고 싶은지 하는 비전이 있으면, 인생의 길잡이로 삼아야 할 중요한 일들을 바탕으로 의사결정을 내릴 수 있게 된다. 식탁에 지난 3년간 쌓여온 잡지들을 계속 보관하고 싶은가, 아니면 가족과 저녁식사를 하는 데 그 식탁을 사용하고 싶은가? 좀먹은 할머니의 식탁보가 들어 있는 상자들로 차고를 채우고 싶은가, 그래서 차에 들인 투자를 물거품으로 만들고 싶은가? 침대에 아이들의 빨랫감을 쌓아두고 싶은가, 아니면 침실을 평화와 사랑의 공간으로 만들고 싶은가? 집이 당신을 숨막히게 해서는 안 된다. 가정은 폭풍에서 당신을 지켜줄 안식처가 돼야 한다. 가정은 머리 위를 가려주는 지붕, 그 이상의 의미를 가져야 한다. 행복을 향한 여정에서 가정을 든든한 버팀목으로 만드는 일은 당신에게 달렸다.

내가 목격한 변화들은 빠른 속도로 진행됐고 경이로웠다. 사람들은 숨 쉴 공간이 생기면 정신도 풍요로워진다. 새로운 에너지와 희망도 생긴다. 그 과정의 끝에서 사람들은 약속이나 한 듯 이렇게 말한다. "이 일로 제 인생이 바뀌었어요." 놀라움과 기쁨을 안겨주는 말이다. 나는 독자들과 시청자들, 클라이언트들이 소유물과의 관계를 재정립할 수 있도록 돕는 동시에, 그들이 자신의 삶을 다른 방식으로 볼 수 있도록 돕고 있다. 피상적으로가 아니라, 자기 주변의 모든 사물 및 모든 사람들과의 관계를 변화시킬 수 있도록 말이다.

집을 정리하고 거기서 오는 변화들을 지켜보는 이 모든 과정에서 다음과 같은 두 가지 중대한 깨달음을 얻었다.

1. 물건이 문제가 아니다

사람들이 잡동사니들을 처치하는 걸 도울 때 그 첫 단계는 시야를 넓혀 그들이 난장판 자체를 넘어 그 이상의 뭔가를 볼 수 있게 하는 것이다. 이 말이 이상하게 들릴 수도 있다는 건 나도 안다. 하지만 자신이 소유한 물건들과 씨름을 하고 있을 때 초점을 그 물건들에만 맞춰서는 절대 그 물건들을 길들이지 못할 것이다. 나를 믿어라. 대부분의 경우 문제는 그 '물건'이 아니다. 잡동사니는 추억을 잃고 싶지 않은 두려움, 미래에 대한 걱정, 뭔가 나쁜 일이 일어날 거라는 직감과 관련이 있다. 난장판을 만드는 일은 상실을 다루는 한 방법이다. 과거의 어떤 트라우마에서 오는 고통을 감추기 위한 방법일 수도 있다. 오빠의 갑작스럽고 비극적인 죽음 때문에 가족의 기념품을 버리지 못했던 여성, 아이들의 과제물이 아들 딸들과 가깝게 지냈던 시절을 상징한다고 느껴 이를 모두 간직했던 아버지, 신분도용을 너무나 두려워한 나머지 신상정보 서류들로 넘쳐나는 집에 사는 부부 등도 있었다.

　답을 구하려면 난장판을 넘어서 보라는 말은, 바꿔 말하면 그 아래 숨은 문제들을 해결하라는 뜻이다. 물건에만 초점을 맞추면 절대 주변의 난장판을 정복할 수도, 당신의 가정을 채우고 있는 군살과 군더더기를 절대 해결할 수 없을 거라는 걸, 나는 이미 오래전에 깨달았다. 사람들이 소유물을 보는 방식을 재구성할 수 있도록 돕는 일에서 내가 성공할 수 있었던 것도 그런 깨달음 덕분이다. 이 깨달음이 수년간 쌓여온 인생의 난장판과 무질서를 극복할 수 있도록 사람들을 돕는 일의 근본이었다.

2. 집은 당신의 인생을 반영한다

당신의 집은 당신을 비춰주는 거울이다. 그냥 그럴싸한 말이 아니라 현실적이며 실질적으로 근거가 있는 말이다. 우리가 '국민 전염병인 비만'과

씨름하고 있으며, 동시에 난장판으로 허덕이며 '물건'으로 가득 찬 집에 살고 있다는 건 우연의 일치가 아니다.

  난장판과 씨름을 하며 가정에 조화와 질서감을 되찾아주는 일은 많은 사람들의 마음을 움직였다. 그 누구도 예상치 못한 방식으로 말이다. 갑자기 '난장판'은 더 이상 들어갈 자리가 없는 벽장이나 차고 이상의 훨씬 더 큰 무엇을 의미하게 됐다. 대부분의 경우 자신이 소유한 물건과의 관계를 변화시키는 일은, 그보다 더 큰 과정, 즉 그들 삶의 다른 관계들을 바로잡는 일의 첫 단계였다. 부부들은 그들의 관계를 다시 보고, 그들 삶의 심리적 면을 꽉 막고 있던 장애물을 허물어갔다. 각자의 길을 간 부부들도 있었다. 어떤 부부들은 관계가 계속되려면 커다란 변화가 필요하다는 것을 깨달았다. 사람들은 살을 뺐고, 직업을 바꿨고, 시간을 소비하는 방식을 재평가했고, 우선순위를 재정리했다. 삶의 난장판을 청소하는 일은 단순히 책상 위의 필요 없는 서류들을 치우는 일이나, 차고에서 쓰레기를 모두 꺼내는 일 이상이었다. 난장판을 치우고 정리하는 일은 나의 도움을 받은 사람들의 삶의 모든 면에 영향을 미쳤다.

● 별로 다르지 않은 두 가지, 잡동사니와 뚱뚱함

이제 나는 또 다른 관계를 위해 당신을 돕고 싶다. 바쁜 일상의 압박과 절박함에 시달릴 때 놓치게 되는 또 다른 관계. 강도 높으며, 심하면 생명을 위협할 수도 있고, 재정립하기만 한다면 당신의 인생을 바꿔놓을 파워를 가진 또 다른 관계. 이 책은 당신의 몸과 당신의 관계에 대한 것이다. 당신이 자신의 몸에 대해 어떻게 생각하는지, 그 속에 어떤 음식을 집어넣는지, 자신의 몸을 어떻게 대하는지, 자신의 몸에 만족하는지에 대한 책이다. 우리가 살고 있는 문화권에서는 대부분의 사람들이 스스로의 몸과 맺고 있는 관계를 사이즈로 결정한다. 당신이 이 책을 집어든 이유도 아마 당신의 신체 사이즈 때문이었을 것이다. 그리고 이런 신체 사이즈의 문제는 잡동사니 정리가로서의 내 전문지식이 유용하게 쓰일 수 있는 분야이기도 하다. 이 책은 당신 주위와 내부에 있는 잡동사니에 대한 것이다. 당신이 원하는 인생을 살고, 당신이 되고 싶은 사람이 되는 걸 방해하는 잡동사니에 대한 것이다. 우리가 음식과 맺고 있는 관계는 복잡하다. 뚱뚱한 사람의 경우, 문제는 더욱 현실적이며 기적 따위는 없다. 변화를 위해서는 솔직한 충고가 필요하고 그런 충고를 제공하고자 내가 지금 이 자리에 있는 것이다.

　잡동사니가 문제가 되지 않는 사람은 극히 드물다. 내 클라이언트들만 봐도 너무나 많은 이들이 인생의 초점을 잃어버린 것 같다. 뭔지도 모르는 그 무엇을 향한 열망, 그들을 괴롭히지만 잘 설명할 수도 없는 열망을 가지고 살고 있는 것 같다. 더 많은 물건을 사들이고, 더 많은 음식을 먹어대면서 그들은 '뭔가 더' 갖고자 하는 욕구를 충족시키려 애쓰고 있다. 그러나 그런 것들이 아무리 많이 쌓여도 욕구는 사라지지 않는다. 그런가 하면 어떤 이들에게는 삭일 수 없는 좌절감이나 분노와 결합된 권태가 원인일 수도 있다. 다시 한 번 말하지만 이것은 많은 이들이 정확히 집어내는 데 어려움을 느끼는 문제다. 하지만 그게 무엇이든, 물건들로 인생을 채우고자 하는 사람들의 욕구 이면에 숨어 있는 것만은 분명하다. 물질적인 것들이 의미와 만족감을 가져다 줄 거라는 게 그들의 희망사항이다. 결코 이뤄질 수 없는 희망사항.

　우리는 더 많이 소비하고자 하는 욕망과 끝없이 싸워야 한다. 잡동사니와 뚱뚱함, 이 둘은 별로 다르지 않다. 둘 다 눈에 보이는 순간 원하게 되고, 꼭 손에 넣고야 말겠다고 느끼게 된다. 소비가 왕이다. 우리는 너무 많이 소비하고, 너무 많이 사들이고, 너무 많이 먹는다. 넘쳐나는 물건들 속에 파묻혀 가듯이, 설탕과 지방이 주재료인 고칼로리 잡동사니로 우리 몸은 질식된다. 우리는 모두 도저히 떨쳐버릴 수 없을 것 같은 군살을 달고 다닌다. 집안의 물건들은 처리가 불가능하고, 감당할 수 없는 양이지만 쇼핑을 계속한다. 늘어나는 체중 역시 마찬가지로, 더 이상 감당이 안 될 정도지만 계속 무절제하게 먹어댄다. 잡동사니로 고생을 하고 있다면 곧 뚱뚱해질 것이라거나, 체중 문제가 있다고 해서 자동적으로 집도 난장판이 될 거라고 말하려는 게 아니다. 그렇게 간단한 문제가 아니다. 하지만 한 가지 분명한 것은 우리는 체중 문제에 시달리고 있으며 그게 우리를 파괴하고 있다는 것이다. 주위를 둘러보라. 뚱뚱해진 집들과 뚱뚱해진 상가들, 뚱뚱해진 차와 뚱뚱해진 사람들을 보라. 잡동사니와 비만, 이 둘은 서로를 비춰주는 거울이다. 이 둘 중 어느 하나를 해결하고 싶다면 사물을 보는 방식 전체를 변화시켜야 한다.

● 음식이 문제가 아니다

난장판이 된 집들을 돌아다니며 배운 게 있다. 뚱뚱함을 포함해 뭔가 지나치게 많이 가진 게 있다면, 그 뒤에 숨은 문제를 해결하지 않고서는 절대로 그걸 없앨 수 없다는 것이다. 살을 빼고 원하는 몸과 외모를 갖고 싶다면, 당신이 사는 공간, 당신이 사는 방식과 관련된 여러 가지 면들에 대해 생각해 봐야 한다. 당신이 살고 싶은 인생에 대해 생각해 봐야 한다. 집을 볼 때와 같은 방식으로 스스로의 몸을 보며 이렇게 물어봐야 한다. '나는 내 몸을 아끼고 존중하는가? 이 몸은 내가 어떤 사람인지 잘 반영하고 있는가?' 목표가 불분명하고 사고에 초점이 없으면 당신의 앞길을 가로막고 있는 습관들을 버릴 수 없을 것이다.

엉덩이에 늘어진 살들을 처치하려면 체중계의 숫자를 넘어 그 이상을 볼 수 있어야 한다. 체중에 초점을 맞추면 절대 살을 뺄 수 없을 것이다. 이 말이 통념을 거스른다는 것은 나도 안다. 하지만 이렇게 생각해 보자. 우리는 매년 다이어트 관련 서적과 다이어트 요법에 400억 달러를 쏟아 붓고 있다. 매년 4천 5백만 명에 이르는 미국인들이 한 번씩은 다이어트를 한다는 통계 결과도 있다. 그런데도 우리의 체중은 점점 불기만 한다. 다이어트가 살을 빼는 열쇠라면, 다이어트 관련 서적은 증가하는데도 왜 체중이 점점 불기만 하는 걸까? 미국인 대다수가 일 년에 적어도 한 번씩은 다이어트를 하고 있다면 왜 3분의 2에 이르는 국민들이 체중 과다인 것일까? 내가 말할 수 있는 건 그런 다이어트 책들 대부분이 허황된 약속과 단기적 결과들로 가득 차 있다는 사실이다.

이런 책들은 몸무게를 재고, 치수를 재고, 우리 입속에 넣는 것들을 숫자로 계산하는 데 많은 시간을 투자하라고 부추긴다. 이런 책들은 우리에게 패배의식과 죄책감만 가득 안겨준다. 게다가 이런 다이어트 책 한 권을 사들일 때마다 집의 잡동사니는 점점 더 늘어난다. 이미 불 대로 불어난 책장과 엉덩이만 더 무거워질 뿐이다! 그러면 또 더 많은 다이어트 책들을 사들이게 되고 그 무게는 점점 늘어난다. 이런 모순이 또 있을까. 나도 잡동사니와 체중 사이의 연관성을 하루아침에 깨달은 것은 아니다. 1년 전쯤 나는 『뒤죽박죽 내 인생 정리의 기술(It's All Too Much: An Easy Plan for Living a Richer Life with Less Stuff)』이라는 책을 펴냈다. 책이 출간

되고 얼마 안 돼서 이 책을 활용해 자신의 집과 인생에서 잡동사니들을 없애버리는 데 성공한 독자들의 이야기를 듣기 시작했다. 그들의 편지로 예상하지 못했던 파급효과를 한 가지 발견했다. 어렴풋이 짐작만 했던 연결고리가 독자들의 경험을 통해 분명해졌다. 삶의 모든 면, 특히 체중 면에 있어 잡동사니들이 가지고 있던 영향력에 대한 실제 사례들이 물밀듯이 쏟아졌다.

피터 씨,
저는 성인이 되고 거의 언제나 과체중이었어요. 그 생각이 떠날 날이 없어요. 하나의 짐이 된 거죠. 살을 뺐다가 다시 찌기를 수차례 반복했어요. 제가 공허함을 채우기 위해 음식을 먹는다는 걸 깨달았을 정도로 이 분야에 대해서는 빠삭하게 알고 있죠. 하지만 제가 몰랐던 게 있다면 그건 똑같은 이유로 제가 잡동사니들, 상자들, 추억들을 제 인생에 붙잡아 두고 있었다는 거죠. 거기다 그런 잡동사니들은 보이지 않는 족쇄가 돼 저를 옭아매고 있었어요. 체중과 마찬가지로 제 물건들도 하나의 짐이 돼 버린 거죠. 그런데 그 짐을 어떻게 해결했냐고요? 당연히 먹는 걸로 해결했죠!
최근 난장판이 된 제 인생을 정리하기 위해 『뒤죽박죽 내 인생 정리의 기술』을 읽었어요. 지하실에 있는 상자들을 없애버릴 방법, 제 여동생이 40년 전에 보내준 코코넛을 처치할 방법을 마침내 찾게 될 거라고 생각했죠! 그런데 제가 발견한 것은 그와는 매우 다른 것이었어요. 피터 씨는 그 책을 통해 제가 항상 그려온 삶을 사는 걸 가능하게 해주었어요. 아니요, 그보다도 더 의미심장했어요. 저 스스로도 그렇게 살아야 한다고 이미 알고 있던 그런 삶을 살게 해줬죠.

피터 씨의 책을 읽은 후 저는 상자들과 벽장, 그리고 차고를 정리하기 시작했어요. 저는 몸이 한결 가벼워졌다고 느끼기 시작했어요. 말 그대로요. 2주 정도는 그걸 제 식사 습관, 그리고 궁극적으로 체중과 연관지어 생각하지 못했어요. 하지만 계속해서 제 인생의 잡동사니들을 없애려고 노력하다 보니 제가 음식에서도 더 나은 선택을 내리고 있다는 사실을 깨달았어요. 기회가 엿보일 때마다 간식거리를 찾지 않게 된 거죠. 운동을 하고 싶은 욕구도 되살아났어요. 제 말이 이상하게 들리리라는 건 저도 알지만 그게 사실인 걸요……. 이 책은 제가 몇 년 동안이나 찾아 헤맨 깨달음을 주었어요.

절대로 옛날처럼 돌아가지는 않을 거예요. 피터 씨 말대로 물건이 문제가 아니라는 걸 아니까요. 체중도 문제가 아니죠. 진짜 중요한 건 제 인생이라는 걸 알게 됐어요.

수많은 독자들이 편지와 강연회 그리고 라디오에서 나에게 말을 걸어오기 시작했다. 그들은 자신이 살고 싶었던 인생에 초점을 맞추자 몇 년 간 쌓여온 물건들 속에서 벗어날 수 있었다고 말했다. 자신들이 살 자격이 있다고 생각하는 인생에 초점을 맞추자 몇 년간 계속해온 폭식에서도 벗어날 수 있었다고 말했다. 당신도 할 수 있다.

피터 씨,
저는 다이어트라면 거의 안 해본 게 없고, 정리정돈을 위한 다양한 제품들과 책에도 투자를 해왔어요. 다이어트나 정리정돈에 대한 '해답'이나 '특효약'으로 보이는 거라면 닥치지 않고 다 해봤죠. 제가 깨달은 건 제 체중과 잡동사니가 음식이나 물건과는 거의 관계가 없다는 거예요. 모두 인생을 보는 저의 사고방식과 관련이 있었던 거죠…….
저를 괴롭게 했던 집안의 많은 물건들을 없애버리고 나니(이제 저는 제
2차 〈클린 스윕〉을 시작하려고 하고 있어요) 제가 좋아하는 물건들이 모습
을 드러냈어요. 살도 5Kg정도 빠졌답니다. 없애버려야 할 많은 것들
가운데 첫 번째에 불과하긴 하지만 현재에 충실한 태도로 사는 한(제
게 필요하고 제가 좋아하는 물건들만 간직하고 현명한 식습관을 유지하면서요)
제가 살고 싶었던 인생을 살 수 있을 거라는 자신이 생겼어요.

피터 씨,

저는 집의 난장판을 정리하는 게 제 체중에 영향을 준다고 생각하지
는 않아요. 하지만 지저분한 환경 속에서 사는 게 체중 문제를 안고
있을 때와 비슷한 기분을 느끼게 하는 것 같기는 해요. 둘 다 극복할
수 없는 문제 같은 좌절감, 그리고 완전한 무력감을 안겨주죠. 저는
제 물질적 잡동사니의 돌파구를 마련하기 위해서 〈클린 스윕〉과 피터
씨의 책을 통해 배운 테크닉을 활용하고 있어요. 그리고 잡동사니가
없는 깔끔한 공간에 들어설 때의 느낌은 형용하기가 힘들답니다. 방
안에 들어서면 저도 모르게 그 자리에 서서 주위를 둘러보게 되죠.

체중감량도 어디서 어떻게 시작해야 할지 모르겠다는 기분이 들지
만 불행히도 체중 문제만큼은 아직도 뭘 어째야 좋을지 모르겠어요.
제 인생, 일과 관련된 좌절감을 더 잘 다스릴 수 있을 때까지는 물질
적 잡동사니를 정리하는 데 초점을 맞추기로 했어요. '내적' 잡동사
니를 해결하는 건 다음 기회로 미루려고요.

잡동사니, 아니면 체중? 체중, 아니면 난장판? 무엇이 해결책일까? 우

리는 한발 뒤로 물러서서 큰 그림을 볼 필요가 있다. 당신이 먹는 음식, 당신의 일, 대인관계, 스케줄, 구매습관, 식습관 등 인생의 다양한 부분들을 분리된 작은 상자들로 따로 분류하는 건 커다란 실수다. 잠시 동안 당신이 사는 곳, 소유하고 있는 물건, 사람들과 관계를 맺는 방식, 먹는 음식, 시간을 소비하는 방식 등이 서로 밀접하게 연결되어 있다고 생각해 보자. 인생의 모든 면을 바꾸지 않고 어느 한 부분만 변화하는 것은 불가능하다.

피터 씨,
제 큰언니는 잡동사니 문제와 체중 문제 둘 다를 안고 있는 경우예요. 언니는 어렸을 때도 통통했고 십대 후반과 20대에는 다이어트에 따른 요요 현상도 여러 번 겪었어요. 결혼하고 조카를 낳은 후로는(그 후에는 이혼을 겪었답니다) 살이 많이 쪘어요. 이 시기에는 언니의 집 역시 완전히 악몽으로 변했죠. 제가 이 두 문제의 원인을 짚어본다면, 결혼 생활이 별로 행복하지 않았던 탓에 그걸 음식과 쇼핑으로 풀었기 때문이라고 해야 할 것 같아요. 체중 증가는 악순환으로 반복됐고 쇼핑도 마찬가지였어요. 쇼핑을 하면 할수록 잡동사니는 점점 더 많아졌고, 결국 어디서부터 손대야 할지 모르는 지경까지 가게 된 거죠. 책이며 잡동사니, 빈 상자들, (십 년 전에) 언니의 전남편이 남기고 간 물건들을 하나도 버리지 않아서 곳곳에 널브러져 있어요. 삶이 혼돈에 빠지면 그 혼돈이 그 사람 인생의 모든 부분에 고스란히 나타나는 것 같아요.

마음을 정리하고, 집을 정리하고, 음식과의 관계를 정리하라. 그리고 그런 노력이 당신의 삶의 방식 모든 면에 가져올 파급효과를 지켜보라. 잡동사니를 처치하라. 동시에 당신이 원하는 삶을 사는 데 방해가 되는 사고 및 행동 패턴들까지 함께 없애버려라. 물건에 초점을 둔 채 잡동사니를 청소하려고 하면 정리정돈에 실패할 것이다. 문제는 물건이 아니다. 음식에 초점을 둔 채 살을 빼려고 하면 당신의 몸을 영구적으로 변화시키는 일은 불가능할 것이다. 우선 당신이 살고 싶은 삶이 어떤 것인지 정해라. 그 비전을 엉망으로 만들어 놓는 문제들을 파악해라. 우선순위를 정리해라. 그런 우선순위가 성공적으로 효과를 얻을 수 있는 세상을 만들어라. 스스로를 아끼고 존중하는 법을 배워라. 그래야만 당신의 몸을 스스로 통제할 수 있는 힘도 함께 따라나올 것이다.

● **불완전함의 허용**

날씬함은 삶의 문제들에 대한 해답이 아니다. 뚱뚱함 역시 삶의 문제는 아니다. 내가 하는 일의 핵심은 사람들이 스스로에게 정직할 수 있도록 돕는 데 있다. 거기서부터 변화가 시작된다. 당신은, 정상체중보다 5Kg이 더 나가는 게 잘못된 일이며, 인생을 망치는 일이라는 생각에 사로잡혀 있지 않은가? 그건 사실이 아니기 때문에 묻는 말이다. 당신이 그걸 문제로 삼지만 않는다면 말이다. 손자들을 앉히기에 더 없이 좋은 푹신푹신하고 부드러운 무릎을 가진 60세 할머니, 할아버지인 경우라면 더더욱 그렇다. 인생의 다른 무엇에서도 완벽을 추구하지 않으면서 체중만큼은 완벽주의자들이 존재하는 것은 무엇 때문일까? 당신에게 가장 중요한 것은 무엇인가? 개인적 행복, 사랑, 가족, 관계가 답이어야 한다. 내 경우만 해도, 나는 환상적인 몸매를 갖고 있지 않다. 나는 이제 오십 대에 이르렀고 이대로도 편하고 좋다. 나는 살면서 만나는 주변 사람들을 사랑한다. 나는 매일 아침 행복한 마음으로 잠에서 깬다. 삶은 즐겁다. 행복이 우리가 추구하는 이상이며, 당신의 우선순위에서 중심점이 돼야 한다. 행복은 균형 잡힌 삶, 건강한 삶의 열쇠이다.

난장판이 된 가정에 들어설 때마다 '물건들'은 모두 내 시야에서 멀어져 뒷배경이 된다. 나의 초점은 그 집에 사는 사람들에게, 그들의 꿈, 그들의 절망, 그들의 공포, 그들의 희망에 맞춰진다. 나는 체중계가 뭐라든지 개의치 않는다. 당신이 무슨 사이즈를 입는지 신경 쓰지 않는다. 나는 당신의 BMI(Body Mass Index, 체질량지수)에는 관심이 없다. 나는 어제까지 당신이 어떤 음식을 먹었는지 신경 쓰지 않는다. 나에게 중요한 건 내가 만나는 사람들이다. 당신은 기분이 어떤가? 당신은 새로운 사람들과의 경험에 열린 자세를 가지고 있는가? 당신은 자신감과 긍정적 자세로 충만한가?

나에게 중요한 건 당신이 살고 있는 세계이다. 그 세계는 안전하고 안락한가? 당신은 현관문을 지나 집에 들어서는 순간을 기다리는가? 당신에게는 집이 천국인가? 당신이 사는 집은 당신이 살고 싶은 삶을 반영하고 있는가?

나에게 중요한 건 당신이 스스로의 몸을 대하는 방식이다. 당신은 스스로의 몸을 존중하는가? 육체적 활동을 통해 즐거움을 얻는가? 건강한 성생활을 유지하고 있는가? 잘 자는가? 건강한가? 친구들이나 가족과 함께하는 유쾌한 식사를 즐기는가? 당신은 건강하게 오래 살기 위한 조건들에 부합하는가?

나는 당신이 최선을 다해 최고의 삶을 살았으면 하는 것이다. 그리고 그 최고의 삶이 어떤 삶인지 당신 스스로 결정했으면 하는 것이다. 나는 일주일에 세 번, 20분씩 운동하라고 잔소리하지 않을 것이다. 그게 당신을 행복하게 하는 데 도움이 될지 알 수 없기 때문이다. 그 해답을 찾기 위해 당신은 스스로의 내면을 살펴봐야 한다. 나는 내면을 살피는 당신을 돕기 위해 이 자리에 있는 것뿐이다.

만약 당신은 뚱뚱하지만 그대로도 행복하다면 정말 잘된 일이다. 그렇다면 당신에게는 이 책이 필요 없다. 있는 그대로의 자신의 모습을 받아들이라고 말하고 싶다. 불완전함은 문제가 아니다. 불행함이 문제다. 이 책의 목표는 행복, 그리고 그 행복을 만끽할 수 있는 무병장수다. 당신이 스스로의 체중과 수명에 만족하면 정말 잘된 일이다! 그렇다면 이 책을 내려놓고 칼로리가 750g이나 되는(내가 그걸 일일이 계산하고 있다고 오해하지는 말 것) 스타벅스의 스트로베리&크림 프라푸치노 블렌디드 크림을 마시며 하루 일과를 마감해도 좋다.

당신의 삶을 둘러봐라. 당신과 가족들에게 당신의 체중이 불러올 결과가 중요하지 않다면, 당신이 아무 건강 문제를 가지고 있지 않다면 평균치를 초과한 5Kg에 집착하는 일은 그만두고 인생을 즐겨라. 나는 체중감량 그 자체만을 위한 체중감량에는 반대하지만 행복한 인생을 살아야 한다는 데는 찬성한다. 그러나 당신의 엉덩이에 살이 늘어지고 있고, 그게 마음에 들지 않는다면 이제 그 군살을 없애버려야 할 때가 왔다.

● **새롭게 접근하기**

이 책은 다이어트나 운동에 관한 책이 아니다. 이 책에는 다이어트용 요리법이나 운동요법은 나와 있지도 않다. 그런 걸 원한다면, 사볼 수 있는 책들이 수백 권도 넘게 나와 있다. 그런 책이라면 이미 한 권쯤 다들 가지고 있을 것이다. 이 점을 명심할 것. 나는 의사나 다이어트 전문가, 또는 운동 생리학자가 아니다. 그런 분야의 전문가들은 이미 충분히 있고, 그런 열풍에 괜히 한몫 거들고 싶은 생각도 없다. 그러나 나는 더 간소하고 풍요로운 삶, 덜 어질러진 초점 있는 삶을 살 수 있도록 수천 명의 사람들을 도와왔다.

이 책은 수년간의 경험과 엄청난 양의 상식의 산물이다. 나는 사람들이 자신의 삶을 통제할 수 있도록 돕는 방법, 그들이 소유물의 '비계' 속에서 헤어나도록 돕는 방법을 알고 있다. 나는 난장판에 휩싸인 이런 상황을 수백 번도 넘게 목격해 왔고, 우리 가정과 물건에 적용되는 이런 사실이 우리 몸과 체중에도 그대로 적용될 수 있다고 믿는다. 체중과 잡동사니 사이의 놀라운 유사성, 그리고 점점 더 불어가고 있는 체중이 이 책의 숨은 원동력이었다. 난장판이 된 집은 당신의 인생에 엄청나게 부정적인 영향을 미칠 수 있다. 과체중이나 비만 역시 당신과 당신의 가족, 당신의 인생에 충격적인 결과를 가져올 수 있다.

요즘 열광적으로 유행하는 다이어트들과 달리 나는 즉각적인 결과를 약속하지 않겠다. 14,000원이라고 가격표가 붙은 이 책 속에 자가 지방흡입 세트가 들어 있을 거라고 생각했다면 잘못 찾아왔다. 한 방에 드는 특효약을 원한다고? 다른 사람을 찾아보는 게 좋겠다. 나는 당신이 인생의 모든 면을 개선해 줄 장기적인 결과를 얻길 바란다. 그리고 내 말을 믿어라. 그런 일은 하루아침에 일어나지 않을 거고 일어날 수도 없다.

이 책의 목표는 간단하다. 이 책은 당신이 살아야 할 인생에 한발 더 가까이 갈 수 있는 방법을 보여줄 것이다. 이 책은 당신의 몸과 당신 사이의 관계를 재정립하는 데 도움이 될 것이다. 『뒤죽박죽 내 인생 정리의 기술』이라는 책이 사람들과 물건과의 관계를 재정립하는 데 도움이 됐듯이 말이다. 당신의 행복이 이 책의 목표다. 뚱뚱하든, 날씬하든, 지저분하든, 깔끔하든 나는 당신이 행복해할 수 있는 인생을 찾기를 바란다. 이제 세상은 복잡한 곳이 됐다. 많은 이들에게 이 세상은 공포와 불확실성으로 가득 찬 곳이다. 하지만 당신의 체중은 분명 스스로가 통제할 수 있는 대상이다. 행복으로 가는 길에 당신의 체중이 걸림돌이라면 그 방해물을 말끔하게 처리해 버리자.

당신은 아마 다이어트를 해본 적이 있을 거고, 십중팔구 실패했을 것이다. 별로 놀랄 일이 아니다. 지방은 잡동사니처럼 감당이 안 될 수도 있다. 뭐든 지나치면 관리가 힘들다. 통제불능이라고 느껴질 수밖에 없을 것이다. 나는, 우리들 모두를 흔들어놓는 지금과 같은 소비의 물결에 대처할 수 있는 분명하면서도 간단한 방법을 알려줄 것이다.

이 책은 당신의 감정, 집, 부엌, 식료품 수납장이 당신이 원하는 인생에 어떤 긍정적인, 또는 부정적인 영향을 주는지 살펴보는 데 도움이 될 것이다. 이 책은 당신에게 스스로가 음식 및 식습관과 맺고 있는 심리적 관계를 살펴보라고 촉구할 것이다. 이 책은 당신의 구매 습관, 식사 습관, 운동 습관에 초점을 맞출 것이다. 지식이 뒷받침된, 강단 있는 선택을 스스로 내릴 수 있도록 말이다. 건강한 식습관이 당신의 라이프스타일에 맞지 않는다고? 뭐, 할 수 없이 당신의 라이프스타일을 뜯어고치는 수밖에 없다.

나는 음식에 대해 말하려고 이 책을 쓴 게 아니다. 음식에 대해서라면 이미 당신도 차고 넘칠 만큼 잘 알고 있을 테니까. 뚱뚱한 사람들은 음식에 대한 온갖 지식을 다 겸비하고 있다. 칼로리, 당분 함량, 영양가 등. 당신은 음식과 매우 가까운 관계를 가지고 있을 수도 있다. 하지만 그 관계가 만족감을 줄 것이라고 기대하지는 말 것. 잡동사니처럼 음식 역시 모든 것을 줄 것처럼 약속하지만, 정작 아무것도 주지 못한다. 이 책의 초점은 당신이 먹는 음식에 있지 않다. 이 책은 당신이 사는 인생에 대한 것이며, 음식과 인생 사이의 밀접한 관계에 대한 것이다. 궁극적으로 이 책은 당신이 소유한 물건과 당신이 먹는 음식과의 관계를, 그리고 당신이 삶을 사는 방식을 재정립하는 데 도움이 될 것이다. 그 과정에서 당신은 삶을 살아가는 방식을 완전히 변화하게 될 것이다.

> **Activity** *다이어트에 대해 가지고 있는 생각들, 버릴 것인가 말 것인가!*
>
> 다이어트 서적들과 잡지들은 살을 빼기 위한 수백만 가지 손쉬운 팁과 요령들을 알려준다. 식사 30분 전에 물을 열 잔씩 마셔라. 탄수화물은 적이다. 일주일 동안 자몽만 먹으면 살을 뺄 수 있다. 하루에 물을 백 잔씩만 마시면 죽을 때까지 다시는 허기를 느끼지 않을 것이다. 샐러드드레싱은 몸에 나쁘다. 디저트는 독이다, 등등 끝도 없다. 모든 다이어트에는 저마다의 과학, 연구, 이론 등이 뒷받침돼 있다. 그래도 나는 개의치 않는다. 모두 잡동사니에 지나지 않는다.
>
> 나는 당신이 이런 잘못된 생각들을 버리기를 원한다. 당신이 스스로를 위해 정한 규칙들을 다 내던져 버리기를 원한다. 뒷부분에 가면 몸에 밴 나쁜 습관들을 내던져 버리라고 하겠지만, 그런 습관들만큼 매몰차게 내다 버려야 할 게 있다면 바로 이런 잘못된 생각들이다. 물론 당신에게 잘 맞는 방법이 있다면, 그걸 즐긴다면, 계속해도 좋다. 인생에 그 정도 공간은 있다. 하지만 체중감량 요법과 요령들이, 노력이 필요 없는 마법 같은 체중감량으로 가는 지름길이 돼 주기를 바란다면 그런 생각은 버리는 게 좋다. 이제 눈속임은 통하지 않을 테니까.

안 그런 사람은 별로 없겠지만, 빠지지 않는 군살 때문에 고생해 본 적이 있는 사람이라면, 이제 그 군살을 완전히 새로운 관점에서 볼 수 있는 기회가 이 책 속에 있다. 다이어트와 운동 관련 서적들이 무용지물이었다면, 변하고 싶지만 그 방법을 잘 모르겠다면, 이제 현실성 있고 효과가 있는 변화를 만들어낼 때가 왔다.

그게 쉬운 일이 될 거라거나 즉각적으로 결과를 얻을 수 있을 거라고 말하려는 건 아니다. 그러나 나는 수많은 사람들을 도와왔다. 그들에게서 기쁨과 즐거움을 앗아간 잡동사니의 홍수를 처리하는 일을 도와왔다. 매일같이 우리를 괴롭히는 고무줄 허리띠에도 똑같은 교훈을 적용할 수 있을 것이다. 당신이 이 책을 믿고 받아들인다면 남은 인생 동안 계속될 변화를 만들어내기 위한 전략과 테크닉을 손에 넣을 수 있을 거라고 약속한다.

해결책은 당신 손안에 있다. 선택은 당신의 몫이다.

당신에게 주어진 삶

The Life You Have

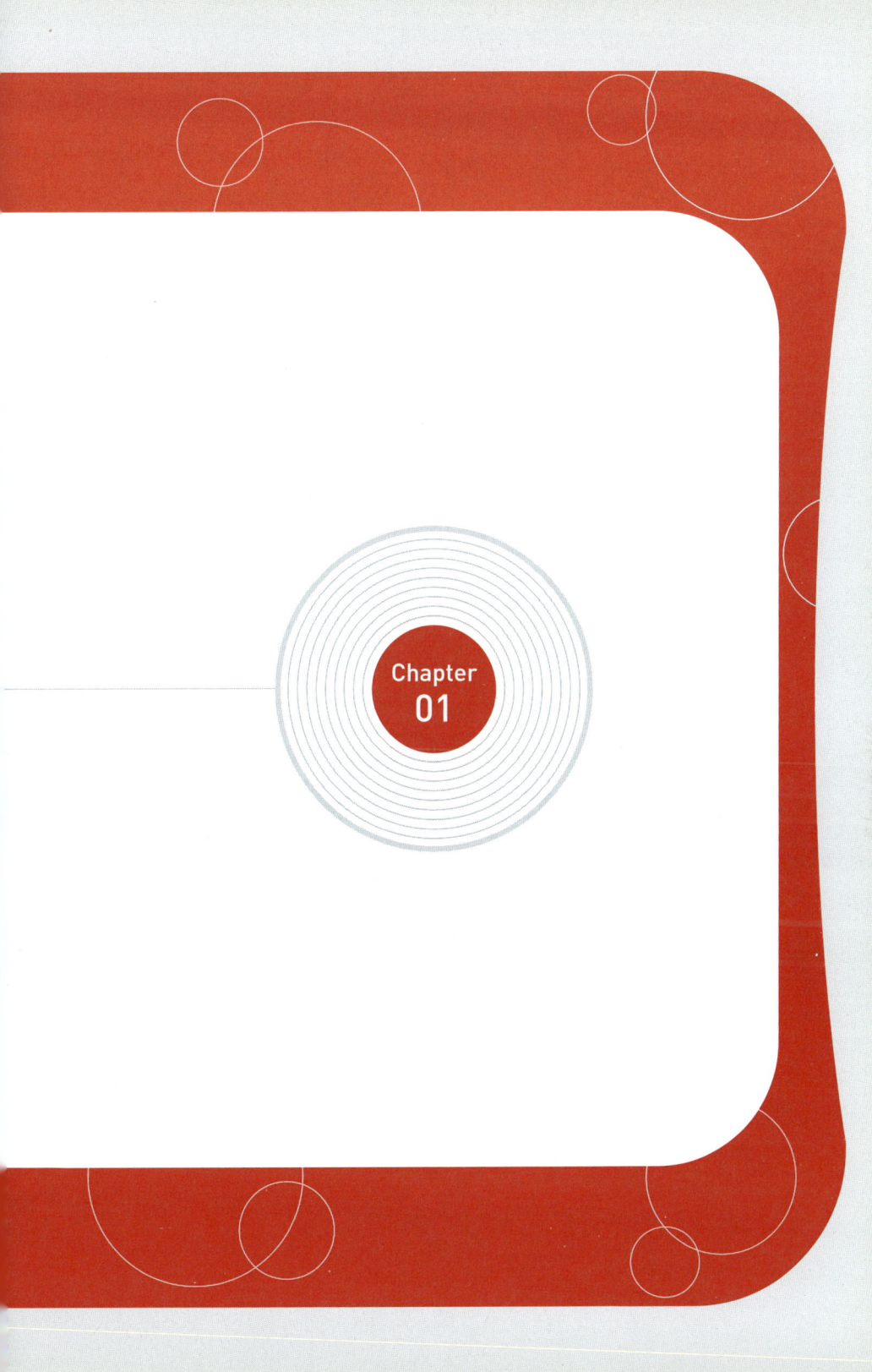

Does · This · Clutter · Make · My · Butt · Look · Fat?

● 당신의 체중은 얼마나 무거운가?

2015년이면 전체 인구의 4분의 3이 비만이나 과체중일 거라는 연구결과를 들어봤는지 모르겠다. 즉, 뚱뚱한 사람들이 2억 2천 5백만 명도 넘을 거라는 말이다! 그렇게 다 같이 뚱뚱할 수만 있다면 뚱뚱한 게 뭐 그리 나쁘냐고? 뚱뚱함은 과연 인체에 무해할까? 아니면 뚱뚱함은 당신의 건강과 행복에 영향을 미칠까? 다음의 테스트를 이용해 인생의 다양한 면에 뚱뚱함이 얼마나 큰 영향을 미치는지 평가해보자.

자가진단	체중의 무게

1. 당신의 육체적 건강 상태는 어떠한가?
    a. 거의 매일 에너지가 넘치며 컨디션도 좋다. 의사는 1~2Kg 정도 살을 빼는 것도 나쁘지 않겠다고 말한다.

b. 기복은 있지만 그럭저럭 지낼 만하다.
   c. 건강에 문제가 좀 있다. 그 정도 문제도 없는 사람이 어디 있다고.

2. 당신이 소속된 단체가 소프트볼 대회를 개최한다면 당신은 어떤 식으로 참여하겠는가?
   a. 끝까지 경기에 임한다. 나를 외야에서 멀리 떨어진 곳에 세워놔도 별 상관없다.
   b. 아이스박스에 음료수 채우는 일을 자진해서 맡겠다.
   c. 그냥 집에나 있겠다. 홈 베이스에 엉덩방아를 찧는 내 모습을 굳이 사람들의 머릿속에 영원히 각인시켜줄 필요가 있을까.

3. 모든 비용이 다 공짜인 해변의 휴가에 당첨됐다면 가겠는가?
   a. 당장 첫 비행기에 몸을 싣겠다.
   b. 휴가를 떠나 근사한 시간을 보내겠지만, 수영복 위에 뭔가를 껴입고 몸을 숨길 것이다. 사진도 절대 찍지 않을 거다.
   c. 현금으로 교환하겠다. 수영복 입은 모습은 아무한테도 보여주고 싶지 않다.

4. 마지막으로 뭔가 새로운 걸 시도했을 때(예를 들면 댄스 강습, 가구 조립, 집수리, 손에 익지 않은 렌터카 운전 등) 당신은 그 일의 요령을 얼마나 잘 익힐 수 있었는가?
   a. 초고속으로 요령을 터득하거나 재능이 넘쳐나지는 않았지만 무리 없이 배울 수 있다.
   b. 서툴고 속도도 느릴 때가 많다.
   c. 댄스 강습? 집수리? 농담이겠지. 그런 일에는 아예 가까이도 가지 않는다.

5. 현재 만나는 사람이 있다면, 또는 최근까지 만나온 사람이 있었다면 그 관계가 진행 중이었을 때 두 사람의 사이는 어땠는가?
   a. 상대는 나의 몸을 사랑해주며, 한 인격체로서 있는 그대로의 나를 좋아한다.

    b. 나는 항상 상대에게 잘 보이려고 노력하지만, 그 사람이 나에게 끌리고 있는지에 대해서는 확신이 서지 않는다.
    c. 상대는 내 몸에 대해 비판적인 태도를 가지고 있다. 뭐라고 말을 하는 건 아니지만 그냥 알 수 있다.

6. 가족들과의 관계는?
    a. 우리는 차분히 하는 일, 또는 활동적인 일이 섞인 다양한 활동을 하며 함께 많은 시간을 보낸다.
    b. 그럭저럭 잘 지낸다. 같이 TV를 볼 때도 많다.
    c. 나는 가끔 힘이 부쳐 내가 그리는 이상적인 부모가 되지 못할 때도 있다.

7. 지난 5년간 당신의 성생활은 어땠는가?
    a. 나의 성생활은 활동적이며 만족할만하다.
    b. 상대와 나는 어느 정도가 적당한 성생활인지 의견차를 보일 때도 있다.
    c. 성생활이라니 무슨 말씀이신지?

8. 당신은 직장생활에 만족하는가?
    a. 나는 내 일을 좋아하고 나와 함께 일하는 사람들을 좋아한다. 불평할 게 없다.
    b. 내가 꿈꾸는 이상적인 일은 아니지만, 뭐 먹고 살만은 하니까.
    c. 직장에서 좌절감을 느낀다. 열심히 노력하지만 내 노력은 인정을 받지 못하고 무시당한다. 급여인상이나 승진의 자격이 충분한 것 같은데 여태껏 아무 소식이 없다.

9. 직장에서 당신의 태도는 어떤가?
    a. 내가 하는 일을 능숙하게 처리할 수 있고, 내 능력에 자신이 있다.
    b. 일이 쌓여가고 그걸 따라잡기가 벅차다. 언제나 통제불능이 되기 일보 직전이다.

c. 완전히 정신이 하나도 없다. 겨우 버티고만 있는 정도다. 언제라도 금방 잘릴 것 같은 기분이 든다. 그럴 만도 하지. 다른 그 어떤 사람한테 이 일을 시켜도 나보다 훨씬 더 잘 해낼 수 있을 텐데.

10. 당신의 개인 재정 상태는 어떤가?
    a. 나는 직업이 있으며 저축을 한다. 65세쯤이면 편하게 퇴직할 수 있을 것 같다.
    b. 빚은 안 지고 살지만 앞으로 지금보다 훨씬 더 절약해야 한다.
    c. 수입은 제법 되지만 카드(또는 다른 종류의) 빚이 있어 거기서 벗어나지 못하고 있다.

11. 당신이 살고 있는 인생을 떠올리면 어떤 기분이 드는가?
    a. 나는 내 친구들과 가족을 사랑한다. 인생은 완벽하지 않지만 거울을 들여다보거나 집안을 둘러보면 행복하다고 느낀다.
    b. 가끔 내 인생이 이렇게 흘러왔다는 게 믿을 수 없다. 그냥 내가 기대했던 게 아니라고나 할까. 내 것이 될 수도 있었던 그 수많은 인생들 중에 어쩌다 이렇게 살게 됐는지 이해가 안 된다.
    c. 나는 거울을 들여다보거나 내가 어떤 사람인지 생각하는 걸 좋아하지 않는다. 우리 집은 나를 우울하게 만든다. 우리 집이 다른 모습이었으면 좋겠다고 생각하지만 변화를 시작할 수가 없다.

자기 평가

대부분의 질문에 A라고 답했다면:

대부분의 질문에 A라고 답했다면 축하 축하! 당신은 건강하다. 체중의 무게는 당신을 그다지 압박하고 있지 않다. 당신은 다른 사람들이 보는 당신의 몸, 스스로 느끼는 몸 상태, 두 가지 다 만족스러운 상태다. 가족 및 친구들과도 좋은 관계를 유지하고 있다. 직장생활은 보람에 넘친다. 당신이 살고 있는 삶은 당신이 원하는 인생에 매우 가깝다. 정말 살을 뺄 필요가 있을까? 아니면 인위적인 이상에서 자유로워지는 게 당신에게는 더 도움이 되지 않을까? 당신이 생각하는 이상적인 인생을 살기 위해 노력을 계속하는 것도 전혀 나쁜 일은 아니다. 미세한 부분을 조금 더 손보기 위해 이 책을 활용할 수도 있을 것이다. 하지만 현실적인 자세를 잃지 말고, 이미 가지고 있는 훌륭한 삶을 즐기라고 당부하고 싶다.

대부분의 질문에 B라고 답했다면:

당신은 지금 중간 정도의 상태에 머물러 있다. 스스로의 삶을 사랑하는지 확신이 서지 않으며, 약간의 혼란과 불안을 느끼고 있지만 불행한 정도는 아니다. 당신이 감당하려고 애쓰고 있는 무게는 작지만 골치 아프다. 하루하루가 그럭저럭 살만할 때 변화를 꾀하기가 가장 힘든 법이다. 상황이 지금보다 더 나아질 수 있다는 건 알지만 바닥까지 떨어졌을 때만큼 동기부여가 쉽지는 않다. 하지만 왜 꼭 그때까지 기다리려 하는가? 그렇고 그런 삶에 안주하지 마라. 변화를 꾀할 때가 왔다.

대부분의 질문에 C라고 답했다면:

당신의 체중은 인생의 걸림돌이다. 당신에게 가장 중요한 인생의 영역들(그게 가족이든 관계이든 직업이든, 아니면 모험을 즐기며 스스로에게 만족하는 일이든)이 고통받고 있다. 하지만 좋은 소식이 하나 있다면 당신은 이미 스스로에게 변화가 필요하다는 사실을 인정했다는 것이다. 일단 중요한 것에 초점을 맞추고, 우선순위를 뒷받침해주는 선택을 내리기만 한다면 변화가 신속하고도 자연스럽게 찾아온다는 사실을 눈으로 직접 목격하게 될 것이다.

● 당신은 혼자가 아니다

비만과 그 원인에 대해, 그 결과 발생하는 문제들에 대한 통계자료는 수없이 많다. 하지만 이런 통계치는 개개인에게는 아무런 의미가 없다. '사실'을 알고 있는 것만으로는 더 나은 행동이 보장되지 않기 때문이다. '당신'을 위한, 당신의 체중 문제를 위한 해결책은 통계수치나 권장 식습관에 나와 있지 않다. 식품성분분석표나 BMI 계산공식에도 그 해결책은 나와 있지 않다. 변화하기 위한 유일한 방법은, 자기 몸에 뭐가 들어가는지 스스로 관심을 쏟는 것이다. 지식을 쌓는 것이다. 당신을 짓누르며 원하는 삶을 사는 데 방해가 되는 군살에 스스로 책임을 지는 것이다. 체중 조절은 다이어트의 문제가 아니다. 결정의 문제이다. 결정은 당신이 내린다.

● 당신은 뚱뚱하다 – 변명은 안 통한다

> 피터 씨,
> 이 모든 문제들이 다 해결된다면 저는 뭘 할까요? 스스로 만족할만한 몸무게였다면 무엇을 했을까요? 더 이상 우울증이나 불안 증세를 위한 약을 복용하지 않아도 된다면 뭘 할까요? 집안 가득 잡동사니가 들어차 있지 않다면 저는(그리고 저의 가족은) 뭘 할까요?
> 그렇게 생각해 보면 좀 무섭기도 하답니다. 더 이상 변명할 거리가 없어질 테니까요.

의학적으로 문제가 있다면 당연히 의사의 도움을 구해야 한다. 하지만 당신은 정말로 의학적인 문제가 있는가? 아니면 문제에 대한 책임을 떠넘길 수 있지 않을까 하는 바람에서 의사에게 의지하고 있는 것은 아닌가? 솔직해지자. 뚱뚱하다면 분명 머지않아 수많은 건강문제를 겪게 될 것이다. 그건 맞는 말이다. 하지만 당신에게는, 그런 상황을 미연에 방지하고 바꿀 수 있는 힘이 있다. 변명은 이제 충분히 들었다. 당신에게 어떤 삶을 살아야 한다고 말해주려는 게 아니다. 그러고 싶은 생각은 추호도 없다. 당신이 어떤 길을 따를지는 당신의 선택이다. 하지만 그런 선택을 내렸을 때는 그 선택의 결과를 겸허히 받아들여야 한다는 것, 아니면 다른 길을 찾아야 한다는 것을 명심해라.

감히 나를 뚱뚱하다 부르지 말라!

내가 왜 '과체중'이나 '비만'이라는 말 대신 '뚱뚱하다'라는 말을 쓰는지 의아해하지 않는가? '뚱뚱하다'는 말이 간단하기 때문이다. 과격하며 직설적인 단어이기 때문이다. 반면 '과체중'과 '비만'은 너무 격식을 차린 말, 너무 의학적이고 예의바른 말처럼 들린다. 실생활의 문제에는 실생활의 단어를 쓰자. 우리 대부분에게 뚱뚱함은 의사의 도움이 필요한 문제는 아니다. 앞으로는 어떻게 될지 몰라도 적어도 아직까지는 그렇다. 물론 과다 체중으로 인한 건강 문제 때문에 의사의 도움을 필요로 하는 사람들도 있다. 그 정도는 누구나 상식적으로 아는 사실이다.

하지만, 내가 말하려는 건 '비만'과 '과체중'이라는 말이 지나치게 정중한 데다 의학적 용어로 들리기 때문에 당신의 정신적 부담을 덜어주게 한다는 것이다. 그 음식을 다 먹어치운 건 당신이 아니었는가? 당신의 체중에 '건강 문제'라는 꼬리표가 달리는 그 순간부터 문제를 해결할 유일한 길은 전문가와의 상담, 몇 가지 치료 옵션, 계속적인 상담, 약물, 그리고 치료까지의 길고 긴 기다림밖에 없다고 생각하게 한다. 의료계를 비난하는 것도 아니다. 미국의 의료 체제는 치료 중심으로 이뤄져 있어서 병원 문을 두드릴 때 당신이 얻을 수 있는 도움 역시 예방이 아닌 치료 중심이다. 약이나 소견서, 위 밴드수술 등. 이것들은 당신의 문제를 근본적으로 해결해주지 못할 것이다. 당신 스스로 문제를 해결해야 한다. 당신은 뚱뚱하다. 뚱뚱, 뚱뚱, 뚱뚱!!! 주치의를 찾기 전에 스스로 해결책을 찾는 게 우선이다.

다음과 같은 말을 내뱉는 스스로의 모습을 그려볼 수 있지 않은가?

- 당신이 나에게 시키려고 하는 일이 뭐든, 그런 일을 할 시간이 없다.
- 다이어트라면 이미 해봤지만 효과가 없다.
- 나는 음식을 좋아해서 먹는 걸 멈출 수가 없다.
- 뚱뚱함은 집안 대대로 물려받은 거다. 유전적인 문제다. 나도 어쩔 도리가 없다.
- 나는 다이어트를 해봤자 지키지 않기 때문에 절대 효과를 보지 못한다.

이런 말들은 내가 잡동사니에 대해 매일 귀가 따갑게 듣는 변명들과 놀라울 정도로 비슷하다. 그 변명들을 하나하나 살펴보자.

변명 1: "당신이 나에게 시키려고 하는 일이 뭐든, 그런 일을 할 시간이 없다."

삶은, 해야 할 중요한 일들과 시간 사이의 균형을 맞추기 위한 노력의 연속이다. 우리 인생은 이미 빈틈없이 꽉 차 있으며, 그건 문제가 안 된다. 하지만 당신이 체중과 씨름하느라 이미 허비하고 있는 시간에 대해 잠시 생각해 봤으면 한다.

- 당신은 이미 먹은 음식에 대해 죄책감을 느끼느라 시간을 허비하지 않는가?
- 뭘 입어도 마음에 안 들지 않는가? 그래서 거울 앞에서 옷을 갈아입느라 시간을 허비하지 않는가?
- 몸에 꼭 맞는 옷, 남들에게 보이고 싶지 않은 몸매를 감춰주는 옷을 찾기가 힘들지 않은가? 그래서 옷을 사러 다니는 데 시간을 허비하지 않는가?
- 당신은 어젯밤 참지 못하고 너무 많이 먹어버린 간식을 연소시키느라 헬스클럽에서 몇 시간씩을 허비하지 않는가?
- 당신은 다이어트 서적과 프로그램을 너무 많이 시도해 보지 않았는가? 그래서 다이어트라면 모두 단백질 간식이나 화학물질로 만든 밀크셰이크로밖에 보이지 않는가?
- 지금 같은 상태가 계속된다면 당신은 결국 체중이 불러올 건강 문제와 씨름하느라 병원에서 시간을 허비하게 되지 않을까?

당신의 체중이 소모하는 이 모든 시간에 대해 생각해 봐라. 체중이 불러오는 정신적 고통에 대해서도 생각해 봐라. 거기서 벗어날 수 있다고 상상해 보라. 옷장 안에 있는 아무 옷이나 걸쳐 입어도 된다고 상상해 보라. 그렇게만 된다면 스스로 자신의 몸과 체중에 만족할 테니 아무리 옷을 대충 입어도 별로 신경이 쓰이지 않을 것이다. 아직도 스스로의 몸에 건강한 음식을 공급하는 데 투자할 시간이 없다고 생각하는가?

변명 2: "다이어트라면 이미 해봤지만 효과가 없다."

이 말에는 나도 동감한다. 다이어트는 효과가 없다. 한때는 뚱뚱했지만 오래전에 그 문제를 해결한 사람을 만나본 적이 있는가? 그런 사람이라면 아마 "저는 10년 동안 계속 다이어트를 해왔어요."라고 말하지는 않을 거다. "올바른 식습관을 배웠어요."라고 말하겠지. 이렇게 생각해 보자. 새로운 식단이 효과를 거둔다면 그건 당신 인생의 커다란 변화다. 하지만 효과가 없다면, 그건 다이어트다.

  이 책은 다이어트 책이 아니다. 당신에게 또 다시 다이어트를 하라고 말하려는 것도 아니다. 매년 4천 5백만 명에 달하는 미국인들이 다이어트를 하지만 이들 대부분은 결국 패배감만 맛보며 끝을 맺게 된다. 설상가상으로, 대부분의 경우 뺀 살은 급속한 속도로 다시 돌아오는 데다, 원래 뺐던 것보다 더 살이 찌는 경우도 많다. 다이어트는 언제나 체중감량을 위한 최상의 방법처럼 보이지만, 우리는 수많은 경험을 통해 다이어트가 효과가 없다는 걸 알고 있다. 문제는 우리가 다이어트에 '들어가야' 하지만, 그렇게 '들어갔다면' 언젠가는 거기서 '나오게' 되어 있다는 거다.

  난장판이 된 집을 한 번만 치우고 나서 그때부터 집이 항상 깔끔한 곳이기를 기대할 수는 없는 일이다. 우리는 지금 한 번 하고 마는 행사가 아니라 계속적인 과정에 대해 이야기하고 있다. 어떤 식습관을 정해서 몇 달만 그걸 따르다 원하는 체중에 도달하면 옛날의 식습관으로 되돌아가서는 안 된다. 당신의 건강은 먹어도 되는 음식, 먹으면 안 되는 음식의 목록을 정하는 것과는 또 다른 문제다. 당신의 건강은 지켰다 말았다 하는 계획의 문제가 아니다.

정말로 체중을 변화하기 위해서는 삶 전체를 바꿔야 한다. 당신이 일상적으로 내리는 선택들을 변화시켜야 한다. 삶의 방식, 타인을 대하는 방식, 당신의 기분, 당신이 가치 있다고 여기는 것, 사랑하는 사람, 시간을 소비하는 방식, 당신을 둘러싼 세계와 소통하는 방식 등에 대한 선택들을 변화시켜야 한다. 그것이 지속적이며 장기적인 결과를 낳을 '균형 잡힌 다이어트'이다. 우리는 음식과 당신의 관계를 살펴보고 당신의 삶 전체라는 관점에서 그 관계를 재정립할 것이다. 스스로에게 정직할 수만 있다면 당신은 성공할 것이다.

변명 3: "나는 음식을 좋아해서 먹는 걸 멈출 수가 없다."

내가 언제 먹는 걸 멈춰야 한다고 말했던가? 오히려 당신이 먹는 음식을 스스로가 좋아하기를 바란다. 그 음식을 즐기기를 원한다. 또한, 나중에 가서 그 음식을 먹은 것에 대해 후회하지 않기를 바란다. 그러나 음식을 좋아하는 것과 무절제하게 폭식을 일삼는 것에는 분명 차이가 있다. 누군가를 정말로 좋아하는 일은 어떻게 보면 그 사람을 존중해야 한다는 것과 같다. 당신의 몸에 들어가는 음식도 마찬가지다. 음식은 없어서는 안 되는 필수품이다. 음식이 없으면 우리는 생존을 계속할 수가 없다. 스스로의 삶을 존중하고 가치 있게 여긴다는 건, 스스로의 몸을 존중하고 가치 있게 여기는 일이다.

정말 음식을 좋아한다면 스스로의 식습관과 자신이 먹는 음식을 존중해야 한다. 당신이 좋아하는 건 진짜 음식인가, 아니면 영양가라고는 눈 씻고 찾아봐도 없는 소금, 설탕, 지방 덩어리 화학제품인가? 이런 '음식처럼 보이는' 것들을, 진짜 사람들이 만들고 진짜 사랑이 담긴 진짜 음식으로 대체한다면 어떤 일이 벌어질까? 행복하고 편안한 장소에서 친구나 가족과 함께 식사를 할 수 있다면 어떤 일이 벌어질까? 스스로의 입에 어떤 음식을 집어넣고 있는지 자각할 수 있다면 어떤 일이 벌어질까? 어떤 일이 일어날지는 앞으로 지켜보자.

변명 4: "뚱뚱함은 집안 대대로 물려받은 거다. 유전적인 문제다. 나도 어쩔 도리가 없다."

내 귀에는 이 말이 다음과 같은 변명으로밖에 들리지 않는다. "나만 뚱뚱한 것도 아니지 않은가. 식구들 모두가 똑같은 문제가 있다. 내 잘못이 아니다. 유전이다. 에라, 쿠키나 하나 더 먹자!" 당신 식구들 모두가 똑같은 문제에 시달리고 있다고 해도 나는 별로 놀라지 않겠지만, 그렇다고 해서 그게 그 문제를 자동적으로 당신의 DNA 탓으로 만들어주지는 않는다. 너무나 많은 사람들이 궁지에서 빠져나오기 위한 방편으로, 자기 책임을 회피하기 위한 방편으로, 유전을 건강 문제의 변명으로 이용한다. 당신의 가족들은 모두 똑같은 음식을 먹고 자랐을 테고, 그러니 음식과 맺고 있는 관계 역시 서로 비슷할 것이다. 그런 변명을 늘어놓는 사람들이 과연 떳떳하게 다음과 같은 말을 할 수 있을까. "의사에게 지난 달 나의 식사 내용을 정직하게 써서 보여준다면, 그는 내가 놀랄 정도로 영양가 높은 식습관이 있으며 내 피검사 결과도 그런 사실을 입증해 준다고 말할 것이다." 당연히 유전인자도 한몫을 한다. 당연히 44사이즈를 입는 사람에 비해 당신에게는 살 빼는 일이 더 힘들 수도 있다.

나는 당신이 기적을 행하기를 기대하는 게 아니다. 최대한의 노력으로 이룰 수 있는 최고의 모습으로 당신이 살고 있다고 자신할 수 있기를 바랄 뿐이다.

변명 5: "나는 다이어트를 해봤자 지키지 않기 때문에 절대 효과를 보지 못한다."

당연히 다이어트를 하다 옆길로 샐 때가 있다. 누구나 그렇다! 하지만 인정하자. 스스로 정한 다이어트 규칙을 지키지 않는다면 스스로에게 거짓말을 하고 있는 거다. 그건 자기 파괴적인 행위이며 당신도 그걸 알고 있다. 그런데 문제는 왜 그런 일을 하고 있느냐는 거다. 무엇이 당신을 스스로의 적으로 만들었을까? 당신은 어떻게 변할 수 있을까? 무엇이 당신에게서 통제력을 앗아가고 있을까? 음식과 관련된 당신의 선택에 대해서 다른 관점으로 생각해 볼 때가 왔다. 제대로 잘 찾아왔다!

● 인생의 걸림돌, 뚱뚱함

뚱뚱해지는 것만큼 쉬운 일이 또 있을까. 그야말로 누워서 떡 먹기다. 누워서 아이스크림 먹기, 누워서 과자 먹기다. 슈퍼사이즈 패스트푸드 먹어 치우기나 리모컨 클릭 한 번으로 수백 개의 케이블 채널을 돌려 보는 것만큼 쉬운 게 뚱뚱해지는 일이다. 뚱뚱해지고 싶다면 남들이 하는 대로만 하면 된다. 광고를 만드는 사람들이 시키는 대로만 먹으면 된다. 슈퍼마켓에 파는 걸 사 먹으면 된다. 식당에 가서 접시 위에 나오는 음식을 다 먹어치우기만 하면 된다. 딱 십 년만 다른 사람들 하는 대로 해봐라. 축하!!! 당신은 뚱보가 돼 있을 거다!

뚱뚱해지는 건 쉬운 일이다. 하지만 뚱뚱한 채로 사는 건 그다지 쉬운 일이 아니다. 뚱뚱함은 단순히 거울을 봤을 때 자기 모습이 마음에 들지 않는 데서 끝나지 않는다. 우리 인생의 모든 부분은 서로 연결돼 있다. 당신의 뚱뚱함이 다음과 같은 문제들을 유발시키지는 않는가? 당신이 살고 싶은 삶을 사는 데 뚱뚱함이 걸림돌이 되지는 않는가?

관계의 걸림돌, 뚱뚱함

육체적으로 제약을 받는다고 느끼게 되면 스스로가 원하는 연인, 남편, 아내, 엄마, 아빠, 친구가 되는 데도 제약을 받는다. 당신은 배우자, 아이들, 친구들과 함께 하고 싶은 일을 모두 할 수 있는 에너지가 있는가? 당신의 배우자를 처음 만났을 때와 비교해 당신의 체중이 많이 달라졌는가? 당신은 아직도 스스로 매력적이라고 느끼는가? 둘은 아직도 서로에게서 매력을 느끼는가, 아니면 당신의 뱃살이 말 그대로 둘 사이를 비집고 들어오지는 않는가? 물론 뚱뚱하다고 해서 매력이 없다고 말하는 것은 아니다.

사실 나까지 그렇게 할 필요도 없다. 내가 안 해도 광고, TV, 영화, 광고판, 학교 교실, 선거, 해변 등에서 우리 사회는 수백 가지 부정적이며 상처가 되는 방법으로 뚱뚱함을 비난한다. 안타깝게도 뚱뚱한 사람들은 수백 가지 은근한, 또는 노골적인 방식으로 그런 말을 듣게 될 것이다. 배우자나 미래의 배우자에게서 그런 말을 들으면 당신의 영혼과 당신의 관계는 엄청난 상처를 입을 것이다.

하지만 더욱 큰 문제는 스스로 자기 몸에 불만을 느끼는 게 스스로에게나 배우자에게 악영향을 미친다는 것이다. 나의 클라이언트인 앨리스는 스스로 뚱뚱하다고 느껴지면 남편과 잠자리를 가질 때 불을 끄자고 고집한다. 자기가 스스로를 존중하지 않으면서 배우자에게 과연 당신을 아껴주고 존중해달라고 할 수 있을까? 뚱뚱함은 단순히 육체적 능력에만 걸림돌이 되는 게 아니다. 뚱뚱함은 당신 인생의 가장 중요한 관계에 걸림돌로 작용한다.

Activity 현실 점검하기

여기저기 군살이 별로 두드러지지 않는다고 스스로 안심시키는 일은 별로 어렵지 않다. 하지만 이렇게 해보자. 집에서 혼자만의 공간에 비디오카메라를 설치하자. 3m 정도 떨어진 곳에서 당신의 모습을 촬영하는 것이다. 속옷만 남기고 옷을 벗는다(용기가 샘솟는다면 더 벗어도 좋다). 그리고 카메라 앞에 서서 제자리에서 팔벌려뛰기를 해보자.

이 비디오카메라는, 몸에 군살이 붙어 있을 때 몸이 어떻게 움직이는지 보여줄 것이다. 당신에게 모욕감을 안겨 주려거나, 우울하게 만들려는 게 아니다. 당신의 모습을 객관적으로 들여다볼 수 있는 기회를 주려는 것이다. 내 말을 믿어라. 나도 해봤다. 정말 정신이 번쩍 들 거다.

이제 녹화된 것은 반드시 지워버리자! 요즘 인터넷만큼 무서운 것도 없다!

전신 거울이나 삼 면으로 된 거울을 이용해도 좋다. 그래도 정신이 들지 않는다면 매일 밤 해봐도 좋다. 냉장고 문을 열기 전에는 꼭 벌거벗은 채 제자리에서 팔벌려뛰기를 하겠다고 다짐해라. 현실 점검이 훌륭한 식욕 억제제가 될 수도 있다.

직업 면에서의 기회를 앗아가는 뚱뚱함

과체중인 사람이라면 일자리를 잡는 데 어려움을 겪을 수 있으니 마음의 준비를 할 것. 고용 및 승진에 있어서만큼은 말쑥하고 건강해 보이는 사람이 단연코 뚱뚱한 적수보다 한 수 위에 있다. 최근의 조사에서는 남성 최고경영자들 가운데 과체중인 사람은 9%에 불과하고, 과체중인 사람들은 같은 직장에서 일하는 날씬한 사람들보다 수입도 10~20% 정도 더 적다는 결과가 나왔다. 직장에서의 체중에 따른 차별은 증명하기가 어렵고 미묘하지만 부인할 수 없는 방식으로 드러난다. 이 문제에 있어서 여성들은 특히 더 심한 타격을 받는다. 한 연구 결과에서는 60%에 이르는 고용주들이 비만인 여성을 고용하지 않거나, 특정한 조건하에서만 고용하겠다고 응답하기도 했다.

사람들은 뚱뚱한 사람은 둔하고 게으르며 자제력이 부족하다는 선입견이 있다. 체중 문제를 안고 있는 구직자라면 누구나 넘어야 할 커다란 장애물임에 틀림없다.

정신 건강의 적신호, 뚱뚱함

많은 경우 뚱뚱한 사람들이 불쾌한 농담이나 부정적 선입견, 조롱의 표적이 된다는 게 안타까운 현실이다. 학교에서 뚱뚱한 아이로 낙인찍히는 건 견디기 힘든 일이다. 사무실의 뚱뚱한 여직원에게는 아무도 소개팅을 시켜주지 않는다. 인종이나 성과 관련된 농담은 절대 하지 않는 사람들도 뚱뚱한 사람들에 대해서는 서슴지 않고 농담한다. 잘못된 것이며 잔인한 일이다.

편견은 쉽게 그 사람을 분노와 낮은 자신감, 절망, 그리고 심하면 자기

혐오의 소용돌이에 빠트릴 수 있다. 절망감은 무기력감을 불러일으키며, 그것은 다시 필연적으로 가장 친숙한 방식, 즉 먹으면서 안식을 찾는 결과로 이어진다. 이 악순환의 유일한 출구는 잡동사니와 우울증이라는 두 가지 문제를 모두 해결하려고 노력하는 것뿐이다.

    피터 씨.
    저는 우울증으로 고통받고 있어요. 작년에는 결국 치료까지 받았죠. 한 가지 깨달은 게 있다면 제가 예전에 정말 속수무책으로 제 삶에 '손을 놓아버렸다'는 거예요. 집안을 둘러보면 몇 년간의 방치가 눈에 들어오죠. 꼭 그 자리에 없는 사람처럼 제 주위의 '물건'을 돌보지 않은 거죠.
    남편과 두 아이들과 함께 살고 있어서 아무도 치우지 않으면 그 '물건들'은 순식간에 높이 쌓이게 된답니다. 체중이나 건강도 마찬가지인 것 같아요. 저는 인생에 충실하고 스스로를 돌보며 건강한 음식을 먹는 대신, 그냥 숨만 붙은 채 먹기만 하면서 자기관리에 시간을 쏟을 생각은 하지 못했어요.
    난장판이 된 집과 방치된 몸은 우울증의 원인이면서 결과이기도 하답니다. 이 두 가지가 결합돼 악순환을 만들어냈어요. 집은 절망감과 무력감을 안겨주고, 몸도 마찬가지로 절망과 무력감만 안겨주죠. 그리고 너무 쉽게 '손을 놓아버리게' 된답니다. 그러면 집안의 상황은 더 악화되고 몸은 더 나빠지고 그렇게 계속되는 거죠.
    하지만 제가 외부 환경(집)을 통제할 수 있다고 느낄 때는 제게 스스로의 몸을 더 잘 돌볼 수 있는 힘이 있다고 느낀답니다.

육체 건강의 적, 뚱뚱함

뚱뚱함과 관련된 건강의 위험 요소들에 대해서는 귀가 아프게 듣는다. 뚱뚱함은 흔히 당뇨, 심장 질환, 뇌졸중 등을 유발한다. 게다가 뚱뚱함은 임신 합병증, 실금, 디스크, 가슴앓이, 관절염, 역류성 식도염, 심하면 암까지도 유발할 수 있다.

하지만 잠깐. 그게 다가 아니다. 뚱뚱함은 움직이는 걸 더 힘들게 만든다. 관절과 연골에 손상이 가면서 일어나는 현상이다. 뚱뚱한 사람은 숙면을 취하는 데도 어려움을 겪을 가능성이 크다. 수면무호흡증이나 코골이, 폐에 가해지는 압박에서 오는 기타 호흡 관련 합병증 때문이다. 아이들과 함께 활동을 하는 일이나 계단을 오르는 일, 집중적 육체적 노력이 요구되는 활동 역시 훨씬 더 힘들게 한다. 뚱뚱함은 활동성과 에너지가 요구되는 직업에도 걸림돌이 된다. 더 이상 말해봤자 입만 아프다. 결론은 뚱뚱함이 당신의 건강에 지대한 영향을 미친다는 것이다.

삶의 질을 저하하는 뚱뚱함

뚱뚱함은 삶이 주는 즐거움을 만끽하는 데도 방해가 될 것이다. 뚱뚱함이 주는 제약들에 대해서 생각해 보라. 수영복을 입는 건 고사하고 수영복을 사러 갈 생각만 해도 몸서리가 쳐지지 않는가? 그래서 수영복 파티나 해변에 가는 일을 피하게 되지 않는가? 당신은 무대에 올라 즐겁게 춤을 출 수 있는가? 뚱뚱함은 육체적 불편함을 유발한다. 비행기 좌석이 편하게 느껴지는가? (사실 비행기 좌석이 편하다고 생각하는 사람은 아무도 없을 것이다. 하지만 당신의 뚱뚱함이 문제를 더 악화시키지는 않는가?) 차에 타고 내리는 일도 큰일처럼 느껴지지 않는가? 외식을 하러 식당에 갈 때도 부실해 보이는 의자 때문에 걱정이 되지 않는가?

가계부의 적, 뚱뚱함

국민 전체의 60%를 차지하는 과체중 인구 때문에 미국이 부담해야 하는 비용은 얼마나 될까? 이 비용은 매년 1천 1백 7십억 달러 이상으로 추정된다. 치료 및 진단을 목적으로 한 검사의 증가와 관련된 직접적 비용, 일을 할 수 없는 데서 오는 임금 손실과 과체중 관련 조기 사망으로 인한 소득 손실 등 간접적 비용을 모두 포함한 수치다. 이런 비용 대부분은 심장질환, 고혈압, 2형 당뇨병의 진단 및 치료에 드는 비용이 주를 이룬다.

미국에서는 비만으로 인한 결근일수가 매년 4천만 일에 이른다. 그리고 필요 이상으로 의사를 찾아가는 횟수가 6천만 번에 이르고 9천만 일을 침대에서 보낸다. 이게 의학계에 가중시키는 부담을 생각하면, 의사 얼굴을 보기 위해 보통 일주일 이상을 기다려야 하는 것도 별로 놀랄 일은 아니지 않은가! 이 모든 게 우리가 뚱보라서 일어나고 있는 일이다.

최근 한 조사에 따르면 비만인 사람의 경우 체중이 정상인 사람에 비해 연간 의료비용이 40% 이상 더 들어간다고 한다. 비만에 따른 이런 의료비용은 이미 흡연과 관련된 의료비용을 훌쩍 넘어섰다.

● **당신이 살고 있는 삶이 당신을 뚱뚱하게 만들고 있다**

자, 이건 우주공학처럼 복잡한 공식이 아니다. 달리는 버스 앞에 서 있으면 다칠 게 뻔하다. 매일 저녁 배달음식과 탄산음료로 배를 채우며 7시 반부터 11시 뉴스가 끝날 때까지 TV앞 소파에 앉아 시간을 때우면 누구나 뚱뚱해질 게 당연하다. 그렇게 간단한 일이다. 더 말할 것도 없다. 분비샘에 문제가 있어서, 뼈가 굵어서, 유전적으로 뚱뚱한 슈퍼셀(supercell)을 물려받아서 그렇다는 말 따위는 듣고 싶지도 않다.

우리가 내리는 선택에는 결과가 따라오기 마련이다. 기적의 치료제 따위는 없다. 음식은 우리가 힘을 쓸 수 없게 최면을 걸어오는 악의 기운이 아니다. 음식을 먹으면 우리는 맛있다고 느낀다. 음식은 우리에게 에너지를 공급해준다. 먹는 건 즐거운 일이다. 먹는 일은 우리에게 기쁨, 친구나 가족과 함께 공유할 수 있는 기쁨을 줘야 한다. 나는 저지방 닭고기 레시피나 샐러드 만드는 법을 알려주려는 목적으로 이 책을 쓴 게 아니다. 건강한 식사가 뭔지는 당신이 나보다 더 잘 알 거다. 신선한 과일과 야채 듬뿍, 기름기 적은 단백질, 통곡물 등. 누구나 올바른 식습관에 대해서 잘 알고 있지만 실천하지 않는 것뿐이다. 왜 실천하지 않는 걸까?

다른 사람들과 마찬가지로 당신도 잡동사니 문화, 뚱뚱함 문화의 희생자이다. 하지만 그렇다고 해서 당신이 책임에서 해방되는 건 아니다. 당신이 선택해서 살고 있는 삶이 당신을 뚱뚱하게 만들고 있는 거니까. 당신의 입속에 프렌치프라이를 억지로 쑤셔 넣는 사람은 아무도 없다. 아무도 접시 위의 음식을 깨끗이 싹쓸이하라고 시키는 사람은 없다(물론 그런 사람이 있어서도 안 될 일이고). 이제 스스로 나서야 할 때가 왔다. 스스로 통제권을 되찾아 자신의 삶을 이끌고 가야 할 때가 왔다. 당신에게는 몸에 좋고 맛있는 음식을 선택할 수 있는 능력이 있다. 하지만 당신은 그 힘을 다른 사람에게 내줘버렸다. 화학적으로 단맛을 첨가한 영양가 없는 음식에 군침을 삼키게 만드는 정크푸드 제조업자들에게, 뚱뚱함을 의사가 풀어야 할 숙제로 여기는 사회에게, 노력하지 않고 단시간 내에 풀고 싶은 마음에 기적의 다이어트 요법에 그 능력을 다 내줘버린 거다. 그중에서도 가장 끔찍한 사실은, 당신이 그 힘을 스스로의 나쁜 습관에 내줘버렸다는 거다.

나는 다이어트를 시작했다가 그만뒀다가 또 다시 시작했다가 또 그만두는 수많은 사람들과 이야기를 나눠봤다. 그들은 빼고 싶은 만큼 살을 빼고 나면 한동안은 그 체중을 유지하지만, 살은 또 다시 슬금슬금 되돌아온다. 그러면 다시 다이어트를 한다. 다이어트를 시작했다가 그만두는 건 당신이 먹는 음식에 통제력을 되찾았다 다시 내던지는 일이나 마찬가지다. 스스로를 위해 최상의 선택을 내렸다, 내리지 않았다 하는 일이기도 하다. 당신은 정말 남은 여생 동안 다이어트를 반복할 작정인가? 그게 아니라면 적극적으로, 죽는 날까지 매일 먹을 음식에 대한 긍정적인 선택을 내려야 한다. (그리고 더 큰 자제력을 가지면 가질수록 더 오래 살 수 있을 거다.) 집에 쌓인 잡동사니들의 무게는 감당이 불가능해 보이지만 그런 잡동사니들을 정복하는 건 불가능한 일이 아니다. 마찬가지로 허리와 엉덩이에 고집스럽게 붙어 있는 군살 역시 정복할 수 있다. 가능한 일이지만 그 일을 해야 할 사람은 바로 당신 자신이다.

● **잡동사니는 뚱뚱함을 부르고, 뚱뚱함은 잡동사니를 부른다**

당신을 뚱뚱하게 만드는 물리적 잡동사니들

건강한 식사를 준비하고 요리할 공간도 없이 조리대 위를 꽉 메운 요리책들이 당신을 뚱뚱하게 만들고 있다. 언젠가는 다시 입게 될 날이 올 거라는 바람으로 간직하고 있는 옷들이 당신을 뚱뚱하게 만들고 있다. 몸을 숨길 수 있는 헐렁한 옷들이 당신을 뚱뚱하게 만들고 있다. 쓰지도 않는 운동기구들로 가득 찬 차고가 당신을 뚱뚱하게 만들고 있다. 당신을 과거 속에 살게 하는 기념품 상자들이 당신을 뚱뚱하게 만들고 있다. 무질서하게 음식으로 가득 찬 식료품 수납장이 당신을 뚱뚱하게 만들고 있다. 우편물로 뒤덮인 식탁이 당신을 뚱뚱하게 만들고 있다.

이미 앞에서도 말했지만 잡동사니는 당신이 원하는 삶을 사는 데 방해가 된다. 숨쉬기 힘들게 만든다. 움직이기 힘들게 만든다. 앞을 분명히 내다보는 걸 힘들게 만든다. 집중하고 의욕적인 자세를 갖게 하는 걸 힘들게 만든다. 내면을 청소하려면 우선 외면을 청소해야 한다.

잡동사니를 모으는 것도 습관이다. 그게 받은 우편물을 그냥 쌓아두는 것처럼 소극적인 습관일 수도 있지만, 당신이 버려야 할 습관임에는 분명하다. 『뒤죽박죽 내 인생 정리의 기술』에서 잡동사니를 정리할 때 그 뒤에 숨겨진 문제들을 해결함으로써 이런 습관을 없애는 방법을 설명했다. 하지만 이건 닭이 먼저냐, 달걀이 먼저냐를 묻는 일이나 마찬가지다. 어떤 물건을 없앨 것인지 선택하기 위해서는 우선순위를 분명히 해야 한다. 하지만 깔끔하고 쾌적한 공간을 마련하면 우선순위도 더 잘 볼 수 있게 되고 올바른 선택을 내리는 일도 더 쉬워진다.

닭이 먼저인지 달걀이 먼저인지는 중요하지 않다. 내가 이 책을 쓴 것도 당신이 스스로의 행동을 정리하는 동시에 숨은 문제들을 발견하는 걸 돕기 위해서이다.

그렇다. 잡동사니는 당신의 관계에, 당신의 일에, 당신의 만족감에, 당신의 행복에 방해가 된다. 하지만 잡동사니와 체중 증가 사이의 관련성은 특히나 강력해 보인다. 사는 공간이 더 난장판이 되면 될수록 체중은 점점 더 증가하게 된다. 당신이 뚱뚱해질수록 더 많은 잡동사니가 생겨날 것이다. 주변을 정리하면 살도 빠질 것이다. 그리고 살을 빼면 더 많은 에너지가 생길 것이고 그 에너지로 당신이 사는 공간을 더 잘 통제할 수 있을 것이다. 이게 바로 잡동사니와 체중 사이의 순환 관계다.

피터 씨,
잡동사니를 버리지 못하고 집착하다 보면 보통 할 일을 미루게 되고 의욕도 없어서 규칙적으로 운동도 하지 않게 돼요. 책상 위에 쌓인 서류 더미를 볼 때마다 그에 대한 반응으로 간식만 자꾸 먹게 되죠. 그러는 사이 살이 3Kg이나 5Kg쯤 슬금슬금 불어나게 되죠. 잡동사니를 정리하고 인생을 돌보게 되면 운동도 더 하고 싶어지고 간식도 덜 먹게 되죠. …… 그러면 체중은 다시 내려갑니다. 1년에서 길게는 5년까지 가는 길고도 점진적인 주기라고 할까요. 잡동사니를 간직하는 게 헤어날 수 없는 감정과 생각을 의미하는 것처럼, 먹는 것도 배가 고파서가 아니라 정신적인 이유에서 오는 문제인 것 같아요.

당신을 뚱뚱하게 만드는 심리적 잡동사니들

잡동사니를 수집하는 원인이, 다른 숨겨진 문제에 있는 것처럼 몸에 나쁜 식습관도 심리적인 방아쇠와 관련이 있다. 그 방아쇠는 폭식을 하게 되는 시간이나 장소일 수도 있고, 음식을 통해 채우려고 하는 감정, 일시적인 만족감이나 안식을 향한 욕구, 어떤 일을 성취했을 때 스스로 보상해주고 싶은 욕구, 길고 고된 하루를 보낸 후 뭔가 즐거움이 필요하다는 욕구일 수도 있다. 당신은, 몸에 나쁘다는 걸 알면서도(먹고 난 후에만 그 음식이 몸에 나쁘다는 걸 깨달을 수도 있지만) 그런 음식들을 먹음으로써 이런 감정들을 만족시키려 하는 습관에 빠져 있는 것이다. 그게 물질적 잡동사니에서 흔히 찾아볼 수 있는 잡동사니와 뚱뚱함 사이의 악순환이다.

당신의 심리적 잡동사니들을 인정하고 이를 해결하기 위한 새로운 방법을 찾을 수 있다면 살은 저절로 빠진다. 살이 빠지면 감정도 더 잘 통제할 수 있다. 하지만 감정들(그게 우울증이든, 피로든, 분노든, 기쁨이든)이 당신 대신 음식과 관련된 결정을 내리도록 손을 놓아버리는 순간 체중은 슬금슬금 제자리로 돌아갈 것이다. 그러면 체중 증가는 더 심한 우울과 피로, 분노 등의 감정들을 불러오며 기쁨이라는 감정을 없애버릴 것이다. 이렇게 방아쇠로 작용하는 감정들을 파악하는 방법, 감정적인 식습관에서 벗어나기 위한 새로운 관계를 형성하는 방법을 이 책에서 배울 수 있다.

이제 이런 습관들을 분류해서 내면의 봄맞이 대청소를 실시할 때가 왔다. 여름, 가을, 그리고 겨울까지 계속되는 청소가 될 수도 있다. 주변을 청소하고, 잘못된 방향으로 이끄는 습관들을 버릴 때가 왔다.

우리가 내리는 선택에는 항상 결과가 뒤따라온다. 신발이나 장난감, 수집품을 하나 더 사려고 신용카드를 꺼내들 때마다 당신은 그 물건을 집에 끌어들여 잡동사니 문제를 악화시키겠다는 선택을 내리고 있는 것이다. 음식을 한 입 더 먹을 때마다 당신은 그 음식을 스스로의 몸속에 집어넣어 체중문제를 악화시키겠다는 선택을 내리고 있는 것이다. 명심할 것. 당신 몸의 지방 덩어리 하나하나는 모두 당신이 선택해서 스스로의 입속에 넣은 음식에서 나온 거라는 걸. 그리고 살을 1Kg이라도 빼고 싶다면 그것

역시 당신이 내리는 선택의 결과로만 가능할 것임을.

　사람들이 스스로의 삶을 청소하는 걸 도우며 얻은 가장 큰 교훈 가운데 하나는 우리 모두가 스스로 생각하는 것보다 훨씬 더 강인하다는 것, 변화로 향해 가기 위한 가장 힘겨운 발걸음은 최초의 결심이라는 것이다. 이건 그 누구도 아닌 당신의 인생이다. 이게 당신에게 주어진 단 한 번의 삶이다. 행복하지 않다면 만족스럽지 못하다면 그게 당신의 문제이고, 그걸 바로잡을 수 있는 것도 당신이다. 그리고 그 과정을 간단한 단계들로 나누는 일을 내가 도와주려는 것이다. 당신이 원하는 게 뭔지 알아낼 수 있도록, 그 방법을 알아낼 수 있도록 도우려는 것이다. 칼로리에 내 목숨이 달렸다 한들 칼로리를 일일이 계산하지는 못할 것이다. 사실 못해서 안 하는 게 아니다. 중요한 건 그게 아니기 때문에 안 하겠다는 것이다.

● 건강한 인생을 위한 정리정돈

혼돈에서 벗어나 평정을 찾는 일은 불가능한 일이 아니다. 집을 정리하는 일에 대해서 말할 때 나도 모르는 새 똑같은 말을 반복한다. 상식과 '내면의 목소리'에 대한 신뢰가 당신을 이끄는 나침반이 돼야 한다는 것이다. 체중감량 역시 마찬가지다.

● 잡동사니 법칙

　1.　난장판이 된 집을 정리하는 일은 이상적인 삶을 살기 위한 첫걸음

이다.
2. 당신이 살고 싶은 삶을 그려보고, 잡동사니를 처치하는 과정에서 그 삶을 끊임없이 떠올려 볼 것.
3. 그 방에 대해 가지고 있는 목표가 뭔지 결정하라. 그 목표에 도움이 되지 않는 물건은 없애버려라.
4. 좋아하지 않거나, 사용하지 않거나, 입지 않거나, 보관할 자리가 없는 물건은 없애버려라. 잡동사니다.
5. 난장판은 하루아침 짠하고 나타나지도 않으며, 하루아침 짠하고 사라지지도 않는다.
6. 과거나 미래가 아니라 오늘을 살 것. 사용하지 않는 물건에 집착하고 있다면 원인을 알아내라. 추억 때문에? 희망 때문에? 선물이라서? 두려움 때문에?
7. 난장판을 정리하는 일을 실행 가능한 작은 작업들로 쪼개라.
8. 정리정돈을 삶의 방식으로 삼지 않으면 어느새 잡동사니가 다시 비집고 들어와 집안에 자리 잡게 된다.
9. 난장판을 정리하다 보면 당신에게 중요한 게 뭔지 말로 표현할 수 있고, 그런 우선순위를 바탕으로 한 현명한 선택을 내릴 수 있다.
10. 잡동사니가 말끔히 정리된 모든 공간을 둘러보고 축하할 것. 앞으로도 계속 정진하고자 하는 의욕이 생긴다.

내가 전하는 메시지는 간단하다. 5평의 공간을 차지하는 물건을 3평의 공간에 쑤셔 넣을 수는 없다는 것이다. 당신에게 주어진 공간만이 사용할 수 있는 공간이다. 집에 물건을 들이기만 하고 아무것도 내가지 않으면 머지않아 공간이 바닥날 게 뻔하다. 사용하지 않거나, 좋아하지 않거나, 아끼지 않는 물건이라면 당신의 집에 그 물건을 위한 자리는 없는 것이다. 누가 당신에게 뭔가를 줬다고 해서 죽을 때까지 그걸 간직해야 한다는 뜻은 아니다. 당신에게 주어진 물리적 공간의 한계를 잊으면 안 된다. 그렇지 않으면 그 공간은 기능을 할 수 없게 되고 당신은 앞을 내다볼 수 없게 될 것이다.

내가 말하는 것 중에 생전 처음 들어본 새로운 정보는 없을 것이다. 내가 하는 충고는 기적을 일으키는 비법이 아니다. 낡았지만 쓸모 있는 상식일 뿐이다.

집이 통제불능 난장판이라면 당신은 절대 살을 뺄 수 없다. 집안이 따뜻하게 환영하는 분위기가 아니라면 집에 있고 싶지 않고, 당연히 집에서 즐겁게 식사를 할 수도 없을 것이다. 당신에게 주어진 물리적 공간의 한계를 고려해야 하는 것과 마찬가지로, 당신의 몸이 받아들일 수 있는 한계 역시 고려해야 한다. 몸에 나쁜 음식을 많이 섭취하면 당신의 몸은 더 이상 건강해 보이지도, 건강하게 기능하지도 않을 것이다. 위에서 말한 잡동사니 법칙을 다시 살펴보자. 단, 이번에는 잡동사니를 체중으로, 잡동사니 정리를 체중감량으로 대체해 생각해보는 것이다.

● **잡동사니 음식 법칙**

1. 당신이 살고 싶은 삶을 그려보고, 살을 빼기 위해 노력하는 과정에서 끊임없이 그 삶을 떠올려 볼 것.
2. 어디서, 어떻게, 무엇을 먹을 것인지 계획하는 일은 당신이 그리는 이상적인 몸을 갖기 위한 첫걸음이다.

3. 당신의 몸을 위한 목표를 정해라. 그 목표에 도움이 되지 않는 음식이라면 먹어서는 안 된다.
4. 몸에 좋지 않고, 색깔이 다채롭지 못하고, 당신 식단에 포함돼 있지도 않다면, 그 음식은 먹어서는 안 된다. 쓰레기다.
5. 뚱뚱함은 하루아침 짠하고 나타나지도 않으며, 하루아침 짠하고 사라지지도 않는다.
6. 과거나 미래가 아니라 오늘을 살 것. 심리적인 이유로 음식을 먹고 있다면 원인을 알아내라. 분노 때문인가? 절망감? 안락감? 두려움 때문인가?
7. 앞으로 즐거운 식사를 하는 데 초점을 맞춰라. 한 번의 실수가 포기로 이어지게 내버려두지 말라.
8. 주의 깊은 식습관을 삶의 방식으로 삼지 않으면 엉덩이에 군살이 다시 슬금슬금 붙기 시작할 것이다.
9. 시간을 들여 식사를 계획하다 보면 중요한 게 뭔지 말로 표현할 수 있고 그런 우선순위를 바탕으로 한 현명한 선택을 내릴 수 있다.
10. 즐겁게 식사를 할 때마다 그 순간을 되돌아보고 축하할 것. 단순히 음식 먹는 것을 넘어서 식사가 선사하는 근사한 것들을 상기시켜 준다.

체중의 원리는 잡동사니의 원리와 크게 다르지 않다. 책장에는 그 공간이 허락하는 만큼만 책을 꽂을 수 있고, 옷장에 무리 없이 넣을 수 있는 셔츠의 수는 제한돼 있다. 몸이 필요한 것보다 더 많은 칼로리를 섭취하면 그 칼로리는 지방으로 축적된다.

소유하고 있는 모든 것들 가운데서도 당신의 몸을 가장 소중히 여겨야 한다. 스스로의 몸을 아끼고 존중하는 일은 자기 자신을 아끼고 존중하는 일이다.

다시 한 번 말하지만 내가 하는 말은 전혀 새로운 것도, 마법의 주문도 아니지만 이 법칙들을 따르기만 하면 진정한 변화가 나타날 것이다.

끼니때마다 일일이 무슨 음식을 먹어야 하고, 먹으면 안 되는지 말해주지 않을 것이다. 이미 여러 번 다이어트에 실패해 본 사람에게는 이 말이 위안으로 들릴 것이라고 생각한다. 음식은 방정식의 일부분일 뿐이다. 그래야만 한다. 그러므로 스스로의 몸에 무엇을 집어넣을지에 대한 결정은 스스로 내려라. 그렇다. 나는 당신에게 스스로 무슨 음식을 먹어야 할지 결정하라고 말한다. 그렇다. 나는 당신의 식료품 수납장을 엉망으로 만들고 있는 음식들을 없애버리라고 말한다.

하지만 제자리에서 펄쩍펄쩍 뛰면서 단백질 보충음료를 들이키라고, 아침 6시에 달걀을 흰자만, 그것도 5분의 1개만 먹으라고 시키지는 않는다. 그 대신 우리는 스스로의 인생, 특히 체중과 관련된 부분을 통제하는 데 힘을 쏟을 것이다.

정리는 절제이며, 그게 건강한 삶으로 가는 열쇠이다. 집을 정리정돈하다 보면 스트레스와 무기력감이 사라질 것이다. 식사를 미리 계획하면 테이크아웃 음식이나 냉동피자를 먹는 일은 없게 된다. 스스로 의식적인 결정을 내리지 않으면 딴 놈이 끼어들어 당신 대신 결정을 내리려 할 것이다. 그리고 우연인지 몰라도 우리가 사는 세상은 TV, 설탕, 기름기, 소금, 게으름 등 뚱뚱함을 부추기는 놈들을 더 선호하게 돼버렸다.

이제 스스로 선택을 내리기 시작해 보자. 당신에게 잘 맞고 도움이 되는 선택을 내리는 것이다. 이제 우리는 함께 힘을 모아 결정을 내리기 시작할 거다. 우리는 통제권을 되찾을 거다. 우리는 정리정돈하는 자세를 갖게 될 거다. 그 과정은 간단하다. 그 과정이 어떻게 진행되는지 살펴보자.

1. 당신이 원하는 인생

사람들의 집 정리를 도울 때, 나는 우선 어떤 물건을 버려야 할지에 대해서가 아니라, 중요한 게 무엇인지에 대해서 이야기한다. 몸도 마찬가지다. 나는 당신에게 스스로의 인생에 대해 생각해 보라고 할 것이다. 현재 당신의 인생이 어떤 모습인지, 미래에는 어떤 모습이기를 바라는지, 당신이 살고 있는 인생과 원하는 인생 사이의 차이를 살펴볼 것이다. 새로운 출발을 위해서는 자기 자신을 재정립하는 일, 스스로의 목표를 재정립하는 게 첫걸음이다. 체중의 목표치를 정해 놓고 체중계만 들여다보는 대신, 당신은 이 이상적인 체중을 당신이 느끼고 싶은 기분, 하고 싶은 일 등 실질적인 목표들로 변환할 것이다. 그러면 체중계에 뜨는 두 자리 숫자보다 훨씬 더 의미 있는 방향으로 나갈 수 있다.

2. 당신이 느끼는 감정들

인간은 먹고 살기 위해 칼로리를 필요로 한다. 인간이 자연에서는 찾을 수 없는 정제된 설탕 및 포화지방이 다량 함유된 음식물을 발명해 냈기 때문에 과식을 하게 된다는 말도 어느 정도 일리는 있다. 하지만 우리 대부분은 심리적인 요인으로 과식을 한다. 때문에, 스스로의 몸속에 무엇을 집어넣을지 올바른 선택을 내릴 수 있는 힘을 발휘할 수 없는 것이다. 이런 심리적인 문제들을 함께 살펴본 후, 잘못된 심리적 습관에서 벗어날 수 있는 방법을 제시할 것이다.

3. 당신이 사는 집

잡동사니와 체중 사이의 순환관계를 기억하는가? 대부분의 시간을 보내는 집이 통제불능 상태라면, 어떻게 음식과 관련된 결정에 통제력을 발휘할 수 있을 거라고 기대할 수 있을까? 난장판이 된 집안을 정리하는 일에 대해서는 이미 책 한 권을 몽땅 할애하기도 했지만, 이 책에서는 특히 뚱뚱함을 부추기는 집안의 잡동사니들을 살펴볼 것이며 당신의 행동을 바로잡을 것이다. 당신이 스스로의 몸과 맺고 있는 관계를 재정립하는 데 필요한 공간을 분명히 볼 수 있도록 말이다.

4. 당신이 가꾸는 부엌

부엌이 시간을 보내고 싶은 즐거운 장소가 아니라면 건강 음식을 요리하고 즐기는 일은 불가능하다. 이 책은 당신의 부엌, 식료품 수납장, 냉장고를 새로운 삶의 방식을 위한 엔진으로 삼기 위한 모든 방법들을 자세히 일러줄 것이다.

5. 당신이 저장하는 음식

다음으로 당신은 계획을 세우는 방법을 배울 것이다. 계획을 세운다고 하면 복잡한 목록들과 도표들이 필요한 것 같이 느껴진다. 하지만 계획을 세운다는 말이 실제로 의미하는 것은 스스로의 목표를 향해 난 길을 찾아낸다는 말이다. 운전을 할 때 어느 길로 갈지 지도를 보고 미리 계획을 세워본 적이 있을 것이다. 그런 경험이 있는 사람이라면 계획을 세우는 게 시간을 절약해준다는 사실도 알고 있다. 우리는 전혀 틈이 나지 않는 것처럼 보일 때 시간을 내서 식단을 세우는 법, 그 식단에 따라 장을 보는 방법에 대해서 이야기할 것이다.

6. 당신이 준비하는 식사

건강한 식습관은 단순히 건강 식단을 세워놓기만 한다고 되는 일이 아니다. 그런 식사를 위한 시간을 마련해야 한다. 영양가 풍부하고 맛있는 식사를 만들어라. 혼자 식사를 하든, 다른 사람들과 함께 식사를 하든, 스스로 음식을 만들어서 먹는 습관을 즐겨라. 그 방법을 터득하지 못하면, 당신은 영양가 없는 고칼로리 간편 음식 속에서 일시적 만족감만 찾게 될 것이다.

7. 당신이 사는 인생

모든 것은 연결돼 있다. 당신 삶의 나머지 부분들이 난장판이거나, 스트레스로 가득 차 있거나, 만족감을 주지 못하면 절대 살도 뺄 수 없다. 건강한 식습관을 기르는 데 필요한 에너지를 마련하려면 인생의 모든 부분, 그중에서도 특히 운동 습관을 살펴봐야 한다.

8. 당신이 뛰어넘어야 할 장애물들

집에서는 그럭저럭 건강 음식을 만들어 먹지만 밖에 나가 부딪쳐야 할 때는 그게 다 물거품이 될 수도 있다. 과식을 유발하고 몸에 나쁜 음식의 섭취를 촉진하는 위험한 상황들을 미리 파악하고, 유혹을 피하거나 극복하기 위한 전술을 터득하게 될 것이다.

9. 당신이 누릴 성공

마지막으로 우리는 성공과 그 성공을 유지하는 방법에 대해 이야기할 것이다. 나는 다이어트에 대해 말하고 있는 게 아니다. 삶의 방식에 대해 말하고 있는 것이다. 앞으로 남은 일생에 건강 체중을 유지하고 싶다면 그 체중을 지탱해주고, 격려해주고, 장려해줄 영구적인 변화를 이뤄내야 한다. 그 변화를 영원히 우리 자신의 것으로 만들 것이다.

Chapter 01

점검사항

- [ ] '체중의 무게' 자가진단 해보기
- [ ] 더 이상 변명하지 않기
- [ ] 현실 점검하기: 비디오카메라를 앞에 두고 제자리에서 팔벌려뛰기를 해본다.

당신이 원하는 인생

The Life You Want

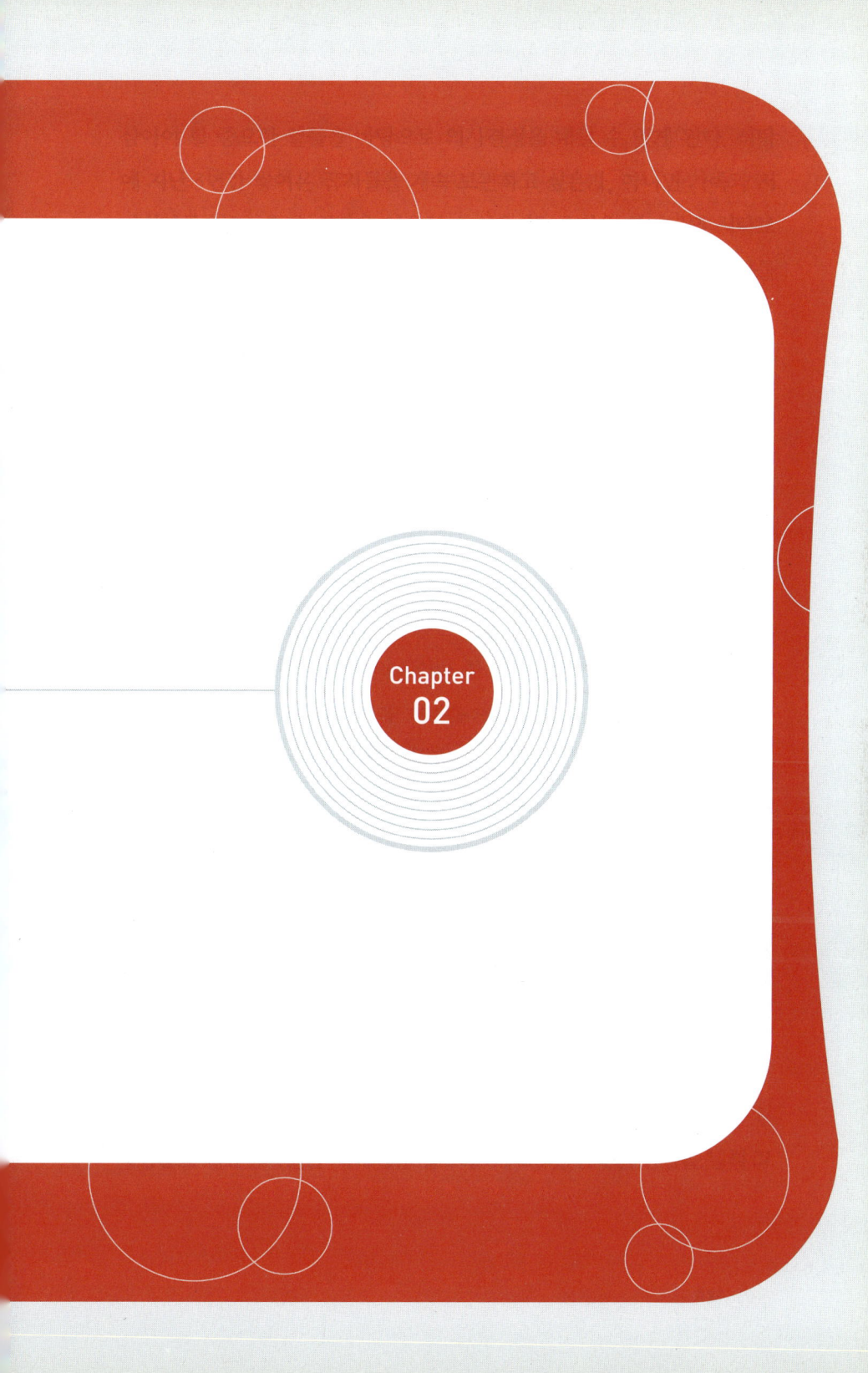

Chapter 02

Does · This · Clutter · Make · My · Butt · Look · Fat?

● 자신을 위한 모험을 스스로 선택하라

당신이 원하는 인생을 실현시켜 줄 수 있는 유일한 사람은 바로 당신이다. 좋든 싫든, 백마 탄 기사가 나타나 당신 대신 상황을 개선시켜주는 일은 없을 것이다. 당신의 운명을 꼭 쥐고 있는 사람은 바로 당신 자신이다. 스스로의 인생이 만족스럽지 않거나, 몸에 불만이 있다면 그걸 변화시켜야 하는 사람도 역시 당신이다. 하지만 내가 도움을 줄 수는 있다. 나는 당신이 최선을 다했을 때 누릴 수 있는 최상의 삶을 살기를 바란다. 뚱뚱함은 혼란을 불러오므로 뚱뚱함을 모른 척하는 건 불가능하다. 잡동사니처럼 뚱뚱함도 말 그대로 당신 인생의 걸림돌이다. 그 길목을 청소하는 방법이 여기 있다.

   이 책은 흔한 체중감량 프로그램을 소개하는 책이 아니다. 이 책의 출발점은 허리치수, 체지방률이나 체중계가 아니다. 숫자에 초점을 맞추고 있다면, 당신은 엉뚱한 문제를 고치려고 하고 있는 거다. 이 책의 출발점은 바로 당신이다! 자리에 앉아 시간을 두고 생각을 정리해 보자. 지금 당장은 뜬구름 잡는 소리처럼 들리겠지만 나를 믿고 따라와야 한다. 내 책을 읽은 독자들 가운데 한 명의 예를 들어 보겠다. 주디는 버지니아 주 폴즈처치에 있는 아파트에 산다. 그녀의 아파트를 가득 채우고 있는 잡동사니들은 언제나 넘을 수 없는 산처럼 보였다. 하지만 그녀는 전환점을 맞았고, 각각의 방이 어떤 목적을 가지고 있는지 곰곰이 생각해 보기로 결심했다. 자신의 인생에 대해 생각해 보고, 자신이 원하는 게 뭔지 알아보고, 계획을 세우자 주디는 힘을 얻어 작업에 착수할 수 있었다. 그리고 그녀는 곧 변화되기 시작했다.

피터 씨,

피터 씨가 "잡동사니를 치우기 전에는 무조건 그 방의 목적이 뭔지 판단해라."라고 말했을 때 저는 '아!' 하는 깨달음의 순간을 맞게 됐어요. 그러자 제 마음속의 두려움과 좌절감도 완전히 걷혔죠. 갑자기 편안한 마음이 들었고 제가 30년이라는 세월 동안 잡동사니들을 아파트에 쑤셔 넣기만 하고 아무 조치도 취하지 않았다는 걸 깨달았어요. 저는 아파트의 각 공간에서 제가 원하는 게 뭔지 계획을 세웠어요. 아름다운 경치를 볼 수 있도록 식탁을 테라스 앞에다 놓고 싶다, 식탁이 있던 공간에는 책상과 작업 공간을 마련하고 싶다, 그런 식으로 말이죠.

금요일에는 화장실을 청소하고 새 샤워 커튼과 발매트 등도 마련했답니다. 부엌도 청소했고요. 냉장고 서리를 제거하고 안을 청소한 다음에는 싱크대와 바닥을 수리하고 접시, 은식기류, 유리컵 등을 상자에서 꺼내 놓았어요. 10년 동안 이 아파트에 살며 한 것보다 이틀 동안 더 많은 일을 했다니까요.

난장판을 청소하고 정리하자 주디에게는 즉각적인 파급효과가 나타났다. 청소를 하며 보낸 그 이틀 후 주디는 3Kg이 빠졌다. 너무 열심히 집중해서 일하느라 간식 먹을 시간도 없었던 것이다. 또 한 가지, 그녀는 단기적 결과를 바라지도 않았다. 집을 치우는 노력이 체중감량 목표에 직접적인 도움을 준 것이다. 마침내 그녀는 깨끗한 부엌에서 즐겁게 음식을 만들고 저장할 수 있었다. 이제 식당이나 패스트푸드점에도 그렇게 자주 드나들지 않게 됐다. 게다가 그녀는 이제 자신도 모르는 사이 집안에 운동을 할 수 있는 공간까지 생겼다는 걸 알았다.

어떤 인생을 살고 싶은지에 대해 마음속에 간직한 비전이 변화를 위한 출발점이다. 우리도 거기에 초점을 맞출 것이다. 〈클린 스윕〉을 시작할 시간이다. 당신의 인생을 다시 스케치해 볼 시간이 왔다.

● 원대한 시작 – 비전을 가져라

우리의 행동 방식, 소유하고 있는 것들, 사는 곳, 먹는 음식 등 인생의 모든 면들은 서로 연결돼 있다. 당신이 소유하고 있는 물건들의 비계 아래 숨 쉴 곳도 없는 집에 살고 있다면 몸에 붙은 비계를 어떻게 해결할 수 있겠는가? 체중과 담판 지으려면 우선 당신을 둘러싼 공간을 활짝 열어젖혀 당신이 살고 있는 세상을 가볍게 만들어야 한다. 당신 인생의 어느 작은 한 부분이 잡동사니와 무질서로 어지럽혀 있다면, 우선 그 부분부터 해결하라.

잡동사니 음식 법칙

당신이 살고 싶은 삶을 그려보고, 살을 빼기 위해 노력하는 과정에서 끊임없이 그 원하는 삶을 떠올려 볼 것.

● **당신이 살고 싶은 인생을 상상해 보라**

인생에서 흑 아니면 백으로 간단히 나눌 수 있는 건 별로 많지 않다. 잡동사니 문제만 해도 그렇다. 나의 경험, 그리고 내가 도운 많은 사람들의 경험에 따르면, 잡동사니와 체중 사이에는 밀접한 관련이 있다. 과학적으로 서로에게 어떤 영향을 미치는지 설명할 수는 없다. 하지만, 경험에 따르면 체중과 전쟁을 치르는 많은 사람들이 인생의 다른 부분에서도 균형점을 찾지 못해 고전한다. 음식이 아니라도 다른 뭔가를 사들이거나 소비하는 일이 가장 흔한 예다. 사람들은 끊임없이 수백 통의 이메일을 나에게 보내와 잡동사니와 체중 사이의 연관성을 목격했고 경험했다고 말했다. 그렇게 많은 수가 경험한 것을 우연의 일치라고 보기는 힘들지 않을까?

자, 이제 다시 당신의 문제로 돌아가 보자. 잠시 음식에 대해서는 잊어버리고 나와 함께 이렇게 해보자. 바보 같거나 비현실적으로 보이더라도 일단은 나를 믿고 따라오길 바란다. 우리는 인생에서 맞닥뜨리는 여러 과잉의 문제들 가운데서도 우선 잡동사니라는 과잉의 한 형태를 살펴볼 것이다.

그게 우리의 출발점이다. 잠시 다음과 같은 질문에 대해 진지하게 생각해 보자.

"내가 살고 싶은 인생은 무엇인가?"

내가 도왔던 사람들의 인생에서 이 질문보다 더 큰 영향력을 가졌던 질문은 없으리라고 생각한다. 인생이 결코 완벽할 수는 없지만 우리 모두는 자기 인생이 어떤 인생이 되길 바라는지, 인생에 대한 저마다 다른 비전이 있다. 잡동사니가 집안을 가득 메우면 그 잡동사니들은 공간을 막는 데만 그치지 않는다. 문자 그대로, 그리고 비유적으로 우리의 시야까지 차단하게 된다. 매번 새로운 클라이언트를 만날 때마다 거듭 확인하게 되는 사실이 하나 있다. 어느 시점에 이르면 사람들 눈에는 이 잡동사니들이 보이지 않게 된다는 것이다. 잡동사니들이 산처럼 쌓여 다른 아무것도 볼 수 없는 데도 말이다! 그들은 마치 그 물건들이 거기 없는 것처럼 물건들을 요리조리 잘도 피해 다녔다. 위와 같은 질문을 하는 것은 엉망진창 잡동사니, 정리 부족, 신선한 시각으로 인생의 그 이상을 보기 위한 한 방법이다. 당신의 세계를 이루는 한 부분으로서 당신 집에 대해 어떻게 생각하는가? "내가 원하는 인생은 무엇인가?" 바보스러울 정도로 간단한 질문이지만, 우리가 미처 생각해 보지 못하는 질문이기도 하다.

일단 "내가 원하는 인생은 무엇인가?"라고 질문해 보면, 당신이 곰곰이 생각해 봐야 할 관련 질문들이 줄지어 나올 것이다. 당신이 그려본 상상 속 인생에서 주어진 시간을 어떻게 소비하고 있는가? 당신은 어떤 모습을 하고 있는가? 집에 있을 때 어떤 모습일까? 당신의 집은 어떤 모습일까? 방들은 어떤 모습일까? 당신의 일은? 아침에 일어나면 어떤 기분이 들까? 무엇을 먹을까? 시간을 어떻게 보낼까? 당신의 하루 일과는 어떻게 돌아갈까? 육체적으로 성취할 수 있는 것들에는 무엇이 있을까? 집에서는 무엇을 성취할 수 있을까? 당신은 그 속에서 힘이 넘치고 잘 정돈된 성공한 자신을 볼 수 있는가? 이 이상적인 인생 속에서 당신의 대인관계는 어떤가? 당신은 모든 구성원들이 함께 어울리는 풍요로운 가족생활을 꿈꾸는가? 다른 사람들과는 어떻게 교류할까? 긴장을 푸는 방법은 무엇일까? 즐거움을 얻는 방법은 무엇일까? 밤에 집에 돌아오면 무엇을 할까? 집에 돌아왔을 때 당신을 반기는 것은 무엇일까? 당신은 언젠가 일과 가정, 흥분과 평정 사이의 완벽한 균형점을 찾게 되기를 바라고 있는가?

이상적인 삶은 어떤 모습인가? 스스로의 인생을 위한 비전을 정하는 일이 당신에게 소중한 게 무엇인지, 버려야 할 게 무엇인지 결정하는 일의 시작이다.

Activity 어떤 인생을 살고 싶은지 비전을 가져라!

내가 살고 싶은 인생을 묘사하는 단어들:

- _____
- _____
- _____
- _____
- _____

당신이 그리는 이상적인 인생이 어떤 모습일지 묘사해 보자.

_____
_____

우리 대부분은 미처 스스로에게 이런 질문들을 해볼 생각조차 하지 못한다. 지금의 상태를 받아들인 채 상황이 어떤 식으로 달라질 수 있을지 상상해 보는 일을 어렵게 생각한다. 물론 가끔 한 번씩은 우리 내면의 뭔가가 반향을 일으켜 인생의 한 부분을 변화시켜 보려고 노력하기도 한다. 아침 일찍 일어나서 운동을 하기도 한다. 적어도 일주일은. 또, 탄수화물을 끊어 보기도 한다. 그것도 저녁에 외식을 하러 나가서 결국 이기지 못하고 게걸스럽게 빵을 먹어 치우기 전까지 얘기지만. 식탁에 어질러진 광고 우편물을 정리해보기도 한다. 하지만 그 우편물들을 어디다 둘지 결정 못해서 다시 싱크대 위에 던져 놓게 된다. 우리 모두 훌륭한 의도로 열성적으로 첫걸음을 내딛지만 글쎄 그게 과연 얼마나 갈까? 그 결말은 우리가 더 잘 알고 있지 않은가.

변화는 어렵다. 행동에 나서기보다는 상황을 있는 그대로 내버려 두는 일이 훨씬 더 쉽다. 스스로 세운 목표를 달성하는 데 실패할지도 모른다는 걱정에 시달릴 때는 더욱 그렇다.

자, 오늘을, 이 모든 것을 변화시킬 날로 잡자! 당신이 살고 싶은 인생을 그려보는 데는 오랜 시간과 심각한 고민이 필요할 수도 있다. 세부적인 그림을 그려보려면 더 오랜 시간이 걸릴 수도 있다. 흔히 있는 일이다. 우리 대부분은 진지하게 시간을 들여서 이상적인 현실의 세부사항을 그려보는 일에 익숙하지 않다. 그러나 이상적인 인생에 대한 완성된 그림이야말로 발전을 이루고 숙고의 시간이라는 투자를 가치 있게 해줄 열쇠이다. 시간을 갖고 스스로에게 주어진 단 한 번의 인생에서 당신이 무엇을 원하는지 심각하게 고민해 보자.

● 당신이 그리는 이상적인 당신

　잡동사니는 당신이 누릴 자격이 있는 행복과 기쁨을 당신에게서 앗아갈 수 있다. 엉망이 된 과체중의 몸매 역시 마찬가지다. 원하는 인생을 상상할 때는 체중계의 숫자를 이상적인 체중의 목표로 삼아서는 안 된다. 행복감과 건강의 성취에 대해 생각해 봐라. 당신이 어떤 기분을 느끼게 될지, 시간을 어떻게 소비할지, 무엇을 성취할 수 있을지, 주변 사람들과는 어떻게 교류할 수 있을지 생각해라. 당신의 허리 치수는 당신의 인생을 말해주지 못한다. 당신이 그리는 이상적인 당신이 되기 위해, 그 꿈을 완전히 실현시키기 위해 노력할 때는 항상 그 사실을 염두에 둘 것.

　당신이 무엇을 가지고 있는지보다는 어떤 사람인지 생각해라. 당신의 몸에 대해 생각해 보라. 당신의 몸은 어떤 모습인가, 내면과 외면은 어떤 모습인가? 당신의 몸은 어떻게 기능하는가? 당신의 몸은 무엇을 성취할 수 있는가? 몸이 잘하는 일은 무엇인가? 당신의 몸은 다른 사람들과 어떻게 소통하는가? 다음에 제시된 실천 과제(Activity)에 임할 때는 당신에게 행복이 무엇을 의미하는지 생각해 봐라.

　날씬해지는 게 모든 것을 바로잡아 줄 거라고 기대해서는 안 된다. 진짜 체중에 의해서 유발되는 문제점들에 대해서만 체중을 탓하라. 그리고 스스로 책임감을 갖고 그 문제점들을 바로잡고자 노력해라. 그러나 동시에 스스로 성취할 수 있는 게 뭔지 현실적으로 생각해야 한다. 마라톤에 참가하고 싶다는 꿈을 가진 사람도 있을 수 있다. 마라톤은 근사한 일이다. 적극 찬성이다. 하지만 그걸 당신이 그리는 이상적인 당신이 되기 위한 목표로 삼아서는 안 된다. 행복해지기 위해서 당신이 반드시 마라톤에 참가해야 하는 게 아니라면 말이다.

> **Activity** 당신이 상상하는
> 이상적인 당신을 그려 보라!
>
> 이상적인 내가 됐을 때, 내 인생에서 아래의 부분들은 어떻게 달라질까?
>
> 가정: _____
> 건강: _____
> 감정: _____
> 관계: _____
> 일: _____

현실과 이상의 차이

당신이 원하는 몸을 그려보는 일은 쉽지 않은 일일 수도 있다. 가장 좋아하는 영화배우나 모델을 골라서 "제니퍼 애니스턴(Jennifer Aniston), 그래 내가 원하는 건 애니스턴의 몸매야."라고 말하거나, "왜 그 속옷 광고에 나오는 남자 모델 있잖아. 내가 원하는 게 바로 그 사람 배에 그려진 왕(王)자 복근이라고."라고 말하기가 쉽다. 하지만 현실을 인정하자. 정말로 당신이 그들의 유명세나, 재산, 사진 보정, 소위 뽀샵 처리를 당해낼 수 있다고 생각하는가? 그러지 말고 스스로의 몸에 대한 불만이 이 세상을 살아가는 방식에 어떤 영향을 미치는지 생각해 보자. 몸매가 드러나지 않는 헐렁한 옷 뒤에 숨고 있지는 않은가? 그게 정말로 당신이 원하는 삶인가? 당신이 입고 싶은 옷은 어떤 옷인가? 수영복 광고 모델이 되겠다는 말은 제발 참아줄 것. 우리는 이미 지겨울 정도로 그런 선입견에 의해 조종당해 왔다. 그걸로도 충분하다! 대신 최선을 다해 이룰 수 있는 최고의 당신이 되는 일에 초점을 맞춰보자. 그 사람은 정말로 어떤 모습인가?

피터 씨,

저는 평생 날씬해지고 싶었어요. 별로 뚱뚱하지 않았을 때도 저를 보고 뚱뚱하다고 말하는 어머니 밑에서, 그리고 때로 폭력적인 가족 속에서 자란 저는 음식에 온갖 종류의 심리적 집착을 갖게 됐답니다. 하지만 깔끔히 정리된 새로운 집에 있으니, 이제 집에 대해서만 아니라 제 몸에 대해서도 만족할 수 있도록 노력해야 할 때가 왔다는 걸 깨달았어요. 저는 더 많이 명상하기 시작했어요. 제 몸의 모든 불필요한 세포들을 배출하는 한편, 생존하기 위해, 장수하기 위해, 이 생애에서 내 목적을 알리기 위해 필요한 게 아니라면 무조건 다 버리기로 했어요. 제가 어떤 모습이 되기를 원하는지 적어 놓은 '비전 게시판'도 만들었어요. 제 키는 160cm이지만 3주 전까지 체중이 92Kg이나 나갔답니다! 지금 제 체중은 87Kg이에요. 처음으로 적당히 먹는 일, 왜 음식이 본능적으로 위안을 주는지 이해하는 일, 필요 없는 것은 무엇이든 없애버리는 일이 훨씬 쉽게 느껴져요.

55세라는 나이가 되고 보니 한때 원했던 60Kg이라는 몸무게를 꿈꾸지는 않게 되는 것 같아요. 그렇게 돼 봤자 주름만 너무 많아지지 않겠어요? 하지만 이제 잡동사니를 모두 정리하고 평생 음식으로 가려져 왔던 진정한 '나'의 모습을 마침내 드러내게 될 것이라는 차분한 자신감과 믿음이 생겼어요. 정리하고 분류하고 가볍게 사는 일의 기쁨은, 분명 제 몸과 제 모습에 대해서도 똑같은 행복감을 성취하게 되리라는 용기를 줬어요.

정말로 변화하고 싶다면 현실적인 목표에 대한 분명한 상(image)을 가질 필요가 있다. 현실성 있는 목표를 골라 당신의 비전을 성취하는 데 전념해야 한다. 자기에게 맞는 현실성 있는 목표란 어떤 것인지에 대해 더 이야기를 나눠 보자.

이상적인 체중을 알아내는 방법

"나 5Kg은 더 빼야 돼." 누구나 한 번쯤 이 말을 해보지 않았거나 들어보지 않았거나 생각해 보지 않은 사람이 어디 있을까? 아니면 "이 청바지 꼭 입고 말거야.", "월요일부터 운동해야지.", "죽을 때까지 내가 빵 먹나 봐라!"라는 말은 어떤가? 우리는 모두 살 빼는 데 병적으로 집착한다. 하지만 정작 그 이유가 뭔지 자문해본 적이 한 번이라도 있는가? 몸무게가 덜 나가면 당신에게 돌아가는 것이 무엇인가? '날씬함'에서 당신이 기대하는 것은 무엇인가?

당신이 목표로 하는 그 이상 체중에 도달했을 때, 당신의 인생은 어떻게 달라질 것인가?

건강하고 탄탄한 당신의 몸은 당신이 꿈꾸는 인생을 만드는 데 도움이 돼야 한다. 당신이 세운 목표를 향해 가는 데 도움을 줘야 한다. 체중계의 숫자나 도표, 전문가의 조언 대신 당신이 꿈꾸는 그 인생을 그려 봐라. 그리고 이제 이렇게 해보자. 꿈의 몸무게나 감량해야 할 킬로그램 수를 생각하는 대신 이상 체중에 도달했을 때, 과거와 다른 식으로 할 수 있을 일이 무엇인지 상상해 보는 거다.

어렵게 느껴진다면 이렇게 해보자. 당신이 그리는 이상적인 당신이 갖게 될 다음과 같은 특징들에 대해 생각해 보는 것이다. 당신은 사람들과 신뢰와 상호 존중을 바탕으로 한 관계를 맺는다. 건강한 몸무게를 유지하고 있다. 건강하고 규칙적인 식사 습관이 생긴다. 스케줄에는 당신이 즐기는 활동을 할 수 있는 시간적 여유가 있다. 규칙적인 운동이 일상생활의 일부이다. 당신의 인생은 두려움에 지배받지 않는다. 당신은 인생의 사회적·영적·심리적·육체적인 면에서 균형을 이루고 있다. 당신은 있는 그대로의 당신을 인정하고 사랑한다.

내 홈페이지를 방문한 사람들이 공유한 몇 가지 목표들을 예로 들어 보자.

이상적인 몸을 위한 목표의 예

내가 그리는 이상적인 몸이 된다면 나는 이런 일들을 할 수 있을 것이다:

- 숨을 헐떡거리지 않고 슈퍼마켓까지 걸어갈 수 있다.
- 안전벨트 길이를 늘이지 않아도 비행기 좌석에 앉을 수 있다.
- 아침에 눈을 뜨면 스스로 예쁘다고/잘생겼다고 느낀다.
- 아이들과 동네를 산책할 수 있다.
- 창피해하지 않고 내 사진을 볼 수 있다.
- 숨이 넘어가지 않고도 계단을 오를 수 있다.
- 무릎에 통증을 느끼지 않아도 된다.
- 체중으로 인한 혈압약을 먹지 않아도 된다.
- 민망해하지 않고 수영복을 입을 수 있다.

- 셔츠를 바지 속에 넣어 입을 수 있고, 마음에 드는 벨트를 매도 늘어지는 뚱뚱한 뱃살에 벨트가 가려지지 않는다.
- 숨을 헐떡이지 않고 다이아몬드 헤드(Diamond Head: 하와이의 와이키키 해변이 한눈에 내려다보이는 화산 유적-옮긴이)에 오를 수 있다.
- 맘에 드는 비싼 옷을 살 때도 주저하지 않는다.
- 옷장과 거울을 적으로 보지 않아도 된다.

다른 사람들의 목표가 뭔지 들어봤으니 이제 당신의 목표도 한 번 들어보자.

> **Activity** *당신이 그리는 이상적인 몸은 무엇인지 목표를 세워 보자!*
>
> 내가 그리는 이상적인 몸이 된다면 이런 일들을 할 수 있을 것이다:
> - _____
> - _____
> - _____
> - _____
> - _____

인생에 행복과 건강을 가져다 줄 것들을 성취하는 데 초점을 맞춰라. 당신의 목표는 마법의 숫자에 있는 게 아니라 당신이 바라는 대로 인생을 살 수 있게 해줄 체중을 갖는 데 있다.

당신은 그 누구도 아닌 당신 자신일 뿐이다. 스스로의 존재는 기뻐해야 할 선물이다. 당신이 어떤 사람인지 받아들이는 일은 행복을 찾는 일의 근본이다. 행복해지려면 날씬해야 하고, 돈이 많아야 하고, 완벽한 치아를 가지고 있어야 하며, 새로 뽑은 차를 몰아야 한다고 말하는 사회에서 그 일은 힘겨운 도전이 될 수도 있다.

당신이 그리는 이상적인 당신이라는 초점에서 흔들려선 안 된다. 그리고 그 모습은 최선을 다했을 때 얻을 수 있는 최고의 모습이 돼야 한다. 스스로의 내면을 살피고 실현 가능한 일은 무엇인지 생각해 봐라. 목표에 도달하는 데는 변화와 희생이 필요할 것이다. 하지만 당신은 할 수 있다. 나는 스스로의 몸과 인생에 있어 자신이 세운 이상을 성취하는 사람들을 수도 없이 봐 왔다. 당신도 할 수 있다는 걸 나는 안다.

● 뚱뚱함아, 물렀거라!

감상적인 잡동사니들을 없앨 수 있도록 사람들을 도와줄 때 나는 항상 그 물건이 곧 추억이 아니라는 걸 깨달아야 한다고 말한다. 같은 이치로 당신의 뚱뚱함을 당신의 정체성으로 혼동해서는 안 된다! 지금까지 당신의 주변 사람들은 과체중이라는 것만으로 당신이 어떤 사람인지 판단해왔을 수도 있지만 변화는 가능하다. 변화, 그리고 예측할 수 없는 결과들이 당신을 두렵게 할 수도 있다. 어떤 사람들은 변화에 대해 생각하는 것만으로도 얼어붙어 버려 아무 행동도 하지 못한다.

변화에 대한 두려움은 실패에 대한 두려움과 직결된 것일 수도 있다. 살을 빼려고 수차례 노력했지만 매번 실패했기 때문이다. 당신이라면 소용도 없는 일을 처음부터 다시 하고 싶은 마음이 들겠는가? 그런 두려움이 전혀 특별하거나 별난 일이 아니라는 걸 기억해야 한다.

홈쇼핑 광고, 리얼리티 TV 프로그램, 잡지에 나오는 셀 수도 없는 비포&애프터 스토리들을 보면 다들 살을 참 잘도 빼지 않는가? 우리는 누구나 쉽게 체중을 줄일 수 있다고 믿게 돼버렸다. 그래서 자연히 당신이 그들과 같지 않다면 당신이 문제라는 결론이 내려지는 것이다. 과연 그럴까?

당신이 되고 싶은 '당신'의 모습은 점진적으로 발현돼 나오는 것이어야 한다. 진정한 당신의 자아가 모습을 드러낼 수 있도록 노력해야 한다. 그리고 그 일은 있는 그대로의 자신의 모습에 만족하고 자신이 가진 몸에 편안함을 느낄 수 있을 때만 가능하다. 명심할 것! 당신이 이상적인 자아를 성취하려고 노력하지 않는다면 다른 누구도 그 일을 대신 해주지 않을 것이다. 몇 번 실패한 게 뭐 대수인가. 그건 당신이 인간이라는 증거에 불과하다! 하지만 이번만큼은 성공을 이뤄 보자!

시간을 내라

비전을 갖는 건 쉬운 일이다. 이제 그 비전을 위한 공간을 마련해야 한다. 변화에는 헌신이 필요하고, 헌신에는 시간이 필요하다. 나도 잘 알고 있다. 당신이 건강할 틈도 없이 바쁜 사람이라는 걸, 정신없이 인생을 살고 있다는 걸, 화장실도 겨우 간다는 걸. 상황이 이러니 스스로의 식습관에 어떤 변화가 필요한지 생각해 볼 시간은 더욱 없을 것이다. 당신은 쫓기듯 밥을 먹는다. 끼니를 건너뛰기도 한다. 살아남으려면 뭘들 못하겠는가. 에잇, 이런 책도 시간이 너무 오래 걸려 못 읽겠다고? 정말 더 이상은 못해먹겠다고?

잡동사니 음식 법칙

뚱뚱함은 하루아침 짠~ 하고 나타나지도 않았고, 하루아침 짠하고 사라지지도 않을 것이다.

그래 당신이 바쁘다는 건 잘 알겠다. 그런데 깜짝 놀랄만한 사실을 알고 싶은가? 바쁘지 않은 사람은 없다는 거다. 누구나 엄청난 의무들에 시달리고 있다. 누구나 열심히 일한다. 누구나 가족과 친구들이 있고, 사회적 의무 역시 지고 있다.

주위를 둘러보라. 당신의 자동차를 수리중인 건장한 몸매의 남자가 보이는가? 그 사람도 알고 보면 바쁜 사람이다! 복도 건너편에 회의장으로 들어가고 있는 날씬한 여직원이 보이는가? 알고 보면 그녀가 당신보다 더 늦게 퇴근할 수도 있다. 근데 그 사람들은 어떻게 그렇게 할 수 있었을까? 운이 좋아 우수한 유전자를 타고 났을까? 그럴지도. 하지만 그들이 시간의 모순을 터득했기 때문일 가능성이 더 크다.

"이 세상에 충분한 시간 따위는 없지만, 찾아보면 항상 시간은 더 나오게 마련이다."

당신도 그 시간을 찾아낼 수 있다. 어딘가에 시간이 숨어 있을 거라고 나는 장담할 수 있다.

당신의 목표에 도움이 되지 않는 시간

스스로의 몸을 싫어하는 것도 시간을 잡아먹는 일이다. 아침에 옷을 갈아입는 데 얼마나 많은 시간이 걸리는가? 몸매를 더 보기 좋게 만들어주고 늘어진 살을 감춰주는 완벽한 옷을 찾으며 몇 번이고 옷을 갈아입는가? 그러다 결국은 몸을 날씬하게 해주는 데는 검은색만 한 게 없다고 체념하며 검정 옷에 손을 뻗는가? 거울 앞에 서서 숨을 들이마신 채 이대로 숨 쉬지 않고 하루를 견딜 수 있을 거라고 스스로를 설득하는 일은 없는가?

몸에 대해서는 일찌감치 포기해버리고, 대신 머리나 얼굴을 완벽하게 다듬느라 거울 앞에서 몇 시간을 허비하거나, 매니큐어나 페디큐어에 심혈을 쏟지 않는가? 쇼핑을 가면 적당한 옷, 즉 몸매의 결점은 감춰주면서도 당신의 스타일에 맞는 옷을 찾는 데 어려움을 겪는가? 당신은 찾는 게 뭔지도 정확히 모르면서 이 가게 저 가게를 전전하지 않는가? 스스로의 몸에 만족하지 못한다는 이유로, 오히려 거기에 정신을 쏟느라 너무 많은 시간을 허비하게 된다니, 아이러니하지 않은가?

당신의 일과를 살펴보자. 직장을 다닌다면 업무 시간은 고정돼 있을 것이다. 밤에는 잠을 자야 될 것이다. 의무적으로 해야 할 일들도 몇 가지 정해져 있다. 거기서 남는 시간이 활용할 수 있는 당신의 유일한 자유시간이다. 당신이 살고 싶은 인생에 도움이 되는 방식으로 그 시간을 소비하고 있는가? 당신은 요리를 할 시간이 없다고 변명한다. 그렇다면 당신은 배달시킨 음식이 도착하거나, 즉석 냉동식품이 해동될 때까지 기다리는 동안 정확히 무엇을 하고 있는가? TV 시청? 자, 이제 '요리 시간'을 반갑게 가져보자.

나의 클라이언트인 낸시는 직장을 다니는 미혼 여성이다. 그녀는 일주일에 적어도 15시간을 TV 앞에서 보낸다. 그것도 '뻔한 리얼리티 TV 프로그램'이 대부분이라는 게 그녀의 말이다. TV를 보는 게 어떤 목표에 도움이 되는지 묻자 그게 다른 무엇도 줄 수 없는 즐거움을 주며 기분전환이 된다고 했다. 낸시와 나는 TV가 그녀에게 얼마나 중요한지 이야기를 나누었고, 그녀가 뚱뚱한 걸 얼마나 싫어하는지와 비교해 생각해 봤다. 그녀는 말했다. "아침에 눈을 떴을 때 날씬해질 수만 있으면 오늘 밤에라도 당장 TV를 내다버리겠어요." 우리는 둘 다 그런 일은 일어나지 않을 거라는 걸 알고 있었다. 하지만 낸시는 자신이 TV 시청을 기꺼이 타협의 대상으로 삼을 마음이 있다는 걸 깨달았다. 그녀는 즉석 냉동식품을 끊겠다고 약속했고, 신선한 재료로 요리를 하는 동안 시청할 수 있도록 TV를 부엌으로 옮겼다. 몇 주가 지나 나에게 전화를 건 그녀는 말했다. "효과가 있어요! 5Kg이나 빠졌다고요. 3년 만에 데이트 약속도 생겼어요. 아메리칸 아이돌(American Idol: 인기 TV프로그램의 하나)이 그립겠지만 뭐 상관없어요."

TV에 대한 진실

성인 중 4분의 1에 가까운 수가 여가 시간에 육체적인 활동이 전혀 없다고 말하고, 십대 청소년들은 하루 평균 6시간 가량을 온갖 종류의 모니터 앞에서 보낸다. 매일 한 시간 정도를 각각 인터넷과 비디오 게임으로 보내고, 나머지 4시간은 TV를 시청하며 보낸다는 것이다. 아동의 경우 보통 일주일에 28시간을 TV 앞에서 보내며, 성인의 경우 일주일에 31시간을 TV 앞에서 보낸다. 1년으로 치면 2달 이상을 쉬지 않고 TV 시청으로 지낸다는 뜻이다.

틈틈이 보는 짧은 TV시청이 쌓여서 얼마나 많은 시간을 차지하는지 놀랍지 않은가? 자신의 귀를 의심하고 있다면 직접 한 번 계산을 해보자.

Activity 1년 동안 TV 앞에서 보내는 시간을 계산해 보자!

평일의 하루 평균 TV 시청 시간 = ( )
                                    × 5
평일 총 TV 시청 시간 = _____

토요일의 평균 TV 시청 시간: + ( )
일요일의 평균 TV 시청 시간: + ( )
일주일 동안 총 TV 시청 시간 = _____
                                    × 52
일 년 동안 총 TV 시청 시간 : _____

일 년 동안 당신의 총 TV 시청 시간을 아래 표의 왼쪽 칸에서 찾아 동그라미를 쳐보자. 이 숫자는 일 년으로 치면 몇 주 동안의 TV 시청에 해당하는가? 몇 주가 아니라 몇 달에 해당하는가? 그것도 아니면 당신의 총 TV 시청 시간은 표에 나와 있지도 않은가?

TV 시청 시간 계산표		
시간	주	달
168	1	
336	2	
504	3	
672	4	1
840	5	
1008	6	
1176	7	
1344	8	2
1512	9	
1680	10	
1848	11	
2016	12	3

Activity *TV를 버려라!*

못 들은 척하지 말라. 나는 분명 TV를 버리라고 말했다. 이 책을 창문 밖으로 던져 버리기 전에 일단 한 달만 시도해 봐라. 꼭 그래야겠다면 당신이 제일 좋아하는 프로그램은 녹화해둬도 좋다. 그렇게 시간이 부족하다면 TV 보는 습관을 바꾸면 어떤 일이 일어날지 알아볼 가치가 있다고 생각하지 않는가? TV 시청은 누구나 가장 쉽게 빠져드는 습관이다.

TV가 없는 삶은 어떤 모습일까? 그걸 알아내는 게 당신의 임무다. TV 없이 보내는 시간을 스스로에게 선사하는 선물로 생각하자. 이 시간을 활용해 그동안 시간이 없어서 미처 하지 못했던 일들을 계획해 보자. 서류를 정리해도 좋고, 책을 읽거나, 오랜 벗에게 전화를 걸거나, 운동을 하거나, 디너파티를 여는 것도 좋다. 또는 아무 계획을 세우지 않아도 좋다. 시간이 당신을 어디로 이끄는지 그냥 지켜보자. (하지만 무슨 일을 하든 남는 시간이 당신을 냉장고로 이끌고 가도록 내버려 두지는 말 것.)

남는 시간이 많이 생길 테니, 예전에 TV를 보는 데 썼던 시간 동안 어떤 일들을 성취했는지 보여주는 일지를 작성해 보자. 여유 시간이 많이 생겼을 때 어떤 기분이 드는지도 적어 보자. 그리고 저녁 식사를 손수 요리하는 빈도수나, 저녁 식사의 분위기, 먹는 양의 음식에 어떤 영향을 주는지도 살펴보자. 이렇게 한 달 동안을 TV 없이 지내보는 소중한 기회가 될 것이다. 수동적으로 TV 시청에 저녁 시간을 허송세월하는 대신, 당신 인생에서 TV 시청에 얼마나 많은 시간을 할애하고 싶은지 적극적으로 선택할 수 있는 기회 말이다.

당신이 꿈꾸는 이상적인 당신이 되기 위해 시간을 투자하라

당신이 가진 시간의 효율성을 높이는 방법을 모색해 보자. 아이들을 돌보는 데 하루 중 많은 시간을 보내는가? 어떻게 하면 활동적으로 그 시간을 보낼 수 있을까? 아이들을 축구 연습에 데리고 가야 한다면 연습이 끝날 때까지 기다리는 동안 파워워킹이나 조깅을 하며 운동장을 도는 건 어떨까? (아이들을 민망하게 하고 싶지 않으면 학교 주위의 동네를 산책하는 것도 좋을 것이다.) 장을 보는 데 시간을 보내고 있는가? 현명한 선택을 내려라. 옷이나 다른 물건들을 사는 데 시간을 보내고 있는가? 그만둬라. 물건은 이미 충분하다. 너무 많아서 문제다. 당신이 더 잘 알고 있을 텐데······.

멀티태스킹은 이제 그만

저녁 식사 도중 친구가 전화 통화를 한 경우를 본 적이 있는가? 당신도 그래 본 적이 있지 않은가? 데이트 상대와 극장에 앉아있는 도중 둘 중 한 명이, 또는 두 명 다 휴대폰을 체크한 일은 없었는가? 회의장에서 발표를 하는 사람의 말은 듣는 둥 마는 둥 하면서 자기의 휴대폰을 들여다보는 사람들 사이에 둘러싸여 본 적은 없는가? 전화를 하면서 이메일을 체크해 본 적이 있지 않은가? 개를 산책시키면서 전화 통화를 해본 적이 있지 않은가? 요리를 하면서 TV를 본 적이 있지 않은가? 식사를 하면서 잡지를 읽어본 적은 없는가? 운전을 하면서 머리나 화장을 고쳐본 적이 있지 않은가? 아이에게 책을 읽어주면서 공과금을 정리해 본 적이 있지 않은가? 이처럼 멀티태스킹(multitasking)은 우리 삶의 한 방식이 돼버렸다.

이 말이 언뜻 칭찬으로 들릴 수도 있다. "그는 멀티태스커(multitasker)예요. 세 가지 일을 동시에 할 수 있다니까요." 그렇다면 그 사람을 고용해야 될 것 같지 않은가? 그렇지 않다. 멀티태스킹을 할 때는 집중력이 분산되고 뭔가 항상 잘못되게 마련이다. 운전하면서 전화 통화를 하면 어떤 일이 발생하는지 생각해 봐라. 모든 일이 다 운전할 때처럼 시시각각을 다투는 위험이 따르는 건 아니다. 하지만 멀티태스킹에서 오는 손실은 운전할 때처럼 극적이지는 않더라도, 그만큼 치명적일 수는 있다.

그렇게 서두르는 이유가 무엇인가? 모든 일을 다 엉터리로 해서 당신이 얻는 것은 무엇인가? 현재에 충실한 삶을 살아라. 지금 당신이 있는 곳에 충실해라. 주의를 기울여라. 존중하는 태도를 가져라. TV를 보면서 음식을 먹고 있다면 당신의 관심을 더 쏟게 되는 건 어느 쪽이라고 생각하는가? 그리고 주의를 기울이면서 음식을 먹지 않으면 어떤 일이 일어날까? 그 결과는 이렇다. 배가 부른 것도 모르고, 즐거움도 잊은 채 계속해서 먹게 된다. 충분한 관심을 쏟아 음식의 맛을 음미하며 식사를 해 본 적이 있는가? 꼭 한 번 해보길 바란다.

Activity 일주일 동안만 멀티태스킹을 중지해 보자!

보통 동시에 하는 세 가지 일	어떤 일이 더 중요한가?	변화를 이루기 위해서 해야 할 일
1.		
2.		
3.		

훌륭한 선택이 선사하는 시간을 만끽하라

내 친구 제시카는 매일 아침 몇 시간씩을 헬스장에서 보낸다. 하루는 목표가 뭐냐고 그녀에게 물었다. 그렇게 열심히 운동을 하니까 목표가 있을 것 같았다. 살을 빼려는 것이었을까, 체력을 쌓으려는 것이었을까, 그것도 아니라면 도대체 뭐지? 그녀는 말했다. "지금 장난해? 매일 아침 운동을 가는 건 오로지 한 가지 이유에서야. 어제 저녁 먹은 디저트의 죄책감을 불태워버리려는 거지." 헬스클럽에 있는 칼로리 계산기를 본 적이 있다면, 약간의 칼로리만 태우려고 해도 몇 시간을 운동해야 한다는 걸 잘 알고 있을 것이다. 먹고 싶은 건 무조건 다 먹고 나서 헬스클럽으로 향해봤자 소용이 있을 리가 없다. 아무리 열심히 운동을 해도 마찬가지다. 절대 다이어트에 성공할 수 없다.

언젠가 한 개인 트레이너가 사람들에게 보기 좋은 몸매는 먹는 음식이 90%, 운동이 10%를 차지한다고 말하는 걸 어깨너머로 들은 적이 있다. 그게 과학적으로 맞는 말인지 따져볼 생각은 전혀 없지만, 그 말에 전적으로 동의한다. 죄책감의 칼로리를 태우려고 애쓰고 있는 거라면, 당신은 시간을 낭비하고 있는 것이다. 당신이 살고 싶은 인생에는 죄책감을 위한 자리가 있는가? 죄책감은 시간 낭비다. 인생을 스스로 통제할 수만 있다면 죄책감은 사라질 것이다.

진정으로 자신에게 주어진 시간의 우선순위를 매길 때 어떤 변화가 일어날 수 있는지 알면 깜짝 놀랄 거다. 중요하지 않은 일에 시간을 낭비하지 않는다면 중요한 일에 쓸 수 있는 시간이 모습을 드러낸다. 당신이 원하는 인생을 토대로 삼아야 한다. 다른 많은 사람들처럼 일 년 중 두 달에 해당하는 시간을 TV 시청에 허비하고 있다면 이제 그 시간을 되찾기 위한 행동에 나서자. 필요도 없는 옷과 살림살이들을 사들이는 데 쓰는 시간을 줄이고 대신 정리정돈하고 최상의 인생을 가꾸는 데 쓰는 시간을 늘려보자. 그러면 공과금은 납부되어 있고, 식탁에는 건강한 저녁 식사가 놓여 있으며, 금요일 저녁에는 외출해서 자신감 넘치는 모습으로 무대 위에서 춤출 생각에 들떠 있는 자신을 발견할 것이다.

● 주의 깊은 식습관을 실천하라

숨어 있던 시간을 찾아내고, 멀티태스킹을 중지하고, 한 번에 한 가지 일에만 집중하면, 마침내 인생의 모든 면에서 기쁨을 찾을 수 있는 자유가 생길 것이다. 당신이 무슨 일을 하고 있는지, 왜 그 일을 하고 있는지 알고 있어야 한다. 당신이 처한 상황을 잘 알고 있어야 한다. 스스로의 모습을 잃지 말아야 한다. 이런 원칙들을 식습관에 적용시킨다면, 그리고 언제, 어디서, 어떻게, 누구와 식사를 하는지에 적용시킨다면 음식과 맺고 있는 관계를 완전히 변화할 수 있을 것이다.

당신이 살고 싶은 인생에 대해 생각하라고 말했다. 우선순위를 정한 후 원하는 인생을 위해 시간을 투자하라고 얘기했다. 하지만 이렇게 의문을 가질 수도 있을 것이다. 다 좋은 얘긴데 뭘 어떻게 해야 하는 거냐고. 어디서부터 시작해야 할까? 그게 정말로 어떻게 가능한 걸까? 당신이 살고 싶은 인생에 대한 비전을 실현시키는 게 정말 가능한 일일까? 자신 있게 말하겠다. 100% 가능하다고. 당신은 할 수 있다!

앞에서도 말했듯 내가 클라이언트들을 위해서 하는 일에는 숨겨진 비결도 별로 없고 기적 따위는 더더욱 없다. 클라이언트들에게 하는 말이나 행동의 90%는 케케묵은, 그러나 쓸모 있는 상식일 뿐이다. 당신에게도 상식은 있을 것 아닌가. 그러니 무슨 일을 해야 할지는 스스로가 본능적으로 잘 알고 있을 거라고 믿는다. 어쩌면, 정말로 어쩌면, 지금껏 무시해 온 내면의 목소리에 귀 기울여야 할 때가 온 건지도 모른다. 이제 통제 불능이 돼버린 문제에 당신만의 케케묵은, 하지만 쓸모 있는 상식을 적용할 때가 온 것이다.

스스로에게 정직해라. 당신도 마음속으로는 잘 알고 있는 사실을 이제 인정하자. 지금의 당신 모습이 되기까지 몇 년의 시간이 걸렸을 테고, 그러니 변화도 하루아침에 이뤄질 수는 없다. 그게 가능하다고 말하는 사람이 있다면, 그 사람은 거짓 희망을 불어 넣으며 도저히 불가능한 일을 약속하고 있는 것이다. 실패는 불 보듯 뻔한 일이다. 하루아침에 변할 수 있는 게 있다면 그건 바로 어떤 행동이 지금의 당신을 만들었으며 당신이 왜 그런 식으로 행동하는지 이해하는 일이다. 자신과 아이들, 가족 모두를 위해 더 건강한 삶의 방식을 선택하기 위한 첫걸음을 옮기는 방법을 배우는 일이다.

당신이 어떤 인생을 원하는지 이미 비전이 있을 테니 이제 당신의 감정, 당신의 가정, 당신의 부엌, 당신의 음식, 당신의 식사, 당신의 인생에서 음식이 차지하고 있는 공간을 살펴볼 때가 왔다. 지리적 위치, 습관, 일상, 라이프스타일의 선택 등 어느 하나라도 난장판이 되면 그게 반드시 당신의 기분이나 사고방식, 체중에 영향을 주게 돼 있다. 우선 그 난장판을 처리하는 게 행복으로 가는 지름길이다.

당신은 지금까지 잘해 왔다. 해결책은 당신 손 안에 있다.

Chapter 02

점검사항

- [ ] 어떤 인생을 살고 싶은지 비전을 가져라.
- [ ] 당신이 상상하는 이상적인 당신을 그려보라.
- [ ] 당신이 그리는 이상적인 몸은 무엇인지 목표를 세워라.
- [ ] 당신이 1년 동안 TV 앞에서 보내는 시간을 계산해 보라.
- [ ] TV를 버려라.
- [ ] 일주일 동안만 멀티태스킹을 중지해 보라.

당신이 느끼는 감정들

The Emotions You Confront

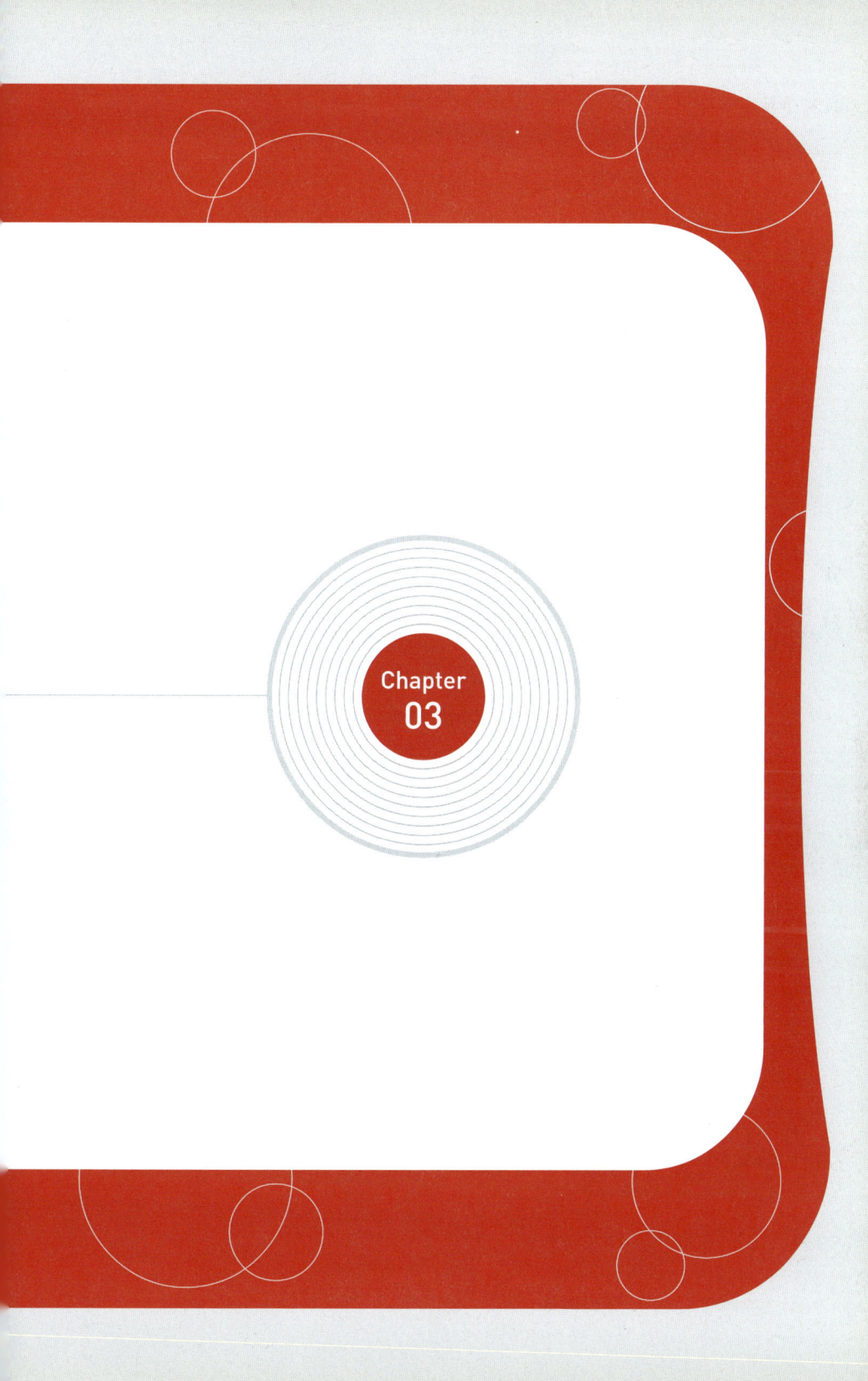

Chapter
03

Does · This · Clutter · Make · My · Butt · Look · Fat?

● 감정보다는 이성

음식에는 의미가 있다. 음식은 우리를 살아 숨 쉬게 해준다. 음식은 맛있다. 먹는 일은 일상생활의 일부이며, 당신이 맺고 있는 관계들의 일부이다. 하지만 잡동사니가 당신의 인생을 장악하고 당신을 지배하는 것과 똑같은 방식으로 음식은 그 외에도 다른 여러 의미를 지닐 수 있다. 음식과 당신의 관계는 당신이라는 인간만큼이나 복잡하다. 왜일까? 우리 대부분에게 음식은 상징성을 띠기 때문이다. 우리가 기뻐할 때 우리 곁에는 음식이 있다. 우리가 슬퍼할 때도 음식은 곁에 있다. 시간이 지나면 음식을 그런 기쁨과 슬픔, 또는 다른 여러 감정들에 연결시키게 된다. 그 결과, 배고픔을 넘어선 다른 많은 이유들로 음식을 먹는다(이런 경우 그 음식은 몸에 나쁜 음식인 경우가 보통이다).

공포와 의심이 고개를 들 때 음식에 의지하는 것은 조금도 이상한 일이 아니다. 몸이 생각하는 가장 원초적인 생명유지 수단이 바로 음식이기 때문이다. 배가 고플 때만 음식을 먹는 게 아니라, 특정한 감정을 느낄 때도 음식을 먹는다. 그 감정은 외로움일 수도, 행복함일 수도, 축하하는 분위기나 권태·두려움·분노일 수도, 안식이나 보상에 대한 욕구일 수도 있다. 시간이 지나면 그런 식으로 습관이 붙는다. 특정한 감정을 느낄 때마다 음식을 먹게 되는 것이다. 음식을 부르는 이런 방아쇠는 우리 대부분이 가지고 있는 잡동사니에 해당한다. 먹는 일은 더 이상 즐거움이나 생명유지를 위한 음식의 기능과는 관계가 없어진다. 대신 잘못된 종류의 허기에 대한 답이 된다. 결코 채워질 수 없는 공허함을 채우고자 하는 발버둥이 된다.

피터 씨,
저에게는 집에 대한 비전이 있어요. 어쩌면 몸을 위해서도 비전이 필요한 걸까요. 저는 내년이면 50살이 된답니다. 그때까지는 제 몸과 집을 정돈하고 싶어요. 너무 오래 걸리지 않기를 바랄 뿐이죠. 저는 제 체중 문제와 잡동사니 문제가 내면의 난장판이 밖으로 표출되어 나온 거라고 생각해요. 살면서 너무나 많은 상실을 겪었고, 잡동사니가 정말 저의 공허함을 채우는 한 방편이라고 생각해요.
며칠 전 이상한 경험을 하게 됐고, 그게 이렇게 생각하게 된 계기가 됐죠. 저는 침실의 서랍장 두 개를 정리했어요. 서랍장을 정리하자 방이 텅 빈 것처럼 느껴졌어요. 정리를 한 서랍장 위에 예쁜 꽃도 꽂아 두었는데 말이죠.

어쩌면 당신은 이미 자신의 심리적인 방아쇠가 뭔지 알고 있을 수도 있다. 하지만 때로 그 방아쇠를 제어하기가 힘든 것이다. 자제력을 잃고 올바른 선택을 포기하게 만들 수 있는 가장 흔한 심리적 방아쇠들이 무엇인지 찾아내기 위해 일상을 둘러보자. 특정한 장소나 상호작용, 또는 하루 중의 시간대를 살펴보는 게 이런 방아쇠를 찾는 데 도움이 될 수도 있다.

어디서 먹는가?

특정한 장소가 몸에 나쁜 식습관을 유발하는 방아쇠로 작용하는 것은 아닐까? 당신이 음식을 먹는 장소는 어떤 감정 때문에 음식으로 손이 가게 되는지 알려주는 중대한 실마리이다.

- 몰래 집에서 먹는가? 그렇다면 당신이 외로움이나 우울함을 느끼고 있다는 뜻일 수 있다. 또는 당신의 가정이 스트레스를 안겨주고 있다는 뜻일 수도 있다.
- 이동 중에 쫓기듯 식사를 하거나 패스트푸드 음식점에서 식사를 하는가? 어쩌면 당신에게 음식은 지나치게 바쁜 스케줄과 통제 불능이 된 것 같은 삶에서 오는 불안과 관련된 문제일 수 있다. 급하게 먹는 게 당신이 할 수 있는 유일한 일이라고 느끼는 것이다.
- 온종일 나무랄 데 없이 건강한 식습관을 실천하다가도 퇴근 후 집으로 돌아가는 길목에 있는 똑같은 편의점을 지날 때마다 이기지 못하고 초콜릿을 사게 되는가? 단순히 초콜릿이 거기 있다는 이유만으로? 그 초콜릿이 어떤 보상은 아닐까? 행복하지 않다고 느끼기 때문에 스스로에게 주는 선물은 아닐까? 그 누구도 당신에게 그 초콜릿을 사지 말라고 말할 수 없기 때문에 통제권이 스스로에게 있다고 느끼기 위한 한 방법은 아닐까?

방아쇠에 자물쇠 채우기

방아쇠가 당겨지는 순간, 당신을 약하게 만드는 게 뭔지 알아보는 것으로 시작하자. 음식이 공짜이고 눈앞에 보인다는 이유만으로 음식을 먹고 있지는 않는가? 스스로에게 '이렇게 먹는 건 먹은 걸로 안 쳐도 돼'라고 확신을 심어주려고 하지는 않는가? 특별한 곳이라고 느껴서, 그래서 '마구 먹어도 된다.'고 생각해서 먹고 있지는 않는가? 특정 장소가 방아쇠로 작용한다면 대부분의 경우 그것은 일시적 만족감의 문제이다. 건강한 음식을 선택할 수도 있다는 걸 알지만, 그 햄버거가 바로 지금, 바로 이곳에서 당신을 유혹하고 있다. 바로 눈앞에 햄버거가 놓여 있는 것이다. 그리고 당신은 그 햄버거가 꿀맛이라는 걸 안다.

우리는 일종의 구덩이를 메우기 위해 즉각적인 만족감을 찾아 헤매고 있다. 그 구덩이는 무엇일까? 당신의 인생에서 빠져 있는 게 대체 무엇이기에, 원하는 걸 손에 넣을 수 있다는 걸 스스로 그토록 굳건히 증명하고 싶게 만드는 걸까?

이런 공간의 방아쇠에 브레이크를 걸기 위해서는 장소에 새로운 습관을 부여해야 한다. 그 새로운 습관은 음식과 관련된 것일 수도 있다. 몸에 좋은 간식을 가지고 다니다가 방아쇠의 공간에 들어설 때마다 그 간식을 꺼내서 먹는 것도 한 방법이다. 또는 활동과 관련된 것일 수도 있다. 그 방아쇠에 반응하는 걸 막아줄 친구를 부르는 것이다. 스스로의 입에 들어가는 음식을 현명하게 선택해야 하는 것과 똑같이 식사를 할 장소를 고를 때도 건강에 도움이 되는 장소를 선택해야 한다. 스스로의 입에 어떤 음식을 넣고 있는지 자각할 수 있으려면 어떤 장소에서 식사를 해야 할까? 그렇다. 스스로 만든 음식이 놓인 식탁에 앉아 함께 먹는 사람들에게 관심을 쏟으면서 식사를 하는 게 가장 좋은 방법이다.

언제 먹는가?

하루 중 특정 시간대가 심리적 방아쇠의 실마리는 아닐까?

- 당신의 스케줄은 확실하며 일관성이 있는가, 아니면 매주 예기치 못한 스케줄 변화가 넘쳐나는가? 당신의 식사 시간은 고정돼 있는가, 아니면 견딜 수 없을 만큼 배가 고플 때까지 기다렸다가 무조건 눈에 들어오는 음식을 집어 드는가? 시시각각 변화하는 삶은 위안을 주는 음식을 통한 안정을 갈구하게 만드는 원인이 될 수 있다.
- 오후 서너 시쯤 간식을 찾게 되는가? 간식은 에너지가 소진됐을 때 에너지를 얻고자 하는 간절한 시도이다. 당신은 왜 그렇게 힘이 빠졌을까? 당신을 파김치로 만든 게 도대체 뭘까? 육체적으로 격한 직업이 아니라면, 오후 서너 시에 초콜릿 없이는 살아남을 수 없을 정도로 그렇게 지쳐야 할 이유가 없다. 직장에 당신의 힘을 쏙 빼놓는 문제가 있는 건 아닐까?
- 온종일 건강한 음식을 먹다가도 집에 돌아오면 폭식의 늪에 빠지게 되는가? 그렇다면 '보상'을 위해 먹고 있다는 증거다.

방아쇠에 자물쇠 채우기

인생의 힘든 순간들을 견디거나, 또는 거기서 무사히 살아남은 데 대해 스스로를 보상하기 위해 음식에 의지하는 일은 그만둬야 한다. 문제의 뿌리를 찾아 뽑아버려야 한다. 당신의 삶은 왜 그토록 고단하고 힘든 걸까? 당신의 삶에 질서와 적당한 페이스를 되찾으려면 어떻게 해야 할까?

보다 즉각적이면서도 현실적인 해결책이 있다면 바로 '정리'이다. 인생을 다 살고 나서야 늦게까지 계속된 회의 때문에 건강과 외모, (이왕 말이 나온 김에 다 말해버리겠다) 자신감까지 맞바꿨음을 깨닫는 사람이 되고 싶지는 않을 것이다. 나의 도움을 필요로 한 대다수의 사람들은 직업적인 면에 있어서는 놀라우리만큼 정리를 잘하면서도 개인적 욕구와 책임에는 손을 놓아버리고 만다. 당신이 하는 식사에도 정리가 필요하다. 집 밖에서 먹든, 혼자서 먹든 마찬가지다. 이동 중 쫓기듯 식사하지 말 것. 밖에서 식사해야 하는 상황이라면 그에 대해 미리 알고 있을 테니 점심을 준비해 가라. 오후 서너 시쯤 먹을 영양가 있고 에너지를 주는 간식을 준비해라. 외식해야 하는 경우에는 그 식당에 건강한 메뉴가 있는지 반드시 확인해라. 요즘에는 패스트푸드점들까지 칼로리가 낮고 건강한 식사에 가세하고 있으니, 당신에게는 분명 선택의 여지가 있다.

새로운 일상을 만들어낼 시간이 왔다. 규칙적인 일상은 중요한 문제다. 당신의 목표에 부합하는 새로운 패턴과 습관을 만들어내라. 그 첫 번째는 식사시간을 정하는 일이 돼야 한다. 스케줄이 매일 변하는 사람인 경우에는 할 수 있는 최대한 스케줄에 맞춰 식사시간을 조율해 보려고 노력하자 (예: "항상 기상 후 30분 후에 아침 식사를 한다." "저녁은 언제나 퇴근하자마자 먹는다."). 이렇게 하면 스케줄에 빚어지는 차질을 잘 파악할 수 있을 것이다. 예를 들어 퇴근 후 집에 돌아오면 항상 허기져 있는데, 당연히 저녁이 준비돼 있지 않으면 음식을 만들면서 간식을 먹게 되기 일쑤다. 고쳐야 할 습관이다. 퇴근 후 돌아와 저녁 식사를 준비할 시간이 없다면 저녁을 미리 준비해 놓으면 된다. 아이들이 학교에 가거나 낮잠 들 때까지 식사를 할 수 없을 때도 마찬가지다.

하루 중 뭔가를 반드시 먹어야만 하는 때가 언제인지 알아둘 필요가 있다. 당신이 그리는 이상적인 인생에 연료가 되어 줄 건강 식단을 짜보

자. 항상 그 인생을 마음속에 간직하라. 일생 스스로의 몸에 만족하지 못하며 살고 싶은가, 아니면 일생 건강 체중을 유지하고 싶은가? 당신이 사는 하루하루가 그런 선택들의 연속이다. 어쩔 도리가 없다는 말은 하지 말자.

얼마나 많이, 얼마나 빨리 먹는가?

슈퍼사이즈 시대인 만큼 음식의 분량에 대해서 엄청난 책들이 시중에 나와 있다. 식당에 가면 필요한 양의 두 배가 넘는 음식이 나오고 언제 숟가락을 내려놓아야 할지 알기란 쉬운 일이 아니다. 건강한 음식을 먹는데도 과체중인 사람은 과식을 하게 만드는 원인을 알아내야 한다. 배가 터져나갈 것 같은 그 느낌을 갈구하고 있는 건 아닐까. 원하는 만큼 다 가질 수 있다는 그 느낌 말이다. 점점 더 많이 원하게 되고 시작하면 멈출 수가 없는 것이다. 당신은 왜 아무 생각 없이 기계적으로 먹고 있는 걸까? 입을 향해 포크를 들어 올리는 순간 당신의 뇌는 대체 어디서 뭘 하고 있는 걸까? 뭔가 당신의 정신을 흩뜨려 놓는 일이 있는 건 아닐까? 그것도 아니라면 먹는 게 일종의 도피는 아닐까? 그래서 가능하면 오래오래 그 느낌을 간직하고 싶은 게 아닐까?

방아쇠에 자물쇠 채우기

나와 아주 친한 친구인 그렉은 몇 년 전부터 식당에 갈 때마다 웨이터에게 메인 메뉴의 반만 내고 나머지 반은 테이크아웃 용기에 담아달라고 부탁하는 습관을 붙이기 시작했다. 음식을 전혀 낭비하지 않고도 먹는 양을 조절할 수 있게 된데다 항상 그 다음날 먹을 음식까지 생기게 된 것이다. 책을 이만큼 읽었으면 독자들도 이미 알아차렸겠지만 나는 체중계나 계량컵을 그다지 좋아하지 않는다. 적당한 음식량을 판단하는 최상의 방법은 예쁘고 적당한 크기의 접시에 음식을 담아 그 이상 먹지 않는 것이다. 무슨 일이 있어도 절대로 조금만 먹겠다고 다짐하면서 과자를 커다란 봉지째 들고 먹거나 아이스크림 한 통을 통째로 먹어치워서는 안 된다. 음식을 담아서 차린 다음에는 그 이상 먹지 말아야 한다.

식사 속도에 있어서는 굳이 속도를 잴 필요까지는 없다. 속도를 늦추기만 하면 된다. 음식을 한 입 한 입 맛보려고 노력해 보자. 당신이 먹고 있는 음식의 맛을 음미하라는 말이다. 그릇에 담긴 음식을 다 먹고 나서도 더 먹고 싶다는 생각이 들면 행동에 옮기기 전에 20분 정도 충분히 여유를 갖자. 배가 부르다는 것을 우리 몸이 알아차릴 때까지는 시간이 걸린다.

피터 씨,

저는 큰 아이들이 집을 떠나기 시작하면서부터 물건들을 수집하기 시작했어요. 제 인생에 빠진 무언가를 채우려고 했던 것 같아요. 음식도 마찬가지죠. 저는 꼭 배가 고파서가 아니라 공허함을 채우려고 먹어요. 저는 제 인생을 (그리고 저의 집을) 바로잡아야 한다는 걸 알고 있어요. 저는 항상 정리정돈하려고 노력해 왔어요. 아주 어렸을 때부터요. 하지만 항상 왜 "할 수 없는지" 이유를 찾아왔죠(시간이나 공간, 돈이 없다거나 방법을 모른다는 이유 등으로요). 이렇게 하면서 제가 자기 합리화를 하고 있다는 걸 알았어요. 그리고 이제 더 이상 그러고 싶지 않답니다.

● **당신은 먹기 전, 먹는 도중, 먹고 난 후, 어떤 기분이 드는가?**

과식을 유발하는 감정들은 다양하다. 길고 고된 하루의 끝에 찾아오는 안식에 대한 욕구, 음식으로 채울 수 있을 것 같이 느껴지는 외로움과 공허함의 감정, 성공이나 고된 노력에 대해 보상받아 마땅하다는 느낌, 극도의 피로, 분노, 절망, 자포자기……. 목록을 대자면 끝도 없을 거다. 이런 감정들은 모두 진실하고 중요한 것들이며 당신의 관심을 필요로 하는 것들이다. 음식은 이런 감정에 관심을 주는 한 방법이며 도움이 될 때도 있다. 일시적으로는. 그런 감정 속에서 빠져나올 수 있는 에너지를 한껏 얻게 되기 때문이다.

하지만 음식으로는 절대 문제의 핵심에 가까이 갈 수 없다. 문제의 핵심에 도달하지 못하면 그 문제는 사라지지 않는다. 그리고 문제가 사라지지 않으면 당신은 자기도 모르게 자가 치료의 한 방법으로 끊임없이, 반복적으로 음식에 의지하게 된다. 그러므로 당신의 감정들을 무시하지 말고 똑바로 직시하며 해결해 나가야 한다.

실천하기: 새로운 식사 일지 작성해 보기

방아쇠들을 더 자세히 살펴보면서 당신이 스스로의 방아쇠들을 찾아낼 수 있도록 도울 것이다. 또한 그런 감정들을 먹는 행위에서 분리할 수 있는 새로운 습관을 기르도록 돕는 데도 최선을 다할 것이다. 많은 경우 이런 방아쇠들은 제어가 힘들다. 그래서 감정만큼 미묘한 방아쇠를 찾아내는 최상의 방법은 음식을 먹고 나서 후회할 때마다 그 일을 메모해 두는 것이다.

식사 일지를 작성해보라고 권하고 싶다. 잠깐! 대부분의 영양사들이나 시중에 나와 있는 다이어트 책들이 사람들에게 식사 일지를 작성하라고 한다는 건 나도 잘 알고 있다. 왜? 일지가 다 무슨 소용이란 말인가? 어차피 일지를 작성하고 있다면 거짓말을 하고 있는 것이거나(그런 경우라면 누가 그걸 인정하고 싶어 하겠는가?), 그것도 아니면 이미 완벽한 식습관을 실천하고 있는 것일 텐데(그런 경우라면 일지를 작성할 필요가 굳이 있을까?).

하지만 당신이 스스로 섭취하는 음식을 기록하라는 게 아니라 당신이 잘못된 길에 빠질 때마다 그걸 기록하라는 거다. 당신이 건강에 나쁜 선택을 내렸을 때는 그 음식을 어디서 먹었는지, 얼마나 먹었는지, 왜 먹었는지, 그 음식을 먹고 있었을 때 어떤 기분이 들었는지 기록해 보자. 쉬운 일은 아닐 것이다. 기본적으로 스스로 저지른 죄를 고백하는 일이나 다름없으니까. 하지만 그런 정직한 정보야말로 실수를 하게 만든 감정이 무엇인지 파악하는 가장 좋은 방법이다. 일단 이런 감정들을 파악해 내기만 하면 변화를 이루는 데 필요한 행동을 실천에 옮기는 일을 시작할 수 있다. 이런 감정들의 일부는 너무 강력하게 우리 내면에 자리 잡고 있어서 해결하는 데 큰 노력이 필요할 수도 있다. 선택은 당신의 몫이다.

온종일 먹는 모든 음식을 다 기록할 필요는 없다. 이 일지를 활용해, 음식으로 손이 가게 하는 방아쇠에 정면으로 맞설 수 있기를 바랄 뿐이다. 그리고 현명하지 못한 선택을 내렸을 때마다 그 내용을 정직하게 기록하고 그런 행동의 원인을 함께 기록하지 않는 한, 그 일은 불가능하다. 그 이유를 설명하자면 이렇다. 우리 인간은 단순한 생물이다. 우리가 이성적이며 자제할 줄 아는 동물일 때도 있다. 그러나 대부분은 서로 상충하는 욕구들이 있다. 건강한 식습관을 갖고 싶지만, 거대한 피자를 먹고 싶은 마음도 억누를 수 없다.

그러면 어떻게 할까? 우리는 비이성적인 결정들을 정당화하기 위한 방법들을 찾아낸다. 스스로에게 하는 가장 흔한 거짓말은 "내일부터 할 거야."라는 말이다. 그 다음 순위를 차지하는 거짓말로 "조금밖에 안 먹었는데, 뭐.", "온종일 잘 지켰으니까 디저트 정도는 상으로 줘야지.", "오늘은 운동했으니까 먹고 싶은 건 무조건 다 먹어야지." 등이 있다. 이 외에도 늘 어놓을 수 있는 변명들은 수없이 많지만, 식사 및 활동 일지가 생명의 은인이 될 수도 있다. 나는 당신이 신중한 식습관을 가진 사람이 되는 방법을 배우기 바란다. 하지만 당신의 뇌와 위가 서로 대립적인 입장을 가지고 있다면, 이 둘 사이의 소통을 촉진하기 위해서는 모든 것을 명명백백 종이에 적어보는 일보다 좋은 방법이 없다. 거짓말은 더 이상 통하지 않을 것이다.

배가 고파서 정해진 식사시간에 먹는 것 외에, 다른 이유로 음식에 의지하게 되는 순간들을 기록해 보자. 베스킨라빈스 아이스크림 한 통을 다 먹어 치웠다고? 죄책감에 빠져 자포자기하는 대신 그런 결정을 이끌어낸 순간에 대해 얘기해보자. 당신은 어디에 있었는가? 몇 시였는가? 당신은 어떤 기분이었는가? 당신의 하루는 어땠는가? 음식은 만족스러웠는가? 음식을 먹어서 기분이 좋아졌는가? 30분이 지나고 나서 어떤 기분이 들었는가? 에너지로 충만하다는 느낌이었는가, 속이 더부룩한 느낌이었는가? 그게 당신이 원했던 느낌인가? 당신의 몸은 당신의 체중에 대해서 무엇을 말해주는가? 이런 내용들을 적어보자.

그런 후에는 스스로를 용서하고 처음부터 다시 시작하는 것이다. 그렇게 해서 단 한 번의 실수로 끝났다면 축하할 일이다! 하지만 자기도 모르는 새 과거의 습관으로 되돌아가고 있다면 식사 일지에 드러난 패턴을 눈여겨보자. 결정의 순간 뒤에 숨어 있는 요소는 무엇일까? 특정한 감정인가? 특정한 시간대에 나타나는 습관인가? 계획을 세우지 않았기 때문에 잘못된 선택을 내리고 있는 것은 아닐까? 단순히 예기치 못한 사건들의 연속에 당황한 것뿐일까? 가뜩이나 피곤했는데 야근까지 하게 돼서 당신을 늦게까지 붙잡아 둔 상사에게 화가 난 것일까? 아니면 당신의 방아쇠가 계속 당신의 발목을 잡고 있는 건 아닐까?

정직해지고 스스로의 선택에 대해 다시 생각해 보기 위해 일지를 활용하자. 일지를 활용해 주의를 기울이는 습관을 스스로 터득하라. 어쩌다 패밀리 사이즈 아이스크림 한 통을 다 먹어 치워버렸대도 일지를 중단하지는 말 것. 일지를 계속 작성하다 보면 아이스크림의 발단이 된 문제의 뿌리를 찾게 될 테니까.

잡동사니 음식 법칙

과거나 미래가 아니라 오늘을 살 것. 심리적인 이유로 음식을 먹고 있다면 원인을 알아내라. 분노? 절망감? 안락감? 두려움 때문인가?

Activity 과식으로 이어지는 방아쇠를 찾아라!

나를 과식으로 이끄는 방아쇠	
내부의 방아쇠	외부의 방아쇠

방아쇠와의 정면대결

일단 당신을 자극하는 방아쇠를 파악했다면 이제 뭘 해야 할까? 방아쇠에 정면으로 맞서는 것이다. 나는 다음의 두 가지 접근법을 권장한다. 첫 번째 접근법은 감정 그 자체를 해결하는 방법이다. 분노나 외로움, 공허함의 감정들은 어디서 오는 것일까? 그 감정들을 어떻게 변화시킬 수 있을까? 인생에 변화가 필요한 것은 아닐까? 과식으로 이어지는 심리적 방아쇠는 뿌리 깊게 자리 잡은 오래된 상처일 수도 있다. 여러 면에서 이런 방아쇠들은 우리 가정을 채우고 있는 잡동사니들과 별로 다르지 않다. 심리적 방아쇠들은 우리 삶에 나타나 우리의 공간을 가득 채운다. 시간이 지나면 더 이상 이런 방아쇠들을 분명하게 볼 수도 없고, 쉽게 제거할 수 없다. 강력한 기억이나 깊은 두려움이 물리적 잡동사니와 관련 있는 것과 마찬가지로 이런 심리적인 잡동사니들이 식사 습관과 밀접한 관련이 있는 것은 흔한 일이다.

책을 한 줄 읽는 걸로 그 문제를 즉각적으로 해결할 수는 없다. 당신 혼자 힘으로든, 배우자나 친구 또는 전문가의 도움을 받든, 노력이 필요하다. 최고의 인생에 음식과의 불균형한 관계를 위한 자리는 없다. 과식은 아무리 좋게 생각하려 해도 우리가 원하는 인생을 성취하는 데 방해가 되는 걸림돌이다. 게다가 최악의 경우 과식은 생명을 위협하는 일이 될 수도 있다. 이보다 더 시간을 투자할 가치가 있는 일이 또 있을까. 이게 바로 원하는 인생을 위해서 당신이 할 수 있는 투자이다.

피터 씨,
겉으로 보면 저는 깔끔하고 옷을 잘 입으며, 친절하고 재미있는 사람이에요. 제가 어려움을 겪는 부분은 그 다음 단계로 나아가는 일에 대

> 한 두려움인 것 같아요. 지금보다 25Kg 덜 나가고, 집과 인생에 질서를 찾으면 어떤 기분이 들지 알 수가 없는 거죠.

두 번째 접근법은 첫 번째 방식과 병행될 수 있고, 즉각적인 효과가 나타날 수도 있다. 간단한 방법이며, 지금까지 내가 계속 설명해온 것이기도 하다. 새로운 일상을 활용해 방아쇠에 자물쇠를 채우는 것이다. 당신이 원하는 결과를 계획해 봐라. 당신에게 제일 잘 맞는 행동을 중심으로 노력해 봐라. 새롭고 건강한 습관들을 실천하기만 하면 그런 심리적 방아쇠들은 단숨에 압도해버릴 수 있을 것이다. 이미 건강한 음식으로 배를 채운 후이거나, 규칙적이고 균형 잡힌 식사로 에너지를 얻은 후라면, 아이스크림에 저항하는 일이 훨씬 더 쉬운 일이 되지 않을까.

● **새로운 습관을 길러라**

계획이 있어야 한다

규칙적인 일상은 원하는 습관을 강화하는 데 큰 도움이 된다. 다음 끼니가 어디서 나오는지, 어떤 음식인지 아는 일은 살을 빼는 데 매우 중대한 역할을 한다. 건강한 음식을 만드는 데 걸리는 시간도 기다릴 수 없을 정도로 허기를 방치하면 결국 몸에 나쁜 음식을 먹게 될 수밖에 없다. 책상이 정리정돈 돼 있을 때는 더 효율적으로 일할 수 있다. 스케줄을 잘 세워놓으면 약속에 늦는 일이 없다. 지도를 보면서 가면 길을 잃지 않을 것이다(적어도 이론상으로는). 이제 무슨 말이 나올지는 당신이 더 잘 알 것이다. 식사 계획을 미리 세워 놓으면 건강한 선택을 통해 굶주린 배를 채울 수 있다.

　자신을 위해 직접 요리를 했을 때나, 접시 위에 다채로운 색을 띤 식사가 놓여 있을 때나, 식사 후 만족감이 느껴질 때 스스로에 대해 더 긍정적인 감정이 생긴다는 사실을 알고 있는가? 자기 몸을 아끼고 존중할 때, 스스로에 대한 자부심이 생기고, 스스로 더 매력적이라고 느낄 수 있다. 당신은 이미 건강하고 행복한 삶에 대해 스스로 다짐을 했다. 6장에서는 스스로 건강한 식단을 만들고 실천함으로써 건강한 인생을 뒷받침하는 방법을 배울 것이다.

응용과 절제

많은 사람들이 다이어트를 그만두는 이유는 '싫증' 때문이다. 한 달 동안 매일 점심에 똑같은 샐러드만 만들면 싫증을 느끼는 게 당연하다. 자기가 먹을 음식을 요리할 때 가장 힘든 일은 '확장'이다. 확장이라는 건 새로운 레시피들을 찾아 응용하는 일을 뜻한다. 익숙지 않은 재료를 사서 새로운 요리를 시도해 본다는 뜻이다. 그 요리를 하는 데 익숙지 않기 때문에 식사 준비에 시간이 더 오래 걸릴 수 있다는 뜻이기도 하다. 그래서 계획이 필요한 거다. 주식으로 먹는 음식에 새로운 메뉴를 곁들여 보자. 어차피 뒷부분에 가면 장보기 목록을 작성하게 될 테니, 새로운 메뉴 때문에 성가신 일이 늘어나는 것도 아니다.

　새로운 요리를 시도해 보자. 가게에서 보고도 몇 년 동안 지나치기만 했던 야채들을 사보자. (그 재료를 삶아야 되는지, 구워야 되는지 도저히 모를 때는 가게 직원을 붙잡고 요리법에 대한 조언을 구하라.) 재미있는 음식은 더 큰 만족감을 줄 수 있다. 다양성은 인생의 양념이며, 영양가도 더 많다. 다양성은 절제와도 관련이 있다. 치즈 크래커 한 봉지는 한 끼 식사가 될 수 없다. 프렌치프라이는 한 끼 식사가 될 수 없다. 하지만 야채와 약간의 프렌치프라이를 곁들인 구운 닭가슴살은 훌륭한 한 끼 식사다. 자기가 좋아하는 음식은 과식하기 쉽지만, 영양가 있고 포만감을 주는 음식들로 균형을 맞추면 폭식할 가능성이 줄어든다.

심리적인 방아쇠를 대신해줄 새로운 행동양식들을 선택해 보자. 아래에 나온 예시 가운데서 여러 개를 적당히 골라 봐도 좋고, 자기만의 행동양식을 생각해 내도 좋다.

Activity 건강한 대안을 찾아라!

바꿔야 할 행동:	대안:
심심할 때는 간식을 먹는다.	15분간 산책을 한다.
고된 하루를 끝마친 후에는 아이스크림 한 통으로 스스로에게 상을 준다.	집안에 작은 공간(서랍장이나 선반)을 마련해서 기부할 물건들을 봉투에 담아 본다.
스트레스를 풀려고 먹는다.	목욕을 한다.
TV 앞에 앉아 3시간 동안 저녁을 먹는다.	친구와 함께 저녁 식사 약속을 잡아 놓는다. 또는 미리 정해놓은 양을 먹을 동안 전화통화를 한다.
짜디짠 간식이 지금 눈앞에 있다는 이유만으로 내 몸을 돌보는 일을 내일로 미룬다.	과자를 내다 버리고 축하의 뜻으로 야채를 요리한다.
간식을 찾아 한밤중에 몰래 부엌을 뒤진다.	식욕이 잠잠해질 때까지 옷을 벗고 전신 거울 앞에 서서 내 몸을 아끼고 존중하겠다고 다짐한다.

어떤 사람들에게는 행동 대신 음식을 대체하는 게 더 쉬울 수도 있다. 폭식을 하게 되는 최악의 음식들을 적어보고 포만감을 주는 음식이나 즐거운 일 등 더 나은 대안을 찾아보자.

바꿔야 할 음식:	대안:
프렌치프라이	샐러드
아이스크림	꿀을 곁들인 플레인 요거트

자기만의 비밀스런 롤 모델을 정하라

주위를 둘러보라. 당신이 누구든, 어떤 삶을 살고 있든, 직장이나 교회, 이웃들을 둘러보면 똑같은 상황에 처해 있으면서도 당신보다 더 건강한 선택을 내리고 있는 사람을 찾을 수 있을 것이다. 건강하면서도 균형 있는 관계를 음식과 맺고 있는 것처럼 보이는 그 사람은 당신이 사랑하고 존경하는 사람일 수 있다. 또는 그 사람은 디저트를 "나눠 먹자"고 해놓고 한 숟가락 이상은 절대 입에도 대지 않는, 짜증나는 말라깽이일 수도 있다. 또는 사과만 먹고 사는 것 같은 옆집의 마라톤 마니아일 수도 있다. 물론 당신을 짜증나게 하는 그런 사람이 되라거나, 마라톤에 참가하라고 말하려는 건 절대 아니다. 음식과의 관계를 바로잡을 방법을 찾아낸 주변 사람들을 눈여겨봤으면 하는 것뿐이다.

그런 사람들은 척 보면 알 수 있지 않은가? 그 사람들이 할 수 있으면 당신도 할 수 있다. 저녁 식사 전에는 절대 빵을 먼저 먹지 않는 당신의 절친한 친구를 보라. 그 친구는 뭔가 알고 있는 거다. 그 친구의 식사 습관에서 또 어떤 점이 눈에 띄는가? 당신의 행동과는 어떤 점에서 다른가? 그 친구는 항상 샐러드를 먼저 먹지 않는가? 드레싱을 따로 담아 달라고 주문하지 않는가? 접시에 음식을 곧잘 남기지 않는가? 운동은 얼마나 자주 하는가? 저녁 식사 때 그 친구의 기분은 어떤가? 식사를 즐기고 있는가? 음식을 먹는 속도는 당신보다 더 빠른가, 느린가? 물은 더 많이, 아니면 더 적게 마시는가? 가끔씩 디저트를 먹기도 하는가, 아니면 디저트는 절대 입에도 대지 않는가? 파이 한 입 정도인가, 아니면 파이 하나를 통째로 다 먹어 치우는가?

기분 나쁜 스토커가 되지는 말자. 하지만 우리 모두의 식사 습관은 어딘가 그 배경이 있다는 걸 기억해라. 어렸을 때부터 사람들과의 관계나 외로움 또는 허기 때문에 그런 식사 습관이 생긴 것이다. 이제 음식과의 관계를 재정립할 때가 왔다. 존경할 만한 롤 모델을 찾아 그들의 행동을 보고 배워라. 자꾸 따라하다 보면 결국은 억지로 노력하지 않아도 되는 때가 올 거다. 그때는 남의 흉내나 내는 로봇 같은 기분도 들지 않을 것이다. 당신에게도 새로운 습관, 새로운 태도, 그리고 거기에 맞는 새로운 몸이 생겼을 테니까. 당신도 모르는 새 당신을 모방하는 추종자가 생길지도 모르는 일이다!

Activity 자기만의 비밀스런 식습관
롤 모델을 정하라!

롤 모델 1:	이 사람을 존경하는 이유:	따라하고 싶은 부분:
롤 모델 2:	이 사람을 존경하는 이유:	따라하고 싶은 부분:

Chapter 03 당신이 느끼는 감정들

Chapter 03

점검사항

- [ ] 과식으로 이어지는 방아쇠를 찾아라.
- [ ] 새로운 식사 일지를 작성하라.
- [ ] 건강한 대안을 찾아라.
- [ ] 자기만의 비밀스런 식습관 롤 모델을 정하라.

당신이 사는 집

The Home Where You Live

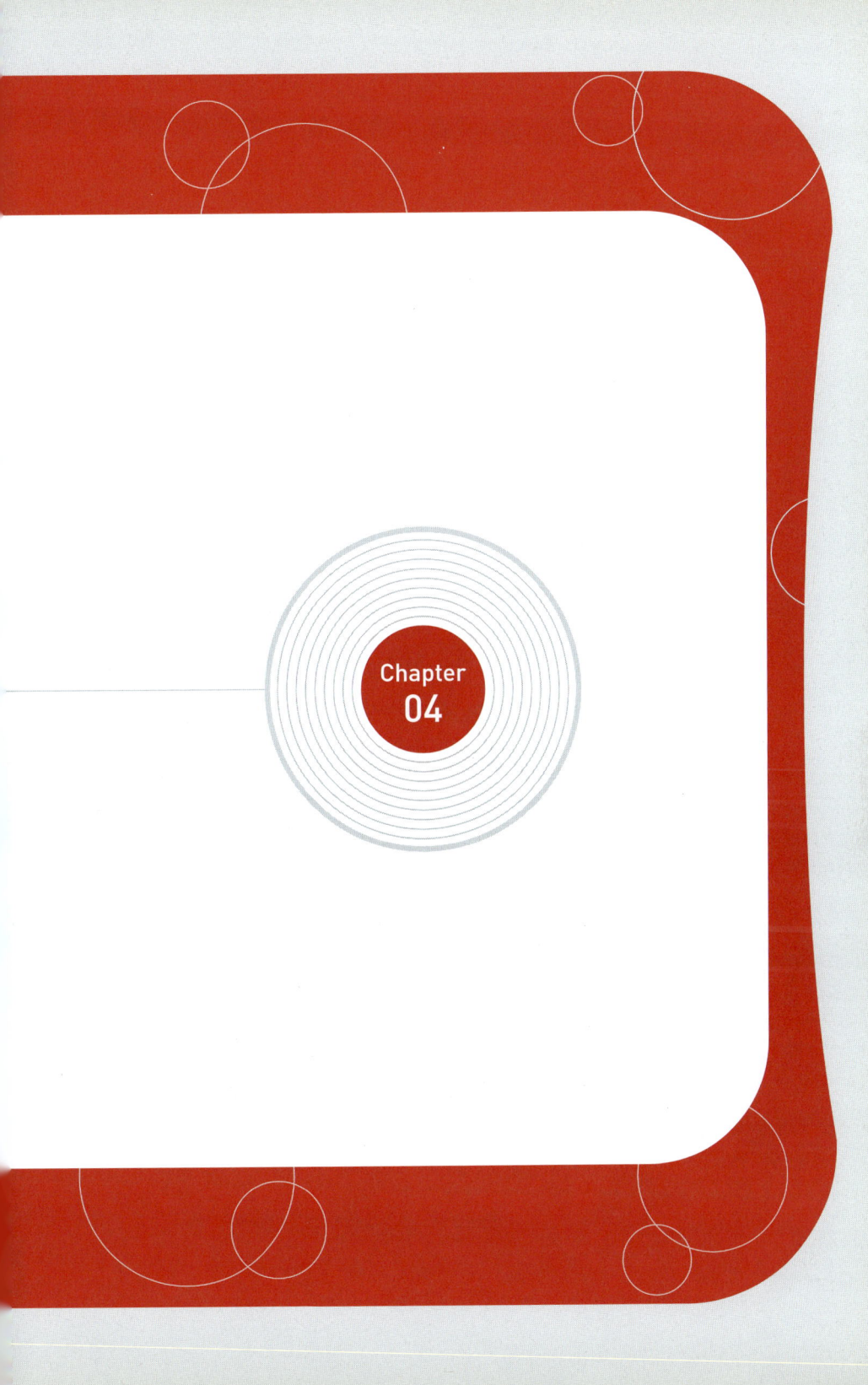

Does · This · Clutter · Make · My · Butt · Look · Fat?

● 고백의 시간

나는 『뒤죽박죽 내 인생 정리의 기술』이라는 책을 통해서 당신의 집이 왜 당신을 비추는 거울인지 설명했다. 당신이 사는 공간은 당신이 살고 싶은 인생을 반영해야 한다. 실제로 정말 그런가? 그 책은 각각의 방에 그런 판단을 적용해 독자들이 집을 정리하고 청소할 수 있도록 돕는다. 나는 살을 빼는 일도 휴식을 취할 수 있고, 자신에게 주어진 공간을 즐길 수 있는 환경을 조성하는 데서 시작된다고 확신한다. 자신의 경험담을 공유하려고 편지를 보내오는 독자들과 클라이언트들에게서도 그 말을 귀 따갑게 듣는다. 잡동사니들 가운데서 해결책을 찾아내는 일은 스스로의 인생을 다스리는 데 큰 도움이 된다.

피터 씨,
집이 난장판이 되면 강도는 높지 않지만, 어느 정도의 스트레스를 유발한다는 사실을 깨달았어요. 거리의 소음이 만들어내는 잡음과도 비슷하죠. 저는 업무 마감이나 자동차 문제든 삶의 시끄러운 소음들에는 신경을 쏟으면서도 다른 모든 물건들이 내는 끊임없는 배경음에는 귀를 막아버린답니다. 그리고 제가 분명 음식을 남용하고 있기 때문에(즉 생계유지나 영양가를 위해서 뿐만 아니라 하루 일과가 끝난 후 긴장을 풀고, 잠시나마 골칫거리들은 뒤로하고, 즐거운 흥분을 위해 먹는다는 말이에요.) 거기서 오는 잡음을 차단하기 위한 방법으로 더욱더 먹게 된답니다. 일단 과식을 시작하면 그게 죄책감의 악순환을 불러일으키고 그러면 스트레스는 더 심해지죠. 제가 그 잡음에 귀를 기울였으면 그 잡음은 이렇게 말했겠죠. "당신 거의 통제불능이로군."

하지만 제가 그 악순환을 깨고 나와 집을 청소하면 그 소음도 사라집니다. 저에게 힘이 있다고, 할 수 있다고, 내 인생을 잘 제어하고 있다고 느끼게 되죠. 자가치료도 더 이상 원치 않게 돼요. 스스로를 칭찬해 주고 싶게 되죠! 음식의 유혹은 절대 사라지지 않겠지만 저는 제 자신에게 그 충동보다 더 큰 힘이 있다고 생각해요. 저는 제 육체적 자아가 군살이나 과식에 압박을 받기보다는 더 나아진 영혼과 환경에 잘 어울리는 모습으로 변하기를 바라고 있답니다.

『뒤죽박죽 내 인생 정리의 기술』을 통해 이미 각각의 방이 제시하는 도전과 기회를 소개한 적이 있다. 그래서 굳이 내가 했던 말을 이 책에서 그대로 반복하지는 않겠다. 하지만 하루를 시작하고 끝마치는 공간을 행복하고 편안한 안식처로 만들기 전에는 당신이 먹는 음식이나 식습관을 통제할 수 없을 거라는 게 내 생각이다. 그런 공간을 마련한 후에만, 그곳에서 변화에 필요한 에너지와 힘, 자신감을 얻을 수 있을 것이다.

> **잡동사니 음식 법칙**
>
> 어디서, 어떻게, 무엇을 먹을 것인지 계획하는 일은 당신이 그리는 이상적인 몸을 갖기 위한 첫걸음이다.

● 보통의 집이 아닌 '당신의' 집

당신의 집이나 아파트를 둘러보라. 어떤 기분이 드는가? 그곳은 당신의 집이라고 부르고 싶은 그런 공간인가? 그곳은 당신에게 안식과 평화의 기분을 안겨주는가? 그곳은 바깥세상에서 어떤 일이 일어나고 있든, 당신이 집에 있으니 괜찮다는 기분이 들게 해주는 곳인가? 편안함이 느껴지며 당신이 통제할 수 있는 곳인가?

> 피터 씨,
>
> 일 년이 넘도록 우리 가족은 집에 발도 들여놓지 못할 정도였어요. 아이들에게 친구를 데리고 오지 못하게 해요. 아무에게도 우리 집을 보여주고 싶지 않거든요. 제 남편은 아이들이 너무 지저분하다고 불평해요. 쓰레기더미 속에 묻혀 사는 판에 뭘 기대하겠어요. 피터 씨의 책을 읽은 후 저는 제 우울증과 체중 증가가 이런 우리 집 때문에 생긴 직접적인 결과라고 진심으로 믿게 됐어요. 문을 여는 것도 싫을 정도니 여길 집이라고 부를 수 있을지도 모르겠어요.

당신의 가정은 당신 인생의 중심이다. 집은 당신이 어떤 사람인지, 어떤 인생을 선택해서 살고 있는지 보여주는 거울이다. 무질서한 집은 당신에게 문제가 있다는 증거다. 집은 당신이 중심이 잡혀 있는 사람, 삶의 초점이 있는 사람, 의욕과 평안으로 충만한 사람이라고 느끼는 데 도움이 돼야 한다. 그렇지 않다면 뭔가 잘못된 것이다. 우리가 100%의 통제권을 쥐고 있는 공간인 자기 집도 제대로 통제하지 못한다면, 그만큼의 통제권을 가지고 있지도 않은 인생의 다른 면들을 어떻게 관리할 수 있겠는가?

피터 씨,

우선 저는 식탁에 잡동사니를 산더미처럼 쌓아 놓거나, 방에 발도 들일 수 없게 내버려 두는 그런 사람이 아니었어요. 하지만 저는 '누구나' 집안에 잡동사니들이 있다고 생각해요. 대다수가 벽장이나 서랍장, 창고에 처박아 두는 등 그걸 감추는 방법을 찾아냈을 뿐이죠. 그게 우리도 모르는 새 소중한 시간을 빼앗아가고 일상적인 혼란을 빚어내는 거죠!

피터 씨의 책은 제 인생을 송두리째 바꿔 놓았어요. 제가 우선 집에서 정말로 원하는 게 뭔지 생각해보자 금방 제 입에서 답이 튀어나왔어요. "5분 만에 각 방을 청소할 수 있었으면 좋겠어!"라고요. 저에게는 아이가 셋이나 있기 때문에 청소에 그보다 더 많은 시간을 할애하는 건 거의 불가능해요. 그런데도 보통 청소를 한 번 할라치면 끝도 없이 몇 시간이 걸렸어요!

저는 광란의 〈클린 스윕〉에 돌입했어요. 이렇게 작은 아파트에서 남에게 줘버릴 물건을 모았더니 대형 쓰레기봉지 65개분이나 나왔지 뭐예요. 그리고 트럭 몇 대분은 될 쓰레기들을 몽땅 내다 버렸죠. 집과 담판을 짓겠다는 마음에 저는 단순무식하게 서랍을 하나하나씩, 캐비닛을 하나하나씩, 구석구석을 정리해 나갔어요. 집이 완전히 말끔히 정리될 때까지요. 이제 청소가 끝났어요. 우리 집이 얼마나 근사해 보이는지 제 눈을 믿을 수가 없다니까요.

이제 저는 남편과 귀여운 세 아이들과 보낼 시간이 더 많아졌어요. 방을 청소하는 데 이제 정말 5분밖에 안 걸리거든요. 그리고 아이들도 스스로 장난감과 자기 방을 정리할 수 있게 됐어요! 훌륭한 책을 써 주시고, 우리 집을 살기 좋고 인생을 즐길 수 있는 근사한 곳으로 만들어주셔서 감사드려요!

● 집에 낀 비계 점검

당신의 살들을 상대할 준비가 됐는가? 정말로 준비가 됐는가? 나는 당신이 원하는 인생을 살겠다는 굳은 다짐이 서 있다는 걸 확인하고 싶다. 굳은 다짐이 서 있는가? 당신의 집이 쓰레기장 같다면 그렇다고 답해서는 안 된다. 당신이 가질 자격이 있는 집을 가지고 있는가? 신성한 장소인 침실, 창피해하지 않고 친구들과 가족을 불러 모을 수 있는 거실, 당신의 몸매를 더욱 돋보이게 해주면서도 편한 옷들로만 가득 찬 장롱, 당신이 하는 일에 대해 자신감을 느끼게 해주는 집이 당신에게는 있는가?

자기 자신에게 거짓말을 하며 행복한 가정을 스스로에게서 박탈하고 있다면 스스로의 인생을 파괴하고 있는 것이나 다름없다. 당신의 목표에 도움이 되는 선택을 내리고 있지 않은 것이다. 그런데 어떻게 식습관과 청소할 계획에 스스로가 충실할 거라고 기대할 수 있다는 말인가? 자기가 살 행복한 공간을 꾸리지도 못할 정도로 스스로를 존중하지 않는다면 어떻게 그럴 자격이 충분히 있는 스스로의 몸을 아끼고 존경할 수 있다는 말인가?

주위를 둘러보자. 『뒤죽박죽 내 인생 정리의 기술』에서처럼 모든 방을 하나하나 자세히 둘러보는 대신 체중에 영향을 주는 잡동사니들로 어질러진 공간들을 들여다보는 것이다. 집의 구석구석까지 문제들이 산재해 있다면 『뒤죽박죽 내 인생 정리의 기술』을 먼저 읽어보는 게 더 좋은 방법일 수도 있다.

현관

가장 먼저 보이는 공간부터 시작해 보자. 집안에 발을 들여놓으면 어떤 기분이 드는가? 안락함과 행복이 느껴지는 공간인가? 바깥세상에서 무슨 일이 일어나든, 거기서 벗어나 쉴 수 있는 휴식처인가? 친구들을 초대하고 싶은 그런 공간인가? 아니면 도저히 감당이 안 되는 그런 곳인가? 물건이 너무 많고, 하다 만 일들이 여기저기 잔뜩 어질러져 있는 그런 공간인가? 열고 싶지 않은 방이나 벽장이 있지는 않은가? 불안함을 느끼지 않고는 현관문을 지날 수 없는 정도라면, 글쎄 아무 노력 없이 이 과정을 건너뛸 수 있는 프리패스 따위는 없다. 우선 집부터 정리해야 한다(다시 한 번 말하지만 『뒤죽박죽 내 인생 정리의 기술』을 읽어 보는 게 도움이 될 수도 있다).

침실

침실은 당신의 집에서 가장 중요한 곳이다. 침실은 가정의 분위기를 결정하며, 집안을 채우는 에너지가 만들어지는 곳이다. 침실은 배우자와의 관계가 꽃을 피우는 공간이 돼야 한다. 침실은 평화로운 안식처가 돼야 한다. 긴장을 풀고 휴식을 취할 공간이 당신에게는 있는가? 아니면 아이들의 비디오, 오래된 잡지, 더러운 빨래들로 침실이 난장판이 돼버려서 긴장을 풀어야 할 때는 간식을 찾아 부엌으로 달려가고 싶은 마음이 드는가?

　옷장 속에 들어 있는 옷들은 어떤가? 이 옷들은 당신의 현재 몸에 잘 맞는가? 지금보다 날씬해져야 입을 수 있는 '로망'의 옷들이 걸려 있지는 않은가? 노력은 절대 하지도 않으면서 언젠가 다시 입을 수 있는 날이 오기를 바라며 간직한 그런 작은 옷들 말이다. 아니면, 지금보다 더 뚱뚱해져도 충분히 입을 수 있는 헐렁한 옷들이 옷장을 가득 채우고 있는가? 둘 중 어느쪽이든 현재 당신에게 주어진 삶을 살고 있는 게 아니다. 살을 빼고 싶으면 당신 몸의 현실을 바로 볼 필요가 있다. 몸에 맞는 옷을 입는 게 지금 있는 그대로의 모습으로 자신의 몸을 존중하는 일이다. 오늘을 위해, 에너지에 넘치며 건강하다고 느끼게 해줄 건강한 식습관을 실천해라. 허황된 꿈을 꾸거나, 후회하거나, 쇼핑하는 데 시간을 낭비하지 마라. 당신의 몸을 건강하게 만들고, 옷이 거기에 따라가도록 해야 한다. 맞지 않는 옷은 자선단체에나 기부해라. 있어 봤자 아무 도움이 안 되는 것들이다.

화장실

당신의 화장실은 당신이 맺고 있는 몸과의 관계에 대해 무엇을 말해주는가? 화장실 한쪽 구석에는 아침마다 몸무게를 재보는 체중계가 놓여 있는가? 매일같이 쓰레기와 다를 게 없는 음식을 먹으면서도 기적이 일어나 체중계의 숫자를 바꿔주길 기도하고 있는 것은 아니고? 매일같이 늘었다 줄었다 하는 몸무게에 현혹되지 마라. 변화를 보고 싶다면 당신이 변화를 만들어야 한다. 화장실(또는 침실)에는 용감하고 정직하게 벗은 몸을 평가해볼 수 있는 전신거울이 있는가? 거울이나 카메라는 스스로 현실을 직시할 수 있는 좋은 방법이다. 그게 바로 당신이다. 일부 유전적 요인이 당신의 외모에 영향을 주기도 하지만, 한편으로 당신의 외모는 당신이 스스로를 돌보는 방식의 결과이기도 하다. 유전자는 통제할 수 없지만 자신을 더 잘 돌보는 건 얼마든지 가능한 일이다.

화장실 선반과 약을 보관하는 찬장에는 어떤 제품들이 자리 잡고 있는가? 기적의 셀룰라이트 크림이 출시될 때마다 다 써보지는 않았는가? 지방분해 효과가 있기 때문에 샤워 중 허벅지를 문질러 주는 것만으로도 다리를 날씬하게 만들어준다는 스크럽 제품도 사용해 보지 않았는가? 그게 당신이 스스로의 몸을 존중하고 사랑하는 방식인가? 힌트를 하나 주겠다. 손쉬운 방법이라면 효과가 없을 거다. 손쉬운 해결책처럼 보이는 물건들은 모두 내다 버려라. 이제 정말 변해야 할 때가 왔다.

피터 씨,
저는 체중감량 책과 비디오, 다이어트 보조기구들을 끝도 없이 사들였어요. 그런 것들이 살을 빼는 데 도움이 될 거라고 생각했던 거죠. 하지만 사실 그런 것들을 사들이는 진짜 이유는 이미 오래전에 깨달았어요. 마법 같은 일이 일어나 그런 물건들을 사기만 하면 (사용하지 않아도) 날씬해질 수 있을 거라고 생각한 거죠. 그 물건을 손에 넣었을 때만큼은 이런 기분이 드는 거예요. '내 손안에 열쇠를 쥐고 있어……. 드디어 이 열쇠가 나를 가두고 있는 감옥의 문을 열어 주겠지…….'라고요. 다른 일에 있어서도 마찬가지예요. 저는 스스로를 행복하게 만들려고 물건들을 사들이죠. 그런데 그 물건들은 저를 전혀 행복하게 만들어주지 않는 거예요. 차라리 그 물건들이 없었을 때가 더 행복했어요. 저에게 소중한 물건 몇 가지만 있었을 때가 더 행복했어요. 체중감량과 잡동사니 사이에는 직접적인 상관관계가 있다고 생각해요. 잡동사니가 많으면 많아질수록 살은 점점 더 쪄요. 앞뒤가 딱 딱 들어맞죠.

체중감량 제품들도 잡동사니가 늘어나는 데 한몫을 거들었죠. 제 생각엔 그게 연결고리의 한 부분인 것 같아요. 체중감량 제품들이 쌓여 집은 난장판이 되죠. 그 난장판을 보면 더 우울해지고요. 우울하면 더 먹게 되고요. 그리고 살이 찌면 해결책을 구하게 만들죠. 해결책을 찾다 보면 더 많은 체중감량 제품들을 사들이게 되고요. 그리고 그 체중감량 제품들은 더 많은 잡동사니들을 만들어내고요.

책장

책장을 채우고 있는 모든 다이어트 책들과 자기계발서들을 하나로 쌓아보자. 이 책들을 사는 데 돈이 얼마나 들었을까? 이 책들의 무게는 얼마나 될까? 이 책들은 얼마나 많은 공간을 차지하는가? 정신 차려라. 이런 다이어트들은 모두 실패로 돌아갔다. 그런데도 왜 아직도 이 책들을 가지고 있는가? 당신은 실패한 장본인이 바로 당신 자신이라고 생각하기 때문이다. 그게 사실일 수도 있다. 하지만 상관없다. 앞으로 더 나아지면 된다. 한때는 기적을 약속하며 대열풍을 불러왔지만, 이제 무거운 짐에 지나지 않는 이런 책들은 모두 내다 버려라. 더 이상 몸무게에 집착하지 말자. 더 이상은 귀중한 시간과 공간을 실패에 낭비하지 말자. 변화는 당신이 만든다.

운동 보조기구

살을 빼는 데 도움이 될 거라는 희망에 돈을 쏟아 부은 게 또 뭐가 있을까? 먼지로 뒤덮인 운동기구들을 가지고 있지는 않은가? 다이어트 DVD들은 어떤가? 한 번 들어보지도 않은 아령은 어떤가? 사서 쌓아두기만 하는 것으로 살을 빼는 데 도움이 되는 물건은 이 중에 하나도 없다. 당신이 뭔가 실행해야 살은 빠진다. 나는 몇 년 동안이나 난장판이 된 집들을 정리해 왔지만 규칙적으로 사용하는 운동기구는 한 번도 본 적이 없다. 단 한 번도 없었다! 변화는 선택을 통해서만 가능하다. 이제 선택을 내려라. 집에 세워 놓은 자전거나 복근 운동기구를 오늘 당장 사용하지 않을 거라면 다 없애버려라.

창고

과거에 초점을 맞추면 원하는 삶을 사는 일은 불가능하다. 창고는 지나간 삶의 잔재들로 가득하다. 얇아진 옷들, 어렸을 때의 사진들, 웨딩드레스, 대학 시절 보았던 책 등. 그중에는 미처 살아보지 못한 삶의 잔재들도 있다. 사용하지 않는 운동기구, 음식 용기, 가전제품 등. 이런 물건들은 쇼핑, TV 시청, 폭식, 현실 도피에 빠져 미처 살아보지도 못한 인생에 대한 환상에 지나지 않는다.

당신의 집은 중요한 해결과제이다. 이 책에서 집을 정리하는 일에 대해 일일이 설명할 수는 없다. 하지만 변화에 필요한 공간이 없을 때는 변화가 힘들다는 걸 당신이 깨닫게 되기를 바란다. 당신의 통제력이 미치는 물리적 공간부터 해결해 나가는 게 얼마나 중요한지 꼭 깨닫게 되기를 바란다. 당신을 둘러싼 공간을 채우는 것들을 통제할 수 없다면 당신 몸속을 채우는 것 역시 절대 통제할 수 없을 것이다.

당신이 가꾸는 부엌

The Kitchen You Create

Chapter 05

Does · This · Clutter · Make · My · Butt · Look · Fat?

● **지저분한 부엌에서 훌륭한 선택을 내릴 수 있는 사람은 없다**

새로 개업한 식당에 들어섰을 때, 지저분하고 정리가 안 된 부엌과 식탁이 눈에 들어온다면 당신은 돌아서서 식당 문을 나설 것이다. 그런 곳에서 식사를 하고 싶지 않은 건 당연한 일이다. 그런데 집에서라고 다를까? 집에서 음식을 저장하고 준비하고 먹는 공간을 자세히 살펴보자. 우리는 이곳이 의미 있는 공간이기를 바란다. 이곳은 당신의 가정에서도 스스로와 가족에게 영양을 공급하는 중요한 곳이다. 그 공간이 당신이 원하는 인생에 어울리는 곳이기를 바란다.

피터 씨,
제 '물건들'이 모든 공간을 점령해버렸어요. 저는 음식도 한꺼번에 무지막지하게 많이 사들여요. 저는 요리를 해서 먹는 걸 즐긴답니다. 먹는 게 저를 행복하게 만들어 주는 것 같아요. 하지만 그 결과로 저는 체중과다가 돼버렸고, 저희 집 부엌은 지저분해졌고, 찬장은 터져 나갈 것처럼 꽉 차서 그 앞을 지나갈 수도 없게 돼버렸어요. 음식을 꺼낼라치면 음식을 밟고 지나가야 할 정도죠. 이제 찬장 속에 뭐가 들었는지도 모를 정도예요. 그래서 결국 더 많은 음식을 사게 되죠. 난 장판이 된 부엌을 정리해 보려고 노력해 보지 않은 건 아니에요. 이런 일이 일어나지 않게 하려고 애써 봤지만 결국은 항상 제자리로 돌아온답니다. 이제는 제 결혼생활에 돌이킬 수 없는 상처를 남기게 될까 두려워요.

잡동사니는 인생의 걸림돌이다. 잡동사니들은 보람찬 값진 인생을 만들기 위해 당신에게 주어진 공간과 물건들을 활용하는 데 걸림돌로 작용한다. 이제 사람들은 더 이상 요리를 하지 않는다. 과체중인 것도 그런 이유에서이다. 식당이나 패스트푸드점에 가면 당신 몸에 저장할 수도 없는 것은 물론이거니와, 가정의 주방에서는 사용할 수도 없는 엄청난 양의 지방으로 채워진 턱없이 많은 양의 음식이 나오기 때문이다. 끓고 있는 커다란 기름 솥에서 신선한 프렌치프라이를 건지는 모습을 본 적이 있는가? 그만큼의 기름을 가정집 주방에서 본 적이 있는가? 아마 없을 거다.

내가 본 바로는, 집에서 음식을 준비하고 요리하는 횟수가 늘어나면 대부분의 사람들이 더 많은 체중을 감량하게 된다. 그런데 필요한 건 찾을 수도 없고 요리의 기쁨을 만끽할 수 없는 지저분하고 정리가 안 된 부엌에서 요리를 하는 건 그다지 즐거운 일이 아니다. 나는 당신이 요리를 했으면 좋겠다. 당신이 요리를 하기 위한 계획을 세웠으면 좋겠다. 당신이 즐거워하며 그 일을 할 수 있었으면 한다. 당신의 부엌을 그런 일이 실현될 수 있는 공간으로 만들어 보라.

● 당신은 부엌에서 무엇을 원하는가?

모든 방마다 각각의 분명한 목적이 있어야 한다. 화장실은 볼일을 보고 몸을 씻는 곳, 경우에 따라서는 머리와 화장을 하는 곳이다. 안방은 잠을 자기 위한 곳이다. 하지만 안방은 그 이상의 기능을 한다. 부부가 은밀하며 낭만적인 시간을 공유하는 곳이다. 부부관계의 핵심을 이루고 유지하는 곳이 안방이다. 책상을 안방에 들여놓으면 모든 게 변한다. 아이들 장난감과 옷이 안방을 어지럽히고 있다면 그게 당신의 중심을 갉아먹고 있다는 뜻이다. 안방은 가정의 원동력이다. 그 집의 심장이다. 안정과 사랑을 상징하는 곳이 안방이다.

안방이 제대로 된 모습을 갖추지 못하면 집의 나머지 부분들도 방향감을 상실하기 쉽다. 부엌 역시 가정에 영양을 공급하는 중요한 공간이다. 부엌에서는 많은 일들이 이루어진다. 부엌은 당신과 당신의 가족이 다양한 생명유지의 수단을 얻는 곳이다. 부엌은 따뜻하고 환영하는 분위기여야 한다. 대부분은 집안의 방들을 꾸미는 데 아무리 공을 들여도 사람들이 놀러오면 결국은 사람들이 부엌에 모이게 된다.

당신은 당신의 부엌에서 무엇을 원하는가, 혼돈을 원하는가? 부엌이 즐겁고 깔끔한 곳일 때는 외식을 하는 횟수가 줄어들고, 외식이 줄어들면 영양가 높은 식사를 할 수 있다. 게다가 식비는 줄어들며 가족끼리 함께 보내는 시간은 늘어나게 마련이다. 부엌은 시간을 보내고 싶은 곳, 음식을 준비하고 먹으며 즐거워할 수 있는 곳, 먹는 행위를 공동의 활동으로 만들어주는 곳이어야 한다. 따뜻한 성장의 공간이어야 한다. 부엌만큼 많은 기능이 기대되는 공간은 없다. 그만큼 다목적 공간이기 때문에 빚어지는 혼돈은 삶과 건강에 있어 부엌이 갖는 중요성에 그늘을 드리울 수도 있다.

부엌은 결실을 보지 못한 '아이디어들'의 결집지로 전락하기 십상이다. 냉장고 서랍 속의 썩은 야채들, 냉동실 문을 꽉 채운 냉동식품들을 떠올려 보라. 그리고 식료품 수납장은 날짜가 지난 우유와 인스턴트, 먹을 생각만 앞선 채 만들지는 않고 처박아 둔 재료 등으로 터져나간다. 서랍과 찬장은 결혼했을 때 반짝 쓰고는 그 후로 빛을 보지 못한 접시 세트들과 대형 접시처럼 특별한 경우에만 필요한 용기들로 가득 차 있다.

당신이 살고 있는 집이 당신이 어떤 사람인지 보여주는 거울이라면, 부엌은 식습관 및 음식에 대한 당신의 태도를 보여주는 거울이다. 내가 하는 말이 사실인지 믿지 못하겠다면 한 가지 실험을 해보자.

몇 분간 부엌을 걸어다니면서 낯선 공간에 들어선 기분으로 부엌을 둘러보자. 부엌에 들어섰을 때 어떤 느낌을 받았는가? 첫 번째로 눈에 들어온 것은 무엇인가? 조리대는 어떤 모습인가? 싱크대는? 찬장과 서랍을 몇 개 열어서 그 안에 뭐가 들어 있는지 살펴보라. 가지런히 정리가 잘 돼 있는가? 각 도구들의 용도는 분명한가? 부엌에 어떤 음식들이 있는지 살펴보라. 군침이 돌게 하는 음식들인가? 아니면 상자에 들어 있는 반조리 식품이 대부분인가? 음식이 충분히 있기는 한가? 냉장고를 열어보라. 무엇이 눈에 들어오는가? 냄새는 어떤가? 이 부엌에 대한 전체적인 감상은? 이 공간의 가장 중요한 기능은 무엇인가? 식사? 가족의 대화실? 숙제 및 과제의 중심지? 친구를 집에 초대해 이 부엌에서 음식을 준비해 먹겠는가? 당신의 부엌은 원하는 인생을 잘 반영하고 있는가? 당신의 부엌은 당신에 대해 무엇을 말해 주는가?

피터 씨,

냄비와 프라이팬을 찾으려면 조리대 위에 쌓인 잡동사니들을 뒤져야 한다는 생각만으로, 건강한 식사를 만들려면 우선 조리대를 청소해야 한다는 생각만으로도 제게 별로 선택권이 없다는 생각이 든답니다. "나가서 먹자!"라는 말이 절로 나오죠. 그런 기분일 때는 당연히 건강한 식사를 해야겠다는 생각도 들지 않죠. 저희는 칼로리만 높고 몸에는 안 좋은 음식들을 먹어대느라 돈과 시간을 낭비했죠.

　집이 깔끔하게 정돈돼 있을 때는(피터 씨의 책 『뒤죽박죽 내 인생 정리의 기술』 덕분에 지금 저희 집이 바로 그렇답니다) 명쾌하게 사고할 수 있고, 미래에 대해 생각할 수 있게 되죠. 그 미래가 다섯 시간 뒤의 미래일 때도 있어요. 저녁으로 뭘 만들지 생각하는 거죠. 그리고 조리대가 깔끔하게 정리돼 있을 때는 저녁 만드는 걸 두려워하기보다는 기대하게 되죠!

　나의 클라이언트들 대부분은 지금까지 자기 집의 부엌을 진지하게 생각해본 적이 한 번도 없었다. 아마 매일 부엌을 보면서 그곳에서 많은 시간을 보냈겠지만, 새로운 눈으로 부엌을 보는 일은 깨달음을 주는 동시에 심란한 일이기도 하다. 부엌을 포함해 집 전체의 구조 및 상태는 인생의 나머지 부분에 직접적인 영향을 준다. 사람들이 보지 못하는 이 연관성은 아무리 강조해도 지나치지 않는 중요한 문제다. 영화를 보다 보면 "집을 정리하세요."라는 말은 걱정스러운 얼굴을 한 의사가 환자에게 앞으로 살 수 있는 날이 세 달밖에 남지 않았다는 사실을 알리며 항상 하는 말이다. 사람이 죽기 전에 꼭 해야 할 중요한 일이 자기 인생을 정리하는 일이라는 사실을 보여주는 증거이다. 하지만 꼭 죽을 날짜를 받아 놓았을 때만 그렇

> **Activity** *당신이 어떤 부엌을 원하는지 비전을 가져라!*

당신이 그리는 이상적인 부엌을 묘사하는 단어들:

- _____
- _____
- _____
- _____
- _____

이상적인 부엌을 갖게 됐을 때 내가 할 수 있는 일들:
_____
_____

이상적인 부엌을 갖게 됐을 때 우리 가족들이 할 수 있는 일들:
_____
_____

게 하라는 법은 없다.

당신의 부엌은 당신 가족에게 영양의 공급원이다. 음식이라는 좁은 의미에서뿐만 아니라, 넓은 의미에서 보면 가족에게 꼭 필요한 건강하고 행복한 태도, 의욕, 환경의 공급원이기도 하다. 부엌은 가정에 영양을 공급하는 공간이다. 부엌은 당신이 원하는 인생, 원하는 가정에 대해 가지고 있는 비전의 일부여야 한다. 최근 우리 집을 개조했을 때 내가 신경 쓴 부분은 부엌을 집안의 나머지 주거 공간으로 열어젖히기 위해 벽을 없앤 것이었다. 하나로 탁 트인 따뜻하고 즐거운 공간에서 가족들, 친구들과 함께 식사할 수 있게 한 것이 우리 집의 디자인에서 중요한 부분이었다. 그 개조는 축하, 우정, 온기, 나눔 등 나의 삶에서 가장 중요하게 생각하는 것들을 위해 큰 역할을 했다. 부엌은 우리의 인생과 가족에 대한 하나의 분명한 선언문이다. 당신의 부엌은 그런 역할을 하고 있는가?

어느 가정에서는 부엌은 신경중추 역할을 한다. 누구나 그 집에 들어서면 부엌이 가장 먼저 거쳐 가는 제1항구이이다. 또 어울리고, 이야기를 나누고, 요리를 하고, 먹고, 숙제를 하고, 공과금을 정리하는 등 대부분의 행위들이 이루어지는 곳이기도 하다. 부엌은 즐거운 마음으로 준비한 훌륭한 식사, 가족들을 위한 영양 공급, 즐거운 분위기 속에 시간을 보내는 즐거움, 건강한 음식에 대한 욕구, 외식보다는 집에서 먹는 식사의 선호, 그리고 궁극적으로는 삶을 바라보는 긍정적인 태도 등 중요한 일들을 가능하게 해주는 곳이다. 당신 역시 그런 것들을 부엌에서 해보고 싶지 않은가?

요리를 위한 부엌

당신은 왜 집에 부엌을 만들어 놓았는가?

부엌의 주목적은 영양을 공급하는 일이다. 부엌은 즐겁고 쉽게 음식 준비를 할 수 있는 방식으로 정돈돼 있어야 한다. 다음의 3번과 6번 질문에만 "네"라고 대답했고 나머지 질문들에 "아니요"라고 대답했다면 그렇게 나쁘지 않은 정도다. 9번 질문에서처럼 깔끔하고 보기 좋은 식탁에서 식사까지 한다면 이 공간을 잘 활용하고 있다고 할 수 있다(식탁에 대해서는 앞

Activity 부엌에 대한 진실을 밝혀라!

우리 집 부엌에서 나(우리)는 이런 일을 한다:	Yes/No
1. 우편물이나 다른 잡동사니들을 그냥 쌓아 둔다.	
2. TV를 본다.	
3. 음식을 저장한다.	
4. 사람들과 어울린다.	
5. 일이나 숙제를 한다.	
6. 음식을 준비한다.	
7. 애완동물에게 밥을 준다.	
8. 잘 사용하지 않는 냄비와 프라이팬, 기타 가재 도구들을 잔뜩 보관한다.	
9. 저녁을 먹는다.	

으로 더 자세히 이야기할 것이다). 3번과 6번에도 "네"라고 대답할 수 없다면 당장 음식을 만들자!

이제, 부엌에서 이뤄지는 추가적인 활동들에 "네"라고 대답했다면 고민을 해보고 우선순위를 세워야 할 필요가 있다. 하지만 조금만 생각해 보면 답은 명쾌하고도 간단하다. 식탁에 맛있는 음식을 차리는 게 가장 중요한 일이다. 어떤 일이든 그 목적에 방해가 된다면 부엌에서 사라져야 한다.

당신에게 주어진 공간을 조사하라

부엌은 저절로 만들어지는 게 아니다. 어느 집에나 음식 준비, 요리, 식사,

뒷정리를 하는 공간이 있기는 하다. 하지만 그렇다고 모든 집마다 다 사람들을 불러 모으고 영양을 공급하며, 제 역할을 훌륭히 수행하는 부엌이 있는 것은 아니다. 당신이 나서야 하는 것도 바로 이 부분이다!

우선 부엌 내의 다양한 공간들을 체크해 보자. 찬장, 음식을 준비하는 공간, 조리대의 면적, 수납공간, 뒷정리를 위한 공간, 이동할 수 있는 공간의 면적 등. 각 공간마다 어떤 일이 가능하며 적합한지 이해하기 위해서 주어진 공간을 조사해 보라는 것이다.

부엌의 일반적인 기능을 넘어서는 용도에 어떤 것들이 있는지 적어 보자. 숙제나 학교의 과제물, 공과금 정리, 빨래 개기 등이 그런 예가 될 수 있겠다. 부엌에서 이뤄지는 모든 활동들을 빼놓지 않고 쓰는 게 중요하므로 목록의 길이에는 구애받지 않아도 된다. 이 목록을 완성했고 주어진 공간을 제대로 이해했다면 이제 본격적인 작업에 착수하자.

부엌을 구역으로 나눠 생각하라

부엌에 대한 가족들의 욕구와, 가족을 먹이고 영양을 공급하는 공간으로서의 부엌 사이에 균형점을 찾아야 한다. 부엌이라는 공간을 정리하고 최대한 활용하기 위해서는 부엌을 일정한 '구역'으로 나눌 필요가 있다. 음식을 준비하는 일과 관련된 곳이 가장 중요한 구역이며, 이 구역의 자리가 잡힌 후에는 공간이 허락하는 범위 내에서 숙제나 취미 생활, 공과금 정리 등 다른 구역들을 정해도 된다. 그러나 부엌에서는 영양의 공급이 항상 제1순위를 차지해야 한다.

어느 부엌에나 있어야 하는 주요 활동 영역에는 준비 공간, 요리 공간, 먹는 공간(부엌에서 식사를 하는 경우라면), 뒷정리 공간 등 네 가지 공간이 있다. 부엌과 분리된 식당에서 식사를 하는 경우에는 식당을 함께 포함해

Activity 부엌을 구역별로 분할하라!

구역	필요한 물건	
	나의 답안	당신의 답안
준비 공간	도마 칼 양푼	
요리 공간	냄비와 프라이팬 향신료 요리도구	
식사 공간	식기류 유리잔 냅킨	
뒷정리 공간	건조대 설거지용 세제 스펀지와 수세미	
기타 구역		
숙제 공간	메모지 펜과 연필	
공과금 정리 공간	영수증철 도장 펜	

서 생각하자. 당신에게 주어진 공간 및 부엌의 구조를 고려하며 이런 활동 영역을 각각 어디에 배치하는 게 좋을지 정해 보자. 그런 구역 배치에 대한 답이 이미 뻔하게 나와 있는 것처럼 보일 수도 있지만(예를 들면, 뒷정리 공간은 당연히 싱크대가 있는 곳에 배치), 앞으로 작업을 진행해 나갈 때 이런 각각의 공간들을 염두에 두는 일은 매우 중요하다.

당신에게 주어진 공간을 다시 한 번 살펴보고 그 외 어떤 다른 활동들을 위한 구역이 필요한지 생각해 보자. 그 활동은 당신에게 필요한 일이어야 하며, 부엌에 그 활동을 위한 공간이 있는지도 따져봐야 한다. 이제 각 구역에 필요한 물건이 무엇인지 신중하게 생각하면서 아래의 목록을 완성해 보자. 도움이 됐으면 하는 바람에서 내가 몇 가지 답안을 내보았다. 그 외 당신에게 필요할 것 같은 다른 구역들을 더 추가해 볼 수도 있을 것이다.

어느 부엌에든 필수적으로 있어야 할 음식 저장 공간을 표에 포함시키지 않았다는 것을 눈치 챘는지 모르겠다. 식료품 수납장은 부엌의 원활한 기능 및 가족 건강에 특히 중대한 역할을 하기 때문에 그 부분에 대해서는 뒤에서 따로 다룰 것이다.

각 구역에 필요한 물건들을 파악했다면 다음의 단계가 더욱 수월해질 것이다.

● 부엌의 체중을 통제하라!

부엌은 쓸모는 없는데 '꼭 있어야 할 물건'처럼 보이는 가재도구들과 기구들을 자석처럼 끌어 모으는 공간이다. 내 말을 믿지 못하겠다면 심야에 케이블TV 홈쇼핑 광고를 틀어봐라! 저녁 8시가 넘어서 전화상으로 산 물건이라면 십중팔구 필요 없는 물건일 것이다. 정리를 위한 첫걸음은 부엌에 있는 음식과 접시, 가전제품의 양을 대폭 줄이는 것이다. 수명이 다돼서 쓸모가 없어진 물건들은 내다 버려라. 크리스마스 선물로 받은 거라는 이유만으로 정말 제빵기를 간직할 필요가 있을까? 그 제빵기가 귀중한 조리대 공간만 잡아먹고 있는데도? 그리고 말하자면 끝도 없는, 특별한 용도로만 쓰는 냄비들과 프라이팬, 삶은 달걀 절단기, 화채용 수박 숟가락 등, 당신에게는 정말 이런 물건들이 필요한가?

무시무시하게 들리겠지만, 지금 당신에게 필요한 건 지난 몇 년간 쌓여온 부엌의 군살들을 없애버리라고 말해줄 사람이다. 부엌에 있는 물건들을 살펴보고 더 이상 사용하지 않는 물건들은 버려라. 용감해져라. 이 일은 부엌을 정리하는 과정에서 아주 중요한 단계이다. 부엌을 가볍게 하는 일이 스스로의 몸을 가볍게 만드는 지름길이다. 부엌을 청소하는 일은 '신속정화'와 '집중정리' 두 단계로 이뤄진다. 신속정화 단계에서는 인정사정없이 해치워버려야 한다. 그렇게만 해도 집중정리 단계가 훨씬 더 수월해질 거라고 약속할 수 있다.

부엌의 신속정화 및 집중정리

신속정화

부엌 맨 구석부터 찬장과 서랍을 하나씩 빠르고 효율적으로 훑어 나가라. 더 이상 쓰지 않는 물건이나 필요 없는 물건들을 몽땅 꺼내고 장난감이나 공예재료 등 부엌에 속하지 않는 잡동사니들은 무조건 없앤다. 이제 어느 정도 감이 잡힐 것이다. 음식의 준비, 저장, 상차림, 뒷정리에 필요 없는 물건은 무조건 부엌에서 사라져야 한다. 중복되는 물건이 있으면 둘 다 꺼내서 둘 중 어느 것을 간직할지 정해라. 고장 난 물건은 버려라. 색이 변했거나 사용할 수 없을 정도로 깨진 물건은 버려라. 싫어하는 물건도 없애버려라.

신속정화 단계의 목표는 원치 않거나, 사용하지 않거나, 필요 없는 물건들을 신속하게 제거하는 것이다. 신속정화 작업을 완수하는 데는 깊은 생각이나 심리적 에너지가 필요 없다. 최대한 빨리 움직이는 게 비결이라면 비결이다.

모든 물건들을 조리대 위나 바닥에 쏟아 보자. 무조건 해치우는 게 중요하다! 그리고 물건들을 꺼낼 때처럼 신속하게 필요 없는 물건들을 부엌에서 없애버려라. 이 단계에서 더 많은 공간을 비우면 비울수록 다음 단계에서 해야 할 일이 훨씬 더 줄어들 거라는 걸 명심하자.

집중정리

집중정리를 시작하기 전에 이미 부엌의 모습과 분위기에 변화가 느껴져야 정상이다. 정리를 전혀 하지 않아도 잡동사니를 없애버리는 것만으로도 사람들이 상상하는 것 이상 많은 공간을 마련할 수 있다. 이제 앞에서 완성했던 표에 나온 구역이나 활동 공간들을 다시 한 번 살펴보자(143쪽 참고). 이제 논리적으로 부엌을 훑으며 모든 물건들을 다 꺼내 찬장을 비우는 것이다. 찬장을 정리하는 게 끝났으면 서랍도 똑같이 하면 된다. (집중정리 작업은 시간 여유를 두고 여러 번에 걸쳐서 해도 된다. 매일 밤 TV를 보는 대신 서랍이나 찬장을 하나씩 비워가는 식으로 말이다. 이 목표에 열중하다 보면 간식 먹는 것도 까먹게 될지 모른다.)

부엌을 훑으면서 각각의 물건을 그냥 둘지, 버릴지 결정할 때는 다음과 같은 간단한 질문들을 해보는 것도 좋은 방법이다.

1. 지난 12달 동안 나는 한 번이라도 이 물건을 사용한 적이 있는가("예"라고 대답한 사람이라면 이 기간을 6개월로 정해 보라!)?
2. 나는 이 도구(또는 가전제품)를 사용하는 것을 좋아하는가?

3. 이 물건은 식사 준비를 더 쉽게, 더 효율적으로 만들어 주는가?
4. 이 물건은 청소하기가 쉬운가?
5. 이 물건에 필요한 부속품은 다 제자리에 있는가?
6. 나는 이 물건을 부엌에 두고 싶은가?

이 질문들 가운데 하나라도 "아니요"라는 대답이 나온다면, 부엌에 그 물건이 있을 자리는 없다는 뜻이다. 없어져야 한다는 말이다. 항상 집에는 당신이 좋아하고 당신이 사용하는 물건만 있어야 한다는 게 나의 지론이다. 부엌에도 같은 원칙이 적용된다.

그 물건을 간직하겠다고 결정했으면, 부엌의 어느 구역에서 그 물건을 사용할 것인지 판단해서 조리대나 식탁 한쪽 구석에 비슷한 물건들과 함께 놓아둔다. 이렇게 하면 어떤 물건이 어디로 갈 건지 각 구역 별로 임시 꼬리표 역할을 대신해 줄 것이다. 부엌의 과도한 '비계'를 벗겨내는 일은 당신이 엉덩이에서 벗겨내고 싶어하는 군살만큼이나 중요한 일이다. 집중정리의 마지막은 부엌에 속하지 않는 물건들을 버리거나, 기부하거나, 마당에 구덩이를 파서 묻어버리는 일이다. 이 물건들이 다시는 집 근처에 얼씬도 못하도록 해야 한다.

내 말을 믿어라. 집에 그냥 굴러다니게 내버려 뒀다간 이 물건들을 슬그머니 서랍이나 찬장 어딘가에 넣어두고 싶은 유혹을 견디지 못할 것이다! 그리고 이런 집중정리는 찬장 및 선반 내부, 서랍 안을 닦아내기에도 더할 나위 없이 좋은 기회이다.

이제 당신에게는 당신이 사용하고, 필요로 하며, 좋아하는 물건들만 있어야 한다. 이 물건들은 이제 찬장에 다시 집어넣어도 좋다.

피터 씨,

1년 전쯤 저는 난장판이 된 부엌을 깔끔히 정리했어요. 그리고 그 일에 몰두하다 보니 음식에 집착하지 않게 되더라고요. 실제로 저도 모르게 '단식'을 시작하게 된 거죠. 부엌을 정화하는 동시에 제 몸도 함께 정화하고 있었던 거예요. 보통은 항상 음식에 집착하기 때문에 그건 제게 매우 특별한 일처럼 느껴졌어요.

현재 저는 원하는 체중보다 5~7Kg 정도가 불은 상태예요. 그 와중에 집도 필요 없는 '비계'로 지저분해져버렸어요. 처음에는 제게 일종의 '정리 장애'가 있는 게 아닌가 생각했지만, 지금 와서는 잡동사니들이 저를 보호해주는 것처럼 느껴지기도 해요(복부의 지방층이 사람을 보호해 줄 수 있는 것처럼 말이에요.) 체중이 늘면 제 몸에 대한 무력감과 절망감으로 가득 차게 되듯, 잡동사니들에 집착하는 것은 제 인생을 파괴하는 한 방법이죠.

도움을 청하라

혼자 사는 사람이 아니라면, 이런 정리 작업을 혼자서 끙끙대며 다 할 이유가 굳이 없지 않은가. 물론 그게 '당신'이 만든 난장판이 아니라면 말이다. 그런 경우라면 불평은 그만두고 어서 일이나 하는 게 좋은 생각이다. 하지만 가족이 모두 시간 내서 부엌과 식료품 수납장을 정리하는 일은 소통의 활로를 열어줄 수 있는 더할 나위 없는 기회이다. 식구들이 모두 뱃속을 든든히 채우고 난 아침에 〈클린 스윕〉을 시작하자. 그리고 샌드위치나 샐러드 등 점심거리를 미리 준비해 놓는 게 좋다. 〈클린 스윕〉 날이 간식파티로 전락하기를 바라지는 않을 테니까. 이제 본격적으로 정리를 시작하자.

부엌은 일을 분담하기가 쉬운 곳이다. 배우자와 아이들에게 그들의 나이와 능력에 맞는 일을 맡겨라. 아직 어린아이들에게는 식료품 수납장의 낮은 칸을 비우는 일을 시킬 수 있을 것이다. 초등학생 정도의 아이라면 충분히 냉장고를 비울 수 있다. 중고등학교 아이들에게는 잘 구슬려서 사용하지 않는 냄비와 프라이팬, 조리도구들을 찾아내는 일을 맡기면 좋을 것이다. 가족이 함께 청소를 하다 보면 지난 명절에 대한 추억을 공유하거나, 언젠가 꼭 할 거라고 말만 했던 가족파티에 대해 대화를 나눌 수도 있다. 아예 날을 잡아 서로 화내지 않기로 약속하고, 자신의 생각을 솔직하게 얘기하는 고백시간을 가져보는 건 어떨까. 남편은 아내의 밥 짓는 방식이 마음에 안 든다고 고백할 수 있고, 아내는 남편에게 설거지를 해줘서 고맙지만 항상 설거지가 끝나면 냄비를 다시 헹궈야 했다고 고백할 수 있는 그런 기회를 만들어 보는 거다.

● **구획 나누기**

신속정화와 집중정리를 마쳤으면 이제 부엌을 정리하고 앞에서 정한 구역들을 행동으로 활용해야 할 때가 왔다.

'마의 삼각지대'를 중심으로 작업하라

당신이 정한 구역이 어디에 해당하는지, 어디에 어떤 물건이 속하는지 결정할 때는 항상 '마의 삼각지대'를 명심할 것. 싱크대와 냉장고, 가스레인지를 중심으로 구획을 그어, 이 공간을 부엌의 '마의 삼각지대'로 생각하는 것이다. 이 삼각지대는 신성한 땅이다. 식사 준비와 뒷정리, 상차림의 중심점이기 때문이다. 매일의 식사 준비에 중요한 것들은 모두(냄비, 나무 주걱, 음식 보관용 봉투, 매일 쓰는 접시 등) 이 가상의 삼각지대 내에, 또는 주변에 있어야 한다. 그리고 이 공간에는 그 외 다른 어떤 물건도 발을 못 붙이게 해야 한다.

삼각지대에서 한걸음 정도 떨어진 곳이 부엌에서 규칙적으로 사용하지만 자주 사용하지는 않는 물건들이 속하는 곳이다. 만능조리기, 믹서, 특별한 용도의 냄비 등이 여기에 해당한다. 그리고 거기서 더 떨어진 곳이 잘 사용하지 않는 물건들이 속하는 곳이다. 제빵기, 구이용 팬, 계절별 쿠키 틀 등이 그에 해당한다. 이제 물건들을 정해진 구역이나 공간에 체계적으로 넣어 보자. 무겁고 어느 정도 자주 사용하는 물건은 찬장에서 상대적으로 낮은 선반에, 가볍고 자주 사용하는 물건들은 높지만 손이 닿는 곳에 넣어 두는 게 현명한 방법이다.

부엌을 이런 식으로 정리하면 이동은 최소한, 효용은 최대한으로 유지하며 효율적으로 움직일 수 있다. 중요하고 자주 사용하는 물건들을 가까이 두면 엄청난 시간과 에너지를 절약할 수 있다. 부엌에서 일하는 게 갑자기 쉬우면서도 즐거운 일이 될 것이다.

피터 씨,
부엌과 냉장고의 잡동사니들을 없애버릴 수만 있다면 건강한 식사를 준비하는 데 필요한 것들을 더 쉽게 찾을 수 있을 것 같아요. 적어도 전쟁 같은 하루를 60%는 따고 들어가는 셈이죠. 조리대와 작업 공간이 깔끔히 정리돼 있을 때는 부엌이 천국이나 마찬가지예요. 공간이 더 많이 생길수록 더 많은(그리고 더 나은) 재료가 들어가는 음식을 만들게 되는 것 같아요. 그리고 작업 공간이 줄어들면 덜 '복잡한' 음식을 만들게 되죠(재료를 놓아 둘 곳이 없으니까요).

접시, 냄비, 프라이팬, 또는 음식이든 비슷한 종류의 물건들은 각 구역에 함께 정리해서 보관하도록 유의하라. 이 원칙만 따라도 이미 있는 물건이 뭔지 빠르고 쉽게 확인할 수 있기 때문에 시간과 돈이 절약될 것이다. 식료품 역시 집에 있는 게 뭔지 빠르게 훑어볼 수 있기 때문에 음식을 지나치게 많이 사는 일을 피할 수 있다.

마의 삼각지대 커닝페이퍼

대부분의 사람들은 부엌을 체계적으로 정리하지 않는다. 이사를 가도 그냥 물건을 꺼내서 그 물건이 들어가는 자리를 절대 바꾸지 않는다. 생각을 전환할 때가 왔다(그리고 물건을 놓는 자리를 바꾸면서 쉽게 청소하지 않는 서랍들을 닦아낼 기회도 된다).

- 음식의 저장과 관련된 물건들은 냉장고 근처에 둔다. (밀폐용기, 집게, 호일, 봉지)
- 식사 준비와 관련된 물건들은 싱크대 근처에 둔다. (칼, 도마, 여과기)
- 요리와 관련된 물건들은 가스레인지 근처에 둔다. (냄비, 프라이팬, 조리도구)
- 매일 사용하는 접시들 역시 마의 삼각지대에 포함된다.
- 마의 삼각지대에서 한 발자국 떨어진 곳: 규칙적으로 사용하지만 자주 사용하지는 않는 물건들. (만능조리기, 믹서, 특별한 용도의 냄비들)

- 거기서 한 발자국 더 떨어진 곳(또는 손이 닿지 않는 높은 선반): 잘 사용하지 않는 물건들. (제빵기, 구이용 팬, 계절별 쿠키 틀 등)

조리대를 깔끔하게 유지하라

구역을 나눈 후에는, 어느 공간에서나 마찬가지겠지만 작업할 공간을 깨끗하게 유지하는 게 가장 중요한 일이다. 조리대가 깔끔하면 어떤 부엌이든 더 정리정돈돼 보이고 환영하는 분위기를 풍긴다. 청소하는 일도 훨씬 쉬워진다. 깔끔한 조리대는 사람들을 한곳에 불러 모으며 식사 준비를 즐거운 일로 만들어준다. 일단 조리대가 잡동사니에 묻혀 그 모습을 감추기 시작하면, 그 공간을 정리하고 싶은 의욕도 없어진다. 그러면 점점 먼지가 쌓여가다 결국은 난장판이 되는 것이다. 조리대는 저장 공간이 아닌 작업 공간이다!

요리책과 레시피 메모

이미 부엌에 떡하니 자리 잡고 있는 요리책들과 레시피를 적어놓은 메모지들이 있다면, 사용하지 않는 것들을 찾아서 무조건 치워버려라. 저렴한 스크랩북용 노트나 파일을 사서 잡지에서 찾은 레시피, 친구나 할머니께 전수받은 근사한 레시피들을 모아보자. 이 스크랩북을 다른 요리책들과 함께 부엌에 놓아두자. 요리책들을 훑으면서 1년간 한 번도 펴보지 않은 책은 무조건 버려라. 혹시라도 어느 날 갑자기 '바바리안 크림 사과 스트루델 커스터드 케이크' 레시피가 정말 필요한 날이 오면 인터넷에서 얼마든지 찾을 수 있을 테니 걱정은 붙들어 매시길.

● 목적이 있는 냉장고

냉장고는 마의 삼각지대에서도 가장 중요한 부분이다. 앞으로 며칠 동안 먹으려고 생각하는 음식들을 저장하는 곳이 바로 냉장고이기 때문이다. 냉장고를 통해 무엇을 얻고 싶은가? 냉장고는 가족을 위해 건강한 음식을 임시로 보관하는 장소가 돼야 한다. 냉장고는 문을 활짝 열어 놓고 복잡하게 섞여 있는 음식들을 바라보며, 도대체 어떻게 이 음식들을 섞어 식사를 만들어낼 수 있을지 고민하는 장소가 돼서는 안 된다.

6장에서 장보기 목록을 작성하고 장을 보는 일에 대해서 이야기하겠다. 일단 지금은 냉장고 속에 어떤 것들이 들어 있어야 하는지 전반적인 이야기를 해보자.

냉장고 속의 음식은 계획이 있는 음식이어야 한다. 냉장고 속에 들어 있는 음식에는 반드시 유통기한이 있는 법. 즉, 그 음식은 언젠가는 상할 거라는 말이다. 그러므로 빠른 시일 내에 사용할 계획이 없는 음식들은 모두 내다 버려라. 기억할 것. 언젠가 사용할지도 모른다는 이유만으로 음식에 집착해서는 안 된다. 반창고는 응급상황에 대비해 구비해 두면 좋은 물품이지만 음식은 반창고와는 다르다. "먹어야 할 일이 언제 생길지 모르잖아."라고 말하는 건 바보 같은 일이다. 우리는 당연히 매일 먹어야 하지 않는가! 그것도 하루에 여러 번씩! "집에 늦게 들어와서 바쁘게 저녁을 만들어야 할 일이 언제 생길지 모르잖아."라고 말하는 것도 바보 같은 일이다. 그런 일이 일어날 거라는 걸 당신은 알고 있지 않은가. 얼마나 자주 그런 일이 일어나는지.

적어도 일주일에 한 번씩은 냉장고를 청소할 것. 장을 보러 가기 바로 전에 청소할 수 있다면 더더욱 좋다. 상한 음식은 버려라. 슈퍼마켓에서 장을 봐서 돌아왔을 때에는 체계적인 방법으로 음식을 정리해라. 새로운 음식을 집어넣을 때는 더 오래된 음식을 먼저 사용할 수 있도록 앞으로 옮겨놓는다. 그럴 공간이 있다면 서랍 하나는 야채용, 하나는 과일용, 하나는 고기용으로 사용한다. 소형 서랍에는 치즈나 간식거리들을 보관한다. 비슷한 음식은 함께 보관해라. 유제품군은 모두 하나의 선반에, 간식거리들도 한곳에 모아 보관하고 조리가 돼 있는 음식은 깔끔하게 쌓아둔다. 시간이 있으면 씻어 놓아도 되는 야채와 과일들(예: 미리 씻어 보관해도 되는 과일—포도, 미리 씻어서 보관하면 안 되는 과일—딸기)을 미리 씻어서 물기를 닦아 보관하면 더 좋다. 사용하고 싶을 때 바로 꺼내서 간편하게 쓸 수 있도록 말이다.

과일 및 야채

정기적으로 멍든 배나 시든 야채들을 버리게 된다면, 이걸 피할 수 없는 현실로 받아들여서는 안 된다. 매번 너무 많이 사는 게 문제가 아닐 수도 있다. 당신은 아마 슈퍼마켓에 있는 동안은 모든 식품군을 두루 사용한, 건강하고 균형 있으며 다채로운 식사와 간식거리를 생각하고 있었을 것이다. 그리고는 적당량의 과일과 야채를 사서 집에 돌아왔지만 자석처럼 쿠키에 끌려가고 만 것이다. 썩은 과일과 야채는 당신에게 계획이 없었다는 사실, 그래서 인스턴트 음식만 너무 많이 먹었다는 증거다.

양념

겨자, 잼, 샐러드드레싱, 피클 등등……. 냉장고 문짝에서 시들어가는 십년은 묵은 것 같은 이것들은 다 도대체 뭔가? 몇 달에 한 번씩은 양념들을 살펴보라. 공간이 충분히 있는지, 양념이 넘쳐 문짝에 흘러내리고 있지는 않은지 확인하자. 냉장고의 문짝이 양념에게 할애된 공간이다. 다시 열어 볼 일이 없을 것 같은 양념병들은 내다 버려라. 제발 영원히 썩지 않는 음식 따위는 없다는 사실을 기억해라. 뚜껑을 테이프로 붙여놓고 그 위에 테이프를 붙인 날짜를 써두자. 그리고 3달이 지난 후 이 양념들을 체크해 봐서 그동안 뚜껑을 한 번도 안 열어서 테이프가 그대로 붙어있는 양념들은 몽땅 없애버리자.

귀찮게 뭐 하러?

이런 일들이 모두 엄청난 노력처럼 보인다면, 당신의 눈이 정확하다! 그렇다. 스스로 조금도 투자하지 않는다면 성공은 불가능하다. 당신은 지금 당신의 인생에 투자하고 있는 것이다! 하지만 진짜 살을 빼고 싶고, 인생을 더 건강한 방식으로 살고 싶다면 깔끔하게 정리된 부엌이 그 일을 실현하는 열쇠이다. 엉망으로 어질러진 무질서한 부엌, 왔다갔다하기도 어려운 부엌에서는 일할 의욕도 나지 않는다는 걸 당신도 잘 알고 있지 않은가. 엉망진창이 된 부엌에서 식사를 준비하려고 하면 모든 면에서 더 많은 시간과 노력이 필요하다.

하지만 지금 당장 정리정돈을 위해 노력하지 않으면 곧 배달음식이라는 손쉬운 선택에 안주하고 말게 될 것이다. 전화기만 들면 엑스트라라지 페퍼로니 피자와 라지 다이어트 콜라(특별히 체중에 신경 써서)를 주문할 수 있는데 누가 그런 짜증나는 일을 하려고 들겠는가! 스스로를 파괴하는 일은 하지 말자. 잡동사니들을 지금 치워버리지 않으면 나중에 유혹에 굴복하게 될 것이다!

찬장과 서랍

부엌에서 물건을 찾는 게 더 쉬울수록 요리 역시 훨씬 더 즐거운 일이 된다. 몇 가지 흔한 문제의 장소들을 살펴보자.

냄비와 프라이팬

냄비와 프라이팬은 성가시고 보관이 쉽지 않은 물건들이다. 천장에 거는 냄비용 선반이나 모서리 찬장용 회전선반이 있으면 도움이 된다. 하지만 그런 선택의 여지가 없다면 가진 것을 최소한으로 유지하는 방법밖에 없다. 사용하지 않는 냄비들은 다른 사람에게 나눠줘라. 가끔씩만 사용하는 큰 냄비는 마의 삼각지대에서 멀리 떨어진 곳에 보관해라.

주방용구

주방용구들을 보관하는 서랍에는 칸막이를 넣어 사용하는 게 좋다. 나이 어린 자녀가 있는 경우에는 식기 세척기에서 그릇을 꺼내 정리할 때 포크와 스푼을 분류해달라고 하는 것도 도움을 얻을 수 있는 좋은 방법이다. 조리 도구들을 큰 서랍 하나에 모두 보관하는 경우에는 정기적으로 그 서랍을 점검하자. 한 번도 사용하지 않은 정체불명의 도구들은 없애버려라. 그리고 제발 부탁하는데, 날카로운 칼과 가위는 다른 주방용구와 함께 섞어서 보관하지 말 것. 칼은 음식 준비 공간의 쉽게 손이 닿는 곳에 보관해라.

음식 보관 용기

두꺼운 테이프를 조금씩 잘라서 플라스틱 통 가장자리에 붙여놓아 보자. 통을 사용하려면 테이프를 떼어내야 할 것이다. 한두 달 정도가 지나, 뚜껑을 열어보지 않아서 테이프가 그대로 붙어 있는 통이 있으면 모두 없애 버려라. 플라스틱 통은 과열하거나 너무 오래 사용해도 안 좋다. 플라스틱은 제조업자들에 의해 특정 용도를 위해서만 테스트를 거친 물질이다. 그러므로 그 용도와 다르게 취급할 경우 플라스틱이 음식에 묻어나올 위험이 있다. 별로 반가운 일은 아니지 않은가.

잡동사니

당신의 부엌에서 잡동사니들을 치워버리는 일이 내가 그 무엇보다도 바라는 일이다. 우편물을 그냥 쌓아두지 말자. 조리대나 식탁 등은 항상 깔끔하게 유지해라. 집에 들어갈 자리가 없는 물건들을 위한 쓰레기 수납장으로 부엌을 만들지 말자. 물건은 저마다 사용하는 장소와 방법에 따라 제자리가 정해져 있어야 한다. 잡동사니와 부서진 장난감 조각들로 가득한 서랍은 용납할 수 없다. 잡동사니는 절대금지다!

● **목적이 있는 식료품 수납장**

식료품 수납장은 냉장고보다 관리가 더 어렵다. 왜 그럴까? 식료품 수납장은 보통 맛있어 보이거나, 혹시나 사놓으면 왠지 좋을 것 같거나, 할인 중이라는 이유로 사들인 음식들로 가득하기 때문이다. 식료품 수납장은 옷장과 비슷하다. 세일 중이라는 이유만으로 산 필요 없는 것들과 충동구매의 잔재들로 가득하기 때문이다. 식료품 수납장을, 유통기간이 다 될 때까지 음식을 보관하는 공간이 아니라 건강한 삶을 위한 발판이 돼 줄 공간으로 만들어보자. 새로운 재료를 사서 실험을 해보고 싶다면, 우선 그 음식을 만들 계획부터 세워놓고 레시피도 찾아놓자. 할인행사 중인 품목들도 마찬가지다. 아르보리오 라이스를 아무리 싼 가격에 샀어도 리조또 만드는 법을 모르면 아무 소용이 없다.

> 피터 씨,
> 식료품 수납장은 깔끔하게 정리가 돼 있어야 한답니다. 자주 사용하지 않는 식료품은 손이 덜 닿는 곳에, 매일 쓰는 식재료는 앞쪽에 보관해야 하고요.
>   식료품 수납장이 정리가 잘 돼 있을 때는 이미 갖고 있는 식료품이 어떤 것인지 쉽게 확인할 수 있고, '빠뜨린' 재료를 사러 슈퍼로 달려가지 않고도 건강한 식사를 만드는 데 필요한 재료들을 쉽게 찾을 수 있어요. 다시 재료를 사러 가게 되면 저녁 식사가 늦어지기 때문에 배가 고파져서 돌아오는 길에 빨리 먹을 수 있는 간식(이런 건 대부분 몸에도 안 좋잖아요)에 손이 가는 일이 많아져요.

음식을 모두 꺼내 수납장을 청소해라

그렇다. 식료품 수납장에 있는 상자를 하나도 빠뜨리지 말고 몽땅 꺼내는 거다. 원래의 통에서 삐져나와 이곳저곳을 자유롭게 방황하던 시리얼 부스러기들을 청소하기에 좋은 기회다.

버려라

눅눅해졌거나, 유통기한이 지났거나, 해충에 먹힌 흔적이 있는 것들은 모두 버려라. 이제 남은 식료품들을 살펴보자. 다 먹고 다시 또 샀기 때문에 친근하게 느껴지는 상자들은 다시 수납장 안에 넣어도 좋다. 나머지는 모두 없애버려야 한다.

식료품 수납장 채우기

6장에서 쇼핑 목록을 작성해 보겠지만 우선 식료품 수납장이 어떤 기능을 수행해야 하는지 이야기해 보자. 나는 책장에는 책장의 공간이 허락하는 만큼만 책을 꽂을 수 있다는 말을 즐겨한다. 다른 선반들이나 찬장, 서랍 등에도 똑같은 논리가 적용된다. 식료품 수납장이 터져나가도록 음식을 채워 놓으면 그 공간을 효율적으로 사용하려고 해도 사용할 수가 없다. 장을 보러 가기 전에 우선 식료품 수납장 안의 음식들과 살 음식들의 목록을 비교해 봐라. 이미 집에 많이 있는 음식들이 목록에 들어가 있지는 않은지 확인하는 것이다.

식료품 수납장을 채우기 위해 사는 많은 음식들은 알고 보면 충동구매에 불과하다. 왠지 필요할 것 같은 기분에 인스턴트 식품을 한 상자 더 집어 들게 되는 것이다. 하지만 집에 돌아와서야 그것이 이미 세 상자나 있다는 걸 알게 되지 않는가. 장을 보러 가기 전에 목록을 작성해서 그 목록에 써 있는 것만 사야 하는 것도 그런 이유에서이다. 식료품 수납장의 공간이 제한돼 있다면(안 그런 수납장이 어딨겠느냐마는) 뭐든 사기 전에 신중히 생각해 봐야 한다. 밀가루를 가끔씩만 사용하는 사람은 10Kg 부대를 살 필요가 없다. 영업용 사이즈 케첩의 저렴한 가격에 현혹되지 마라. 일주일 동안 필요한 토마토소스의 양은 한정돼 있고, 필요하면 언제든 더 사면 된다.

다시 한 번 말하지만 일주일 동안 '필요한 만큼'만 사는 거다. 겨울 내내 동면을 취할 것도 아니지 않은가.

잡동사니 식료품

식료품 수납장에 들어갈 음식을 살 때는 잡동사니 식료품에 특히 주의하라. 도대체 내용물이 뭔지 알 수도 없는 지하나 창고의 상자들처럼, 잡동사니 식료품들은 집에 왠지 있어야 할 것 같지만 실제로는 손도 대지 않게 되는 음식들이다. 찬장 속에서 자리만 차지하고 있는 식료품들을 조사해 보자.

로망의 음식

로망의 음식은, 마법 같은 일이 일어나 당신이 딴 사람이 될 거라는 희망에 사게 되는 음식들이다. 빵이나 과자를 굽지 않는 사람에게는 빵이나 과자 재료가 그런 음식에 해당한다. 냉동식품 중독자들에게는 고급 요리용 향신료가 로망의 음식이다. 한 가지 음식이 모든 영양소를 채워줄 거라는 환상에 빠져 구입한, 마법의 노화방지 물질이 함유된 티베트의 고지베리(구기자)도 로망의 음식이다. 모험과 실험에는 나도 대찬성이지만 리오그란데 강에서 정말 노를 저을 계획이 있는 게 아니라면, 창고에 보트를 보관해야 할 이유가 없지 않은가. 고지베리는 어차피 한물갔다. 어서 내다 버리자.

접대용 음식

누구나 한 번쯤은 잡지에서 훌륭한 안주인이라면 예고 없이 들이닥친 손님을 언제라도 바로 대접할 수 있는 필수 아이템을 몇 가지 구비하고 있어야 한다는 글을 읽어본 적이 있을 거다. 그래서 그 길로 당장 나가 올리브 한 병, 크래커 몇 통, 마르멜로 파스타와 외제 꿀, 그 외에도 정체불명의 음식들을 잔뜩 사들였을 것이다. 길에서 아는 사람과 마주쳤을 때 "들어와서 와인이라도 한 잔 하고 가세요."라고 말할 수 있다는 사실에 안심이 됐을 것이다.

정리도 마쳤고 만반의 준비가 돼 있었을 거다. 근데 그건 4년 하고도 아파트를 두 번이나 옮기기 전의 얘기가 아닌가. 그동안 마가리타 칵테일 믹스와 소금도 이 찬장에서 저 찬장으로 샀다 풀었다 이사를 다녔을 거다. 이쯤 됐으면 현실을 인정하자. 당신은 사회성이 모자란 사람이거나, 그게 아니면 손님을 대접할 때마다 결국 새로운 재료를 샀을 것이다. 채를 치든 포를 뜨든, 그 올리브들은 이제 버릴 때가 됐다.

안심용 음식

아침, 점심, 저녁, 끼니때마다 건강한 식사를 하지만 진짜 좋아하는 해로운 간식을 식료품 수납장에 몰래 감춰두고 있지는 않은가? 건강한 식습관을 가지려고 노력하지만 언제 먹어도 질리지 않는, 노란 '가짜 치즈' 가루가 뿌려진 인스턴트 치즈마카로니가 땡길 때가 있을 것이다. 거대한 봉지에 든 포테이토칩은 어떻고. 어쩌면 먹고 싶어 못 견딜 것 같을 때, 조금이라도 먹어야만 할 때를 대비해서 사 놓은 엄청난 양의 초콜릿을 떠올리기만 해도 기분이 좋아질 수 있다. 명목상으로는 쿠키용 재료라고 샀지만 당신은 이 귀중한 초콜릿을 쿠키에 넣을 생각은 전혀 없을 거다.

당신은 이런 음식이 마음의 안정을 찾아줄 거라고 생각한다. 언제든 원하면 먹을 수 있기 때문에 그 음식을 폭식할 일이 없을 거라면서 말이다. 하지만 사실은 당신의 사랑스런 인스턴트 치즈마카로니가 당신을 기만하고 있는 것이다. 그게 비 오는 날 대비용으로 거기 들어가 있겠는가? 저녁 대신, 또는 간식으로 먹으라고 들어있는 것이지. 당신은 마음이 흐트러지거나 몸에 나쁜 간식에 손을 뻗고 싶은 마음이 들면 언제든지 그 음식들을 꺼내 먹을 수 있다. 이 음식들의 이름은 안심용 음식이 아니다. '못된 음식'이지(그런 것들에도 음식이라는 이름을 붙여줄 수 있다면). 그리고 당신의 식료품 수납장에 이런 음식들을 위한 자리는 없다. 못된 음식들, 빠이빠이!

비상식량

그래. 홍보행사 같은 데서 나눠주는 응급상황 준비도 점검표 등에는 전 지구적 핵전쟁에 대비해 항상 비상용으로 준비해 놓아야 하는 썩지 않는 캔이나 병 음식, 물 등의 목록이 죽 나와 있다는 것을 나도 안다. 이 문제에 대해 내가 하고 싶은 말은 하나밖에 없다. 비상식량을 사는 게 보험에 드는 것과 비슷하다는 말이다. 절대 그걸 사용해야 할 일이 없기를 바랄 테니까.

비상식량은 지하실이나 창고, 창고용 벽장, 또는 식료품 수납장의 제일 구석(저장고에 자리가 있다면) 등 손이 잘 닿지 않는 곳에 있어야 한다. 유일한 예외가 있긴 하다. 정리정돈에 뛰어나서 시간이 지나면 이런 비상식량을 먼저 먹고 더 신선한 제품으로 교체해놓을 수 있는 사람들이 바로 그런 예외에 해당한다. 실제로 당신이 그런 일을 실천하고 있는 장본인이라면 경의를 표할 따름이다. 당신은 백만 명 중 한 명 나올까 말까한 사람일 테니.

식료품 수납장을 체계적으로 정리하라

먹지 않는 음식은 이미 앞에서 깔끔히 청소했다. 당신은 여유 공간이 충분한, 깔끔하고 보기 좋은 찬장을 갖게 됐다. 이제 보관하고 싶은 식료품들을 질서 있게 정리할 차례다.

- 우선순위를 정하라. 식료품들을 정리해서 넣을 때는 우선순위가 있어야 한다. 시리얼이나 즐겨 마시는 차처럼 매일, 또는 아주 자주 사용하는 식료품들은 손이 제일 잘 닿는 선반에 있어야 한다.
- 비슷한 품목들은 함께 보관하라. 시리얼은 모두 한곳에 모아둬야 한다. 견과류도 모두 한곳에 있어야 한다. 비슷한 물건들을 한곳에 모아두면

찾기가 더 쉽고 중복된 품목을 사는 일을 막을 수 있다. 공간이 충분하지 않아서 찬장 깊숙한 곳까지 사용해야 하는 경우에는 키가 큰 것들은 뒤쪽에, 작은 것들은 앞쪽에 보관하라.

- 수직 공간을 활용하라. 선반들 사이의 남는 공간이 너무 클 때는 그 사이에 끼워서 쓸 수 있는 선반이나 식료품 수납장 문짝에 걸 수 있는 보관대를 사서 활용하면 좋다. 깊숙한 곳까지 공간을 최대한 활용하려면 서랍형 선반을 추가로 설치해라. 손이 닿지 않는 높은 곳에 있는 수납 공간을 활용하고 싶다면 부엌에 두고 쓸 수 있는 예쁜 접이식 사다리를 찾아보자. 이렇게만 해도 수납공간이 훨씬 늘어날 것이다.
- 다른 통에 옮겨서 보관하라. 지저분한 통에 들어있는 음식은 투명한 플라스틱 통에 옮겨서 보관해라. 벌레 때문에 고생을 하는 경우에도 통에 담아 보관하는 게 좋다. 통의 밑바닥에서부터 음식을 꺼내 쓸 수 있게 만들어진 통을 사용하면, 그 안에 든 음식을 다 먹기 전에 통을 다시 채워 넣어도 더 오래된 음식을 먼저 사용할 수 있을 것이다.

외관 업그레이드

식료품 수납장은 언제나 깔끔하고 밝은 색인 게 좋다. 음식이 어두컴컴한 구석으로 사라지는 일을 미연에 방지하기 위해서이다. 흰색으로 페인트칠을 다시 해주거나 조명을 밝게 하는 것도 새출발을 위한 좋은 방법이다. 당신의 부엌 공간에 적합한 양념통 선반을 위해서는 투자를 충분히 하는 게 좋다. 식료품 수납장 문짝에 걸 수 있는 양념통 선반은 양념이 눈에 잘 띄게 하면서도 거치적거리지 않게 하는 좋은 방법이다. 양념이나 식료품 수납장의 자잘한 품목들을 위해서는 회전식 선반도 매우 쓸모 있다.

부엌을 정리하고자 노력하는 일은, 자기 자신을 위해 노력하는 일이며 인생의 모든 면을 개선하기 위한 한 과정이다. 당신의 입속에 들어가는 음식을 즐길 수 없을 때는 절대 당신의 몸에 만족할 수 없을 것이다. 당연한 이치다. 부엌이 깔끔하게 정리됐으면 이제 신중하게 고른 음식으로 이 공간을 채우기만 하면 된다.

Chapter 05

점검사항

- [ ] 집안을 정리하는 일부터 시작하라.
- [ ] 당신이 어떤 부엌을 원하는지 비전을 가져라.
- [ ] 부엌에 대한 진실을 밝혀라
- [ ] 부엌을 구역별로 분할하라.
- [ ] 부엌을 '신속정화'하고 '집중정리'하라.
- [ ] 식료품 수납장에 대한 사고를 전환하라.

당신이 저장하는 음식

The Food You Stock

Chapter 06

Does · This · Clutter · Make · My · Butt · Look · Fat?

● 부엌 채우기와 배 채우기

지금쯤이면 스스로 어떤 인생을 원하는지 분명한 비전이 생겼다. 그 인생이 어떤 모습인지, 지금 당신의 인생과는 어떻게 다른지도 어렵지 않게 말할 수 있을 것이다. 당신의 집은 깔끔하게 정돈돼 있다. 당신이 소유한, 소중하고 가치 있는 물건들은 적절하게 사용되고 있으며 편리하게 배치돼 있다. 깔끔한 당신의 집은 매일매일 스스로를 위해 가꿔 가고 있는 인생의 반영이다. 평화롭고 질서 있는 그런 인생, 삶이 아무리 바쁘게 돌아가도, 바쁜 스케줄에 정신이 쏙 빠질 때도 스트레스를 최소한으로 할 수 있는 그런 인생 말이다.

가족들에게 영양을 공급하고 기운을 북돋아주는 공간인 부엌에서 이제 당신은 즐겁게 시간을 보낼 수 있다. 부엌은 평화와 안락함이 만들어지는 곳이다. 당신은 부엌이나 식료품 수납장, 냉장고 속에서 필요한 물건들을 쉽게 찾을 수 있다.

더 나은 인생을 가꾸기 위해 이런 제대로 된 기반을 갖추고 있지 않다면 그 부분부터 해결해야 한다. 깔끔하게 정돈된 공간을 출발점으로 삼지 않으면 실패는 불 보듯 뻔하다. 가혹한 말처럼 들리겠지만 그게 단순한 진리다. 이 책을 여기까지 읽었다면 그 과정이 어떻게 이뤄지는지 잘 알고 있을 거라고 믿는다.

우리는 인생의 비전이라는 큰 그림에서 시작했다. 그리고 그 비전을 토대로, 행복이라는 당신의 목표에 도달할 수 있도록 도와주고, 격려해주는 공간을 만들고자 노력해 왔다. 그 공간은 집이 될 수도, 부엌이 될 수도, 식료품 수납함이 될 수도, 냉장고가 될 수도 있다. 지금쯤 난장판이 된 집을 정리하는 과정을 통해 흥미로운 파급효과들을 눈치 챘길 바란다.

집이 깔끔해지면 스트레스는 줄어들고, 집중력은 향상되고, 의욕은 커지고, 마음에 평화가 찾아오며, 몸에 해로운 음식을 먹는 데 보내는 시간은 줄어든다. 당신은 이미 물리적 공간을 활짝 열어 더 밝은 곳으로 만들었다. 이제 당신을 괴롭히는 체중 문제를 해결하며 돌파구를 마련해 나가고 있다. 드디어 당신이 먹는 음식에 대한 '계획'을 세울 '시간'이 왔다. 내가 하는 '시간'과 '계획'이라는 말을 가볍게 흘려듣지 말 것.

● **당신의 하루를, 당신의 시간을, 당신의 인생을 계획하라**

항상 몸으로 체감할 수 있는 사실은 아니겠지만, 당신의 인생을 통제하는 것은 당신이다. 당신이 무엇을 하는지, 언제 그 일을 하는지, 누구와 그 일을 하는지에 대한 결정은 당신이 내린다. 물론 날씨처럼 우리가 통제할 수 없는 것들도 있다. 하지만 비가 올 때 기분을 전환시켜줄 수 있는 비옷을 입을 건지, 우산을 내던지고 상쾌한 빗속에 몸을 맡길 건지, 아니면 불평하고 투덜거리며 회색빛 우중충한 하루를 보낼 건지는 당신이 결정한다. 당신 인생의 주인은 당신이다. 나는 당신이 균형·조화·논리라는 원칙 아래 주인공답게 인생을 다스리기를 바란다. 손을 놓고 감정에 행동을 조종당하면 안 된다. 그랬다간 기분과 변덕에 휘둘리며 행동하게 될 것이다.

감정이 아닌 계획을 따라라. 당신에게 맡겨진 의무들을 우선순위에 따라 균형 있게 계획해야 한다. 당신의 목표에 따라 시간을 배분해라. 논리적이며 의식적인 선택을 내려라. 계획은, 당신이 얼마나 잘났는지 세상에 증명하기 위해 하는 쓸데없는 일이 아니다. 계획을 세운다는 건 스스로의 인생에서 원하는 게 무엇인지 알고 있다는 뜻이다. 또한 원하는 것을 얻기 위해 스스로 정한 길을 따라갈 결연한 마음의 준비가 돼 있다는 뜻이다. 당신이 스스로의 인생을 통제하지 않는다면 누가 그 일을 대신 해 줄까?

자가진단 당신은 계획성 있는 사람인가?

다음의 질문들에 "네" 또는 "아니요"로 답해 보자.

1. 약속이 생기면 모두 달력에 적어 놓는다.
2. 약속이나 중요한 일에 늦은 적이 거의 없다.

3. 규칙적으로 빨래를 하기 때문에 갈아입을 속옷이 떨어지는 일은 절대 없다.

4. 지금까지 두 번 이상 차에 기름이 완전히 떨어지게 한 적이 없다.

5. 못 받은 전화가 있을 때는 48시간 내에 내가 전화를 건다(적어도 피하고 싶은 전화가 아니라면).

6. 공과금을 늦게 납부해서 연체료를 내는 일은 절대 없다.

7. (30세 이상일 경우) 나에게 문제가 생길 경우를 대비해 유언을 준비해 놨고 누가 내 대신 결정을 내려줄 것인지도 준비해두었다. 생명 보험에 가입이 돼 있다.

8. 결혼식을 앞두고 있다면 중요한 일들의 스케줄을 모두 적어놓겠다.

9. 집의 물건들이 어디 있는지 정확히 다 알고 있다.

10. 명절이나 가족 및 친구의 생일 때마다 미리 계획을 세워 놓는다.

11. 내가 맡고 있는 일의 진척상황을 묻는다면 "차질 없이 계획대로 진행 중"이라고 말할 수 있다.

12. 적어도 일주일에 세 번씩은 운동을 한다.

13. 슈퍼마켓에 갈 때는 보통 장을 봐야 하는 목록을 가지고 간다.

14. 다음날 식사로 무엇을 먹을지 적어도 하루 전에는 알고 있다.

15. 아침마다 정신없이 아이들의 등을 떼밀며 학교에 보내지 않는다. 신발끈을 묶는 데 10분이 걸려도 침착하게 기다릴 수 있다.

16. 중요한 생일이나 기념일은 절대 잊어버리지 않는다.

17. 정기적으로 머리를 자른다.

앞의 질문지는 우리 삶에서 정리와 관련된 중요한 일들을 다루고 있다. 내가 당신이 내놓은 답안들을 보고 점수를 매길 수는 없지만, 꼭 스스로의 답변을 살펴보기 바란다.

자기 평가
대부분의 질문에 "네"라고 대답했다면:

당신은 정리를 잘하는 사람이다. 당신의 인생은 차질 없이 계획대로 진행 중이다. 당신은 아마 직장에서도 성공가도를 달리고 있을 것이다. 당신을 만나는 사람들은 한결같이 '책임감 있고 성실한 사람'이라고 생각할 것이다. 자랑스러워할 만한 일이다. 하지만 이제 "아니요"라고 대답한 질문들이 있었다면 그 질문들을 살펴보자. 당신이 "아니요"라고 대답한 일들은 다른 일들과는 어떤 점에서 다른가? 당신은 인생의 그런 중요한 부분들을 해결하는 데 왜 주저하고 있는가? 운동과 음식을 준비하는 일과 관련된 마지막 부분의 질문들에만 "아니요"라고 대답했다면 당신만 유별난 게 아니다. 놀랍게도 많은 사람들에게 스스로의 몸은 최후의 미개척지와도 같다.

우리는 건강을 당연하게 받아들인다. 음식을 먹는 일은 심리적인 문제일 수도 있다. 우리들 대부분은 성인이 돼서 직장에서나 집에서의 정리 습관을 갖게 되지만 건강과 관련된 나쁜 습관은 유아기에 시작되기 때문에 바꾸기가 더 어렵다. 당신이 지금 이 책을 읽는 것도 그래서이다. 스스로의 몸을 인생의 나머지 면들과 비슷한 수준으로 끌어올리기 위해서이다. 다른 모든 면에서 성공을 거둔 만큼 이 부분도 당신은 성공할 수 있다. 조금만 더 노력하면 된다.

대부분의 질문에 "아니요"라고 대답했다면:

인생은 감당하기 힘든 것처럼 느껴질 때도 있다. 가끔 인생의 어느 한 부분에 너무 집중한 나머지, 다른 부분들 사이의 균형을 유지하는 게 어려울 수도 있다. 나의 지인인 앤드류는 건축가로 소규모 사업체를 운영하고 있다. 그는 아내와 어린 자녀 두 명이 있다. 그는 여가시간이 거의 없지만 매일 밤 아이들이 잠들기 전 책을 읽어주는 데 시간을 할애하기로 했다. 그에게는 아이들과 시간을 보내는 일이 공과금 납부나 우편물 확인보다 훨씬 더 중요하기 때문이다.

그는 항상 시간에 쫓기기 때문에 우선순위를 정해서 중요한 일부터 해야 한다고 말한다. 그게 임시적인 상황이라면 이해할 만하지만, 여러 일들이 기하급수적으로 쌓여 가면서 그 사태를 해결하기가 더욱 힘들어졌다. 이제 아이들이 자라서 일곱 살, 여덟 살이 됐고, 몇 년에 걸친 집에 대한 무관심이 쌓이고 쌓여 손을 쓸 수 없는 난장판이 돼버렸다. 앤드류는 아이들이 대학에 가면 이 문제를 해결하겠다고 말한다. 지켜볼 수밖에.

앤드류가 나의 클라이언트였다면 나는 그에게 일주일에 하루저녁 정도는 아이들에게 책 읽어주는 일을 건너뛰라고 말했을 것이다. 책 읽어주는 일도 중요하지만, 아이들이 정돈된 집에서 살게 해주고 싶다는 걸, 가족들의 생계 역시 돌봐야 한다는 걸 아이들에게도 잘 설명하면 되지 않을까. 집안일을 돌봐야 하는 날에는 아이들에게도 그들이 할 수 있는 일을 맡겨볼 수도 있을 것이다. 그 정도로는 아이들의 독해 실력에 큰 타격이 가지도 않을 테고, 아이들 역시 미래에 중요한 역할을 할 기술들을 배울 수 있을 거라고 나는 자신할 수 있다.

전체적으로 무질서한 인생을 살고 있다면 그 문제를 해결해야 한다. 다이어트 책들을 사들이거나 몸매에 안달하는 일은 이제 그만두자. 난장판을 정리하고 인생을 정리하는 일에 집중하자. 그러면 체중감량이 저절로 따라온다는 걸 결국 깨닫게 된다.

반은 "네", 반은 "아니요"로 대답했다면:

우리는 모두 인간이요, 완벽한 사람은 없다. 해봤자 입만 아픈 당연한 말이다. 내가 당신에게서 바라는 게 있다면, 질문들의 목록을 훑어보면서 답안을 활용해 당신 인생의 우선순위가 무엇인지 따져 봤으면 하는 것이다. 당신을 모르는 사람이 자가진단 결과를 읽어봤다면 그 사람은 당신이 인생의 어떤 부분들을 중요하게 여긴다고 생각할까? 일? 재정상태? 집안일? 그 일들은 당신이 정말로 중요하게 여기는 일들인가? 당신의 행동은 가장 중요하게 여기는 일들과 일치하는가? 엉뚱한 데 에너지를 쏟고 있다면 인생이 통제불능이라고 느끼는 것도 당연하다. 더 행복해질 수도 있는데, 그러지 못하는 것도 당연하다. 가장 중요한 일에 집중하라.

당신은 스스로의 몸과 건강을 중요하게 여기기 때문에 이 책을 집어 들었을 것이다. 하지만 그게 중요한 문제라면 시간을 효율적으로 보내고 있는가? 즉, 노력에 따른 결과물을 얻어내고 있냐는 말이다. 살은 단 1Kg도 빼지 못하면서 몇 달 동안 쉬지도 않고 헬스클럽에서 몇 시간씩 시간을 보내고 있지는 않은가? 끊임없이 당신 입속에 들어가는 음식에 대한 근심 걱정에 시달리면서도 여전히 잘못된 선택을 내리고 있지는 않은가? 당신에게는 새로운 접근법이 필요하다. 새로운 계획이 필요하다.

잡동사니 음식 법칙

> 건강하지 않고, 색깔이 다채롭지 못하고, 식단에 포함돼 있지 않다면, 그 음식은 먹어서는 안 된다. 쓰레기다.

식단을 세워라

이제 정말 까다로운 부분이 남았다. 정말로 뭘 먹어야 하는 걸까? 내가 당신에게 샘플 식단을 제시하지 않을 거라는 걸 알면 놀라는 사람들도 있겠다. 그건 내 전문 분야도 아니고 그게 필요한 거라고 생각하지도 않는다. 건강한 식단에 대해서 설명해주는 요리책들은 이미 수천 권도 넘게 나와 있지 않은가. 내가 굳이 샐러드가 몸에 좋다는 걸 말해줄 필요도, 색이 다 다른 야채와 과일을 먹으라고 말해줄 필요도, 지방이 적은 단백질 식품을 먹으라고 말해줄 필요는 없다. 전곡물과 저지방 유제품을 먹으라거나 음료수 대신 물을 마시라는 말을 줄줄이 늘어놓을 필요도 없다.

당신은 이미 돼지처럼 과식을 하는 게 몸에 나쁘다는 걸, 적당량의 식사를 해야 한다는 걸 알고 있을 테니까. 몸에 좋은 음식을 소량으로, 규칙적으로 섭취해라. 뚱뚱해서 고민인 사람이라면 평생 공부해도 다 알 수 없을 음식에 대한 지식을 이미 다 알고 있을 것이다. 당신은 이미 뭘 먹어야 하는지, 식사가 어떤 모습이어야 하는지, 피해야 하는 음식은 뭔지 잘 알고 있다. 그런 걸 하나도 모른다는 건 말이 안 된다. 당신을 실망시켰던 다이어트 책들을 통해 이런 '비결'을 수없이 들어봤을 것이다. 이 책의 초점은 당신이 어떤 음식을 먹어야 하는지에 있는 게 아니라, 제일 몸에 좋은 음식을 먹기 위해서 계획을 세우고자 하는 의욕과 집중력, 능력을 찾아내는 일에 있다. 다이어트의 문제가 아니라 결심의 문제다.

사람들이 난장판이 된 집을 청소하고 정리하는 걸 도와주면서 내가 알게 된 사실은, 올바른 방향을 가리켜줄 나침반이 당신의 마음속에 있다는 것이다. 다른 별에서 이사 온 외계인이 아닌 한 이미 음식에 대해서는 충분한 지식을 가지고 있을 것이며, 어떤 음식이 영양가 있는 음식인지도 스스로 잘 알고 있을 것이다. 맛없는 음식을 먹으라는 게 아니라 영양가 있는 음식을 먹으라는 거다. 당신의 입속에 들어가는 음식 속에 무엇이 들어 있는지 알고 있는가? 당신이 저녁식사 대용으로 즐겨먹는 가공식품의 성분 분석표를 확인해본 적이 있는가? 알긴산 프로필렌글리콜이나 구아닐산 나트륨이 든 시험관을 들이키라고 하면 펄쩍 뛰겠지만, 샐러드드레싱에 그런 성분들이 표시되어 있으면 별로 상관하지 않는 것이다.

당신은 끼니때뿐만 아니라 간식으로 과자나 초콜릿을 먹을 때도 건강한 음식을 찾고 있는가? 아니면 끼니때조차 기름이나 소금으로 범벅이 된 음식을 먹고 있는가? 당신은 균형 잡힌 식사를 하고 있는가? 접시에 올라온 음식들이 모두 비슷비슷한 갈색 빛은 아닌가? 몸에 좋은 음식이라고 이미 스스로 알고 있는 음식을 적당량만 먹을 수 있다면 입맛을 억제하지 않고도 살을 뺄 수 있다. 간단한 테스트를 통해 당신이 가지고 있는 지식과 실제로 먹는 음식이 어떻게 다른지 살펴보자. 아래의 표를 최대한 자세히, 그리고 정직하게 작성해 보자.

잠시 당신이 작성한 목록을 자세히 살펴보자. 내가 굳이 당신에게 뭘 먹으라고 말해줄 필요가 없다는 사실을 이 표가 바로 증명해줄 것이다.

> **Activity** — 음식에 대해 가지고 있는 당신의 지식을 솔직하게 표로 작성하라!

내가 먹는 음식에 대해 무엇을 알고 있는가	
내가 즐겨 먹고 좋아하며 몸에도 좋은 음식:	
내가 즐겨 먹고 좋아하지만 몸에는 나쁜 음식:	
내가 너무 적게 먹는 음식:	
내가 너무 많이 먹는 음식:	
지금 우리 집에 있고, 내가 원하는 인생과 몸을 만드는 데 도움이 되는 음식:	
지금 우리 집에 있지만, 내가 원하는 인생과 몸에 방해가 되는 음식:	

당신은 멍청한 사람이 아니다. 당신은 뭘 먹어야 되고, 뭘 먹지 말아야 되는지 스스로 너무나 잘 알고 있다. 그러니 인생을 더 복잡하게만 만드는 차트와 표, 분량 계산기는 이제 그걸로 충분하다. 이런 것들은 스트레스와 압박감만 안겨주는 방해물에 불과하다. 이런 것들을 통해 일시적으로는 당신이 스스로를 잘 다스리고 있다고 느낄 수 있을지는 모른다. 하지만, 인생에서 찾고 있는 영원한 변화를 이뤄내는 데 꼭 필요한 것들은 아니다.

내면을 들여다보라. 스스로의 몸, 건강, 그리고 인생의 행복을 위해 가장 좋은 게 뭔지 판단하는 데 필요한 지식, 양식, 영감을 당신이 이미 충분히 갖추고 있다고 나는 굳게 믿는다. 나는 그런 올바른 방향으로 당신을 이끌어주려고 이 자리에 있는 것이다. 숨을 깊이 들이마시고, 지금 막 작성한 그 목록을 손이 쉽게 닿는 곳에 간직하자. 그리고 이제 출발이다!

● 도움이 되는 것과 도움이 되지 않는 것

당신은 이미 음식과 관련해 스스로 어떤 선택을 내리는지 생각해 봤다. 더 건강해지는 데 도움이 되는 것, 그리고 그런 노력에 방해가 되는 것이 뭔지 말이다. 당신이 먹는 음식에 대해 가지고 있는 지식을 곰곰이 곱씹어 보고, 적어보는 일만으로도 훌륭한 첫걸음을 뗀 셈이다. 그렇게 해본 것이 다음 단계를 위해서도 훌륭한 발판 역할을 해줄 것이다.

한 단계 더 업그레이드된 메뉴를 찾아라

부엌을 청소할 때 우리는 기능에 대해 이야기했다. 당신이 사용하지 않거나 다루지 않는 물건은 모두 없애 버리라고도 말했다. 이제 음식을 대상으로 똑같은 일을 해보려고 한다. 177쪽의 목록에 나온 음식들을 살펴보자. 어떤 것들이 더 건강한 음식들인가? 그런 건강한 음식들을 당신의 1차적 아이디어로 삼는 것이다. 그 내용을 참고로 다음 목록의 가운데 빈 칸을 채워보자. 그리고 나서 당신이 좋아하며 몸에도 좋은 음식의 목록에 추가할 수 있는 음식이나 메뉴가 있으면 더 적어보자. 그렇게 해서 나온 음식들의 목록이 바로, 더 건강하고 더 긍정적인 삶을 위한 당신의 메뉴이다.

식단 업그레이드		
끼니	1차 아이디어	한 단계 더 업그레이드 된 음식이나 메뉴
아침		
점심		
저녁		
간식		

한 클라이언트는 다음과 같이 이 목록을 완성했다.

식단 업그레이드		
끼니	1차 아이디어	한 단계 더 업그레이드 된 음식이나 메뉴
아침	시리얼, 요거트	달걀흰자로 만든 스크램블
점심	닭고기 샌드위치	수프와 샐러드
저녁	닭볶음	야채를 곁들인 로스트 치킨
간식	단백질 보충 스낵	

최선을 다해서 빈칸을 채워보자. 스스로 즐거워하며 먹을 수 있는 메뉴가 생각보다 얼마나 많은지 깜짝 놀랄 것이다.

● 새출발 – 시작이 반이다

인생은 바쁘게 돌아간다. 항상 시간은 모자라게만 느껴진다. 모든 게 복잡하기만 하다. 하루하루가 수많은 의무와 욕구, 습관, 실수로 가득 차 있다. 모든 것이 소용돌이 속으로 빨려 들어가고 있는 것만 같다. 그러니 어떻게 우선순위를 정하라는 말인가? 어디서부터 시작해야 하는 걸까? 바로 이곳에서, 새출발을 통해서이다. 쉽지 않은 일이고, 극단적으로 느껴지겠지만 더 나은 당신이 되기 위해 반드시 필요한 일이다.

> 피터 씨,
> 집에서 잡동사니들이 말끔히 사라지고, 군살들이 몽땅 없어져버렸으면 좋겠어요. 제 자신을 위해서 그렇게 하지 않으면 앞으로 그 어떤 것에도 절대 행복한 마음이 들지 않을 것 같아요. 꼭 이 일을 해야만 하고, 그렇게 할 마음의 준비도 단단히 서 있답니다. 8월 말이 되기 전까지는 무슨 일이 있어도 새출발할 거예요. 방학이 끝나고 업무 스케줄에도 여유가 생길 테니 변명할 거리도 없어지겠죠. 야호! 새출발할 생각에 벌써 마음이 설레요!

새출발을 제대로 하려면 적어도 반나절이나 하루를 몽땅 할애해야 한다. 그럴 시간이 없다고? 정말 그럴까? 당신에게 가장 중요한 것은 무엇인가? 당신이 살고 싶은 인생에 더 가까이 가는 데 도움이 되는 일이 무엇일까? 이제 핑계는 그만 두고 본격적으로 시작해 보자.

1. 하루 날을 잡아라

시간을 내라고 말했던 걸 기억하는가? 이건 당신이 살고 싶은 인생을 위한 당신의 다짐이다. 당신에게는 그게 어떤 가치가 있는가? 오늘 그보다 더 중요한 계획이 있었다고? 당신이 원하는 인생을 만들기 위해 쏟는 시간보다 더 큰 투자는 없다.

2. 일주일 동안의 이상적인 식사 및 간식 메뉴들을 작성해 보라

나는 음식 전문가가 아니다. 그렇다고 당신이 음식 전문가가 될 필요도 없다. 지금 당장 뭘 먹어야 할지에 안달하지 말자. 5분 정도만 시간을 내서 간단하고 대략적인 일주일의 식단을 적어보자. 먹어야 할 음식, 먹지 말아야 할 음식에 대해 가지고 있는 지식을 활용하자. 잠시 앞에서 만들어 놓은 목록을 살펴본 후 대충 식단을 짜보자.

당신이 먹고 싶은 건강한 음식을 생각해 보자. 당신이 할 수 있다는 걸 전적으로 믿는다. 몇 가지 현명하고 건강한 메뉴들을 적어보기만 하면 된다. 당신이 식단을 어떻게 채울지 나는 간섭하지 않겠다. 당신의 식단에 점수를 매길 사람도 없다. 당신이 맛있게 먹을 수 있는 건강한 메뉴들을 생각해 보자. 평생 갈 것도 아니고, 일주일용 식단에 불과하다! 그러니 너무 겁먹지 말고 일단 한번 해볼 것!

앞서 말했지만 복잡한 공식이 필요한 일이 아니다. 패스트푸드 천국에 살고 있든, 외딴 섬에 살든 원리는 똑같다. 지나치게 생각하지 말고 그냥 빠르게 적어보는 것이다. 당신이 실천할 수 있다고 생각하는 계획을 스스로 세웠다는 사실이 중요한 거다.

Activity 한 주의 식단을 작성하라

끼니	월요일	화요일	수요일	목요일	금요일	토요일	일요일
아침							
간식							
점심							
간식							
저녁							

3. 새로운 식단에 포함되어 있지 않은 음식은 없애버려라

위에서 완성한 식단이나 앞서 작성한 업그레이드된 식단에 들어있는 게 아니라면 부엌에 있는 음식을 몽땅 버리는 게 좋다. 못 들은 척하지 말라. 다른 음식들은 모두 없애버려야 한다고 했다. 뭐? 왜? 안 돼! 비명은 그만 지르고 내 말을 들어라. 나는 당신이 진실한 새출발을 하기를 바라는 것뿐이다.

이제 과거의 습관에서 벗어나야 한다. 아무리 부엌과 식료품 수납장과 냉장고 속의 난장판을 정리했어도 오래된 습관들은 여전히 크고 작은 방식으로 집안 어딘가에 숨어 있다고 나는 장담할 수 있다. 그러니 어서 냉장고와 식료품 수납장 속에 들어 있는 음식들을 다시 살펴보자. 정직하게 자신에게 물어보라. 그 공간을 채우고 있는 음식들은 모두 당신을 위해 우리가 만들어내려고 하는 인생에 도움이 되는가? 당신에게는 새출발이 필요하다. 오래 길들여진 습관은 고치기 힘들다. 이제 영영 그 습관들에 작별을 고할 때가 왔다. 당신은 지금 중요한 전환점에 서 있다. 일단 뛰어들고 보는 거다. 제대로 뛰어들든지, 아니면 아예 시작을 말라. 결정은 당신의 몫이다.

준비가 됐는가? 그럼 이제 시작하자.

4. 실천 가능한 예외

가족이나 룸메이트와 함께 살고 있지만 이 계획에 홀로 뛰어들고 있다면 다른 사람의 음식을 몽땅 없애버리는 건 별로 권장할 만한 일이 못된다. 냉장고나 식료품 수납장의 선반에 당신만의 공간을 정해서 다른 사람들의 음식에 손을 대지 않는 것도 좋은 방법이다. 몰래 다른 사람의 음식을 먹는 건 절대 금물이다. 당신은 누구의 눈을 피하고 있는 것인가? 누구를 속이고 있는 것인가? 기억할 것. 당신이 지금 이 일을 하고 있는 건 스스로를 위해서라는 걸.

'어제'의 음식은 몽땅 없애버려라

냉장고와 식료품 수납장을 살펴보자. 내용물들을 '새로운 나'와 '어제의 나'라는 두 종류로 나눠서 쌓아보자.

'새로운 나' - 남겨둘 음식들:

- 새출발 식단이나 한 단계 업그레이드된 식단에 포함된 음식.
- 다른 가족에게 속하며, 손대지 않겠다고 다짐할 수 있는 음식.
- 차와 커피
- 양념류

　남겨둘 음식과 버릴 음식을 훑어볼 때는 현실적인 자세를 가질 필요가 있다. 예를 들어, 양념류나 향신료는 '새로운 나'를 위한 음식에 포함되어 있지 않지만 유통기한이 넘지만 않았다면 그런 음식들은 남겨둬도 좋다. 정기적으로 사용하는 빵이나 과자 재료들 역시 마찬가지다. 식단에 포함시키고 싶은 음식들 역시 남겨둬도 좋다. 더 자주 먹어야 할 필요가 있는 음식들(부엌에 그런 음식이 있다는 전제 하에), 정말로 좋아하고 몸에도 좋은 음식, 그리고 무엇보다 당신이 원하는 몸과 인생을 만드는 데 도움이 되는 음식들이 포함된다. 이건 당신의 계획이요, 부엌이자, 음식이다. 그러므로 당신만의 상식을 활용해야 한다. 개별적인 항목에 집착하지 말자.

　어떤 음식을 남겨둬도 좋을지 결정할 수 없을 때는 한 가지 방법이 있다. 클라이언트들이 집을 정리하는 도중 어떤 물건을 간직해야 할지, 버려야 할지 결정 못할 때 귀띔해주는 방법이다. '이 음식은 내가 원하는 인생을 성취하는 데 도움이 되는가?'라고 자문해 보는 것이다. 그렇다는 답이 나올 때는 남겨둬라. 그게 아니라면? 당연히 쓰레기통 행이다.

'어제의 나' - 없애버려야 할 음식들:

- 친구인 척 가면을 쓰고 있는 냉동 가공식품: 앞으로는 그런 음식들을 먹겠다고 꿈도 꾸지 말 것.

- 로망의 음식: 건강하든 아니든 옛날 옛적부터 만들어 먹겠다는 원대한 환상만 있었지, 한 번도 실제로 만든 적이 없는 그런 음식들이다. 새출발 식단이나 업그레이드된 식단에 포함된 게 아닌 이상 없애버려야 한다.
- 드라이아이스와 파스타: 실용적이고 유용해 보일지 몰라도 새출발 식단에 포함된 게 아니라면 이런 항목들도 없애버려야 한다.
- 비상식량: 가족들을 위한 비상식량은 식료품 수납장이 아닌 다른 곳에 저장해둘 필요가 있다. 식료품 수납장에는 당신이 자주 사용하는 식료품들만 들어 있어야 한다.
- 영양가 없는 고칼로리 식품: 쿠키, 과자, 단 간식류 등. 쉽지 않겠지만 언젠가 이런 날이 닥칠 거라는 걸 모르지 않았을 텐데. 이제 작별을 고할 시간이다.

어떤 음식을 남겨두고 어떤 음식을 없애버리라고 일일이 설명하고 있지 않다는 걸 눈치 챘을 것이다. 개개인마다 건강한 삶이 의미하는 바는 제각각이다. 우리 모두 각기 다른 인간이므로 당신이 스스로에게 맞는 결정을 내리겠다고 다짐해야 한다. 잠시 식료품 수납장과 냉장고 속에 있어서는 안 된다는 걸 알면서도 내버려둔 음식들을 생각해 보라. 그게 당신이 보기에 과거의 당신에 속하는 음식이라면, 당신이 이룰 수 있는 최고의 자아에 가까워지는 데 도움이 되지 않는다면 왜 그걸 굳이 가까이 두려 하는가?

'어제의 나' 쪽에 쌓아둔 것들을 살펴보자. 당신 눈에 보이는 것은 음식이 아니다. 그걸 음식이라고 생각해서는 안 된다. 눈앞에 놓여 있는 것들은 당신이 집으로 끌어들인 잡동사니에 불과하다. 당신을 마비시키고 당혹스럽게 하고 우울하게 하는 집안의 다른 잡동사니들과 전혀 다를 게 없는 것들이다. 집에서 잡동사니들을 치워버렸듯이, 이런 음식 잡동사니들을 당신의 부엌에서, 식단에서, 식습관에서, 궁극적으로 당신의 인생에서 추방해버려야 한다.

앞서 작성한 177쪽의 표를 살펴보자. 당신의 입에 들어가는 음식에 대한 스스로의 지식을 보여주는 표이다. 당신이 많이 먹지만 몸에 좋지 않은 음식들을 찾아보자. 당신이 너무 많이 먹는 음식들을 찾아보자. 이 음식들을 '어제의 나' 쪽으로 옮겨 놓고 다시 한 번 이것들을 바라보라. 그리고 후련하게 "안녕"이라고 말하는 것이다. 이제 막 당신은 스스로의 뚱뚱함을 정복하기 위한 커다란 발걸음을 옮긴 것이다. 다시 한 번 말하지만 당신이 버리고 있는 것들을 음식으로 생각한다면 큰 오산이다. 그것들은 단순히 음식이 아니니까, 당신이 부엌에서 뭔가를 하나씩 없애버릴 때마다 커다란 장애물을 하나씩 치우고 있는 것이다. 스스로 만들어낸 것이지만, 현재의 당신과 이상적인 몸 사이를 가로막고 선 장애물이다. 그리고 원하는 인생에 도달하기 위해 이제 더 이상 그 장애물을 힘겹게 뛰어넘을 필요가 없게 되었다.

이제 진짜 어려운 일이 남았다. 지금 당장 '어제의 나' 쪽에 쌓아놓은 것들을 없애버리는 것이다!

두려움이 밀려들 것이다. 멀쩡한 음식들을 이렇게 낭비하라니! 나는 음식을 낭비하라는 말은 절대 한 적이 없다. 그냥 없애버리라는 거다. 자선단체에 기부해도 좋고, 공짜 음식파티를 열어도 좋다. 그걸로 뭘 하든지는 상관하지 않겠지만, 중요한 건 당장 그것들이 집안에서 사라져야 한다는 것이다. 물론, 나도 이게 하수구 구멍에 돈을 흘려버리는 거나 마찬가지라는 걸 알고 있다. 하지만 이 음식들을 그냥 둘 경우 당신은 또 어떤 대가를 치르게 될까? 지금 당장 시작하지 않으면 언제 시작할 작정인가? 내일은 또 어떤 변명을 늘어놓을 생각인가? 당신에게 건강과 행복은 어떤 값어치가 있는가? 그게 바로 뚱뚱하기 때문에 당신이 치르고 있는 대가이다.

5. 새출발 식단에 필요한 재료들을 구입하라

식료품 가게를 한곳 정해서 한번에 장을 보는 게 좋다. 장을 보러 갈 때는 목록이 있어야 한다. 더도 말고 덜도 말고, 목록에 나온 것들만 사라. 일주일 동안 얼마큼 먹을지 생각해서 사라. 당신이 어떤 음식을 사고 있는지 눈여겨보라. 집으로 장을 봐온 음식들을 들여 놓을 때는 팔에 느껴지는 음식의 무게를 느껴 보라. 음식이 든 봉투들의 개수와 무게에 대해 생각해 보라. 그게 바로 당신이(또는 당신의 가족이) 일주일 동안 먹을 음식량이다. 이 음식들이 당신에게 무엇을 의미하는지, 새출발을 위해 장을 본 일이 무엇을 의미하는지 생각해 보라. 이 봉투 안에 들어 있는 것들은 모두 당신이 원하는 인생의 일부분이다.

집에 돌아와 사온 음식들을 정리할 때는 음식들을 살펴보고, 그 음식이 당신의 몸속으로 들어가는 모습을 상상해 보라. 이 음식들은 건강에 도움이 되며 다채로운 색을 띠고 있는가? 당신은 사랑하는 이들에게 이 음식을 먹이겠는가? 이것이 우리의 생명을 유지해 주는 것들이다. 이것이 우리의 삶이다. 당신이 먹는 음식과 당신이 하나라고 생각해 보라.

지금까지 당신은 잘해왔다. 이제 우리는 일주일 동안 당신이 정확히 무엇을 먹을지도 알게 됐다. 이제 매우 바빠질 것이다.

⊙ 잡동사니 음식 법칙

시간을 들여 식사를 계획하다 보면 당신에게 중요한 게 뭔지 말로 표현할 수 있고, 그런 우선순위를 바탕으로 현명한 선택을 내릴 수 있을 것이다.

● 다음 주 식단 짜기

성공은 스스로의 식사를 통제할 수 있을 때만 찾아온다. 음식을 통해 무엇을 얻고 싶은지 생각해 봐라. 현명하고 건강한 식사를 원하는 거라면 한 주 동안 다양하고 영양가 있고 맛있는 메뉴들로 식단을 짜보라. 일단 계획을 세웠으면 그걸 실천해야 한다. 지나친 야망은 금물이다. 시간에 쫓기지 않고 만들 수 있는 메뉴를 선정해서 달력에다 써 놓자. 매일 사용하고 있는 달력이면 더욱 좋다.

장보는 일을 규칙적인 일상으로 만들어라. 항상 목록을 가지고 다니면서 필요한 물건이 생각날 때마다 그때그때 적어 넣어라. 식단을 짜고 준비하는 일을 수월하게 해줄 수 있는 일이 뭐가 있을지 생각해 봐라. 사정이 여의치 않다면 사전에 미리 요리를 해놓아라. 언제, 어디서, 누구와 식사할 것인지 계획을 세워라(중요한 일이다. 이렇게 해야 식사를 하는 게 단순히 음식 이상의 의미가 있기 때문이다.).

물샐틈없는 철두철미한 계획

사실, 계획 세우는 것은 생각처럼 그렇게 힘든 일도 아니다.

훌륭한 식단이란 무엇을 먹을지 미리 알고 있다는 의미일 뿐이다. 식단을 잘 짜 놓으면 더 빨리, 더 효율적으로 장을 볼 수도 있다. 그리고 무엇보다 앞으로 다시는 멍한 눈으로 냉장고 속을 들여다보며 "오늘 저녁으로 뭘 먹을지 정말 모르겠네. 그냥 시켜 먹자."라고 말하는 일은 없을 것이다.

피터 씨,

부엌을 포함해 제 인생의 잡동사니들을 청소하고 정리했더니 훨씬 더 건강하고 균형 잡힌 식사를 하게 됐어요. 저는 미리 식단을 세워놔요. 그리고 식단에다 '맥도널드'나 '초콜릿 케이크'를 써 놓는 사람은 없잖아요. 계획에 없던 일이 발생할 경우에 대비해 대안을 미리 준비해 놓으려고 노력하기도 하죠.

원래 요리하려고 했던 돼지고기가 상했다거나 몸이 안 좋거나 할 때가 있잖아요. 크림소스 스파게티나 그릴 치즈 샌드위치처럼 제가 준비해 놓는 대안은 완벽하게 건강한 메뉴는 아니지만 그렇다고 해서 그렇게 몸에 나쁜 음식도 아니에요. 부엌과 제 인생에 계획과 질서를 되찾게 되자 제가 먹는 음식의 종류 및 양에도 일생일대의 변화가 찾아왔어요. 제 인생과, 저의 몸, 감정을 더 잘 다스리게 됐다는 기분이 들어요.

자기에게 맞는 레시피를 선택하라

집에서 무슨 음식을 만들어서 먹고 싶은지 계획을 세워야 할 때 어딘가 출발점이 있어야 된다고 생각하지 않는가. 다양한 음식을 즐길 줄 아는 건 올바른 식습관을 위한 집중력을 유지하는 데 중요한 역할을 한다. 직접 식사 준비를 하면 앞으로 뭘 먹을지 알고 있기 때문에 건강한 선택을 내리는 일도 더 쉬워진다. 훌륭한 요리책을 활용하거나 인터넷에서 맛있는 레시피를 찾다 보면 뭘 먹을지 생각하려고 애쓸 필요가 없다.

견고한 바인더나 폴더, 파일 등을 활용해서 레시피를 수집해 보자. 훗날 요리정보가 필요할 때 그걸 찾는 일이 한결 쉬워질 것이다. 그리고 시간이 지나면 가장 좋아하는 요리들만 모아놓은 자기만의 요리책도 갖게 될 것이다.

간편 조리식품은 피하라

조리를 거쳐 포장된 냉동식품이 주를 이루는 간편 조리식품들은 우리의 삶을 더욱 편리하게 만들어주겠다고 약속한다. 전자레인지 속에 넣고 10분만 기다리면 땡! 저녁이 만들어졌다. 간편 조리식품은 그 이름만큼 간편하다. 시간도 절약된다. 착한 음식인 게 분명하다고? 간편 조리식품은 단기적으로 시간과 노력을 줄여줄 수 있을지도 모른다. 하지만 장기적인 관점에서 그 결과는 별로 긍정적이지 못하다. 이런 식품들 대부분은 지나친 가공을 거친다. 즉 영양분이 파괴됐다는 뜻이다. 나트륨과 기타 첨가제, 화학물질 함량도 높은 경우가 많다. 성분표를 체크해 보자. 성분들이 음식 이름보다는 약품 이름에 더 가깝다면 멀리하는 게 상책이다.

음식을 사지 말고 요리 재료를 사라

슈퍼의 진열대를 한가히 둘러보던 시절은 끝났다! 이제 당신은 주간 식단을 바탕으로 장보기 목록을 만들고 있으므로 식단과 목록이 일치해야 정상이다. 장보기 목록은 식사를 재료로 분해해 주는 역할을 한다. 간식을 먹고 싶으면 식단과 장보기 목록에 간식을 포함해라.

당신이 작성한 목록은 모르는 사람이 척 봐도 따라할 수 있을 정도로 일목요연해야 한다. 몇 주째 똑같은 음식들이 계속 목록에 써 있다면, 그걸 기본 목록으로 만들어서 복사를 해놓으면 편리하다. 매주 똑같은 항목을 다시 쓰지 않아도 될 테니까. 목록을 작성할 때는 신중해야 한다. 얼마나 많은 양이 필요할지 잘 판단하되, 음식을 못 쓰고 버리게 되는 경우가 있으면 마음에 새겨 두었다가, 다음번에는 사는 양을 조금씩 줄이면 된다.

> ### 잡동사니 음식 법칙
>
> 당신의 몸을 위한 목표를 정해라. 그 목표에 도움이 되지 않는 음식이라면 먹어서는 안 된다.

모든 일이 계획대로 됐는가?

일주일간 처음으로 계획을 세워서 실천해 봤으면 이제 식단에 써놓은 내용과 식사 일지를 살펴보며 평가해 보자. 얼마나 도움이 됐는가? 식단에 나온 요리들을 모두 만들어 먹었는가? 식사는 즐거웠는가? 만족스러웠는가? 즉, 맛은 어땠으며 식사 도중이나 식사 후, 얼마나 큰 기쁨을 얻었는가? 성공적이었던 식사에 동그라미 표시를 해놓고 그 메뉴들을 다음 주 달력에 그대로 옮겨 적자.

계획한 대로 되지 않았거나 아예 만들지 못한 메뉴들이 있으면, 그 원인을 살피자. 너무 바빴는가? 의욕이 부족했는가? 당신의 식습관은 일주일

전과 비교해 더 나아졌는가? 식사와 관련된 당신의 선택에 더 만족하는가? 다음 주에는 어떤 점을 개선할 수 있을까? 당신은 완벽해지려고 노력하고 있는 게 아니라 변화하려고 노력하고 있는 것이다. 당신은 이상적인 모습에 단 한 발자국이라도 더 가까워졌는가? 다음 주에는 한발 더 가까이 가는 거다.

Chapter 06

점검사항

- [ ] 자기가 계획성 있는 사람인지 알아보는 자가진단을 실시하라.
- [ ] 음식에 대해 가지고 있는 당신의 지식을 솔직하게 표로 작성하라.
- [ ] 한 주의 식단을 작성하라.
- [ ] '어제'의 음식은 몽땅 집에서 없애버려라.
- [ ] 장을 볼 때는 목록을 작성해라.
- [ ] 평가: 모든 일이 계획대로 됐는가?

당신이 준비하는 식사

The Meals You Prepare

Chapter 07

Does · This · Clutter · Make · My · Butt · Look · Fat?

● 당신은 저녁 식사에서 무엇을 얻고 싶은가?

우리는 당신이 음식을 보관하고 준비하는 장소에 대해서 이야기했다. 뭘 먹을지, 그 음식을 만들기 위해 어떻게 장을 볼지에 대한 계획도 세웠다. 이제 우리는 중대한 순간을 앞두고 있다. 식사 그 자체에 대해 이야기할 때가 온 것이다. 식사는 어떤 목적을 수행하는가? 당신이 원하는 삶에는 어떤 공헌을 하는가? 당신은 식사를 어떻게 준비하는가? 어디서 준비하는가? 그 공간은 따뜻하고 안락하며 접시에 담긴 음식만큼 영양가가 넘치는가? 자리를 함께한 사람들 사이의 분위기는 어떤가? 그들은 당신의 기분에 어떤 영향을 주는가? 당신이 식사를 통해 얻고 싶은 게 뭔지 생각하면서 이런 질문들에 답해 보자.

식사를 하는 방식과 장소의 변화가 필요한가? 명심할 것. 외식, 패스트푸드, 간식, 테이크아웃은 당신을 뚱뚱하게 만들지만, 집에서 건강하고 영양가 있는 식사를 만들어 먹는 건 살을 빼는 데 도움이 된다는 걸. 집에서 식사를 하고 싶은 마음이 들게끔 스스로에게 동기를 부여하는 방법이 있다면 당신을 행복하게 해주는 경험으로 그 일을 만드는 것이다.

깔끔하고 깨끗하며 기분이 좋아지게 해주는 공간인 당신의 부엌이 보이는가? 이제 부엌을 어지럽혀 볼 시간이 왔다.

"저녁으로 뭘 먹지?"라는 말이 만국공통어가 돼버린 게 현실이다. 하지만 이렇게 해보는 건 어떨까. 스스로에게 "저녁으로 뭘 먹지?"라는 말 대신 "저녁에서 뭘 원하지?"라고 물어보는 것이다. 당신은 식사를 통해 무엇을 얻고 싶은가? 식사를 마쳤을 때 식탁에서 얻어 가고 싶은 것은 무엇인가? 당신이 하는 식사의 목적은 무엇인가? 우리는 여간해서는 이런 질문들을 던져 볼 생각조차 하지 못한다. 물론 우리는 살기 위해 먹는다. 하지만 그런 생존의 욕구를 넘어서, 당신은 식사를 즐김으로써 무엇을 얻고 싶은 것인가?

> 피터 씨,
> 제가 그리는 이상적인 분위기는 부엌에서 완전히 분리된 식당, 집의 나머지 부분과도 떨어진 곳에서 식사를 하는 것이랍니다. 식사만을 목적으로 하는 공간을 만들 수 있으면 정말 좋을 것 같아요. 그러면 매일 저녁 식사가 특별하게 느껴질 텐데 말이죠. 벽은 따뜻한 색으로 칠하고, 재미있는 그림들도 걸어 놓고, 초를 잔뜩 켜놓겠어요. 남편과 저는 소근소근 이야기할 수 있을 거고, 함께 나누는 음식 한 입 한 입, 대화 한 마디 한 마디를 음미할 수 있겠죠.

전통적으로 식사시간은 사람들이 모일 수 있는 기회이다. 이야기가 전해지고 가족의 역사가 한 세대에서 다른 세대로 전해지는 그런 시간이다.

저녁 식탁이 아이들에게는 자신이 누구인지, 자신의 뿌리가 어디에 있는지 배우는 곳이고, 가치관이 전수되고 문화가 소통되는 곳이다. 식탁에 둘러앉는 일은 거기서 먹는 음식 훨씬 이상의 가치가 있다. 유대감을 다지고, 삶을 공유하고, 공동의 경험을 통해 결속하는 일이다. 배움과 나눔, 그리고 공동체의 경험이라는 의미가 있다.

> 피터 씨,
> 사랑하는 사람들과 함께하는 이상적인 식사 분위기가 어떤 거냐고요? 집에 대여섯 명이 앉을 수 있는 널찍한 식당을 만들어서 그곳에서 먹는 식사겠죠. 깨끗하고 따뜻하며 환영하는 분위기의 집, 뭐든 제일 크고 제일 좋고 제일 새로운 걸 가지고 싶다는 사람들의 '욕구'에 부담을 느끼지 않아도 되는 집, 그런 집에서 제가 준비한 식사죠. 따뜻하고 환영하는 분위기여야 해요. 환영하는 분위기라는 말이 자꾸 머릿속에 맴도네요.

그러면 당신이 먹는 저녁식사는 어떤가? 저녁 식사는 사회생활에서 어떤 역할을 하는가? 저녁 식사를 통해 얻고 싶은 것은 무엇인가? 최대한 빨리 먹고 '중요한' 일들로 넘어가는 것? 당신은 함께 사는 사람들을 피하고 싶은 마음뿐인가? 저녁 식사는, 몸에 '나쁜' 음식이라는 이유만으로 당신이 좋아하는 음식을 앗아가고 있는가? 아니면 당신은 저녁 식사를 통해 안락함과 성취감으로 하루를 끝마치고 싶은가? 아끼는 사람들과 경험을 공유하고 그들과 함께 성장하는 게 당신이 원하는 것인가? 성공과 소망에 대한 이야기를 나누는 곳이기를 바라는가? 맛있는 음식을 먹는 게 목표인가? 나올 수 있는 대답은 무궁무진하다. 당신의 대답은 무엇

> **Activity** — 한 끼 식사를 통해 얻고 싶은 게 뭔지 정해라!
>
> 내가 저녁 식사에서 얻고 싶은 세 가지:
>
> 1. _____
> 2. _____
> 3. _____

인가?

내가 저녁 식사를 먼저 예로 든 건 우선, 저녁때가 기나긴 하루의 끝에 피곤함을 느끼는 경우가 많기 때문이다. 저녁을 어떻게 할 건지 계획을 미리 세워놓지 않으면 결정의 순간까지 계속해서 간식을 먹게 된다. 그러고 나면 또 배달음식, 패스트푸드, 간편 냉동식품 등의 유혹에 빠지기 십상이다. 내가 저녁 식사에 초점을 맞추는 또 하나의 이유는 하루, 일주일, 한 달, 일생에서 음식과 마주하게 될 모든 기회 가운데 저녁이야말로 꼭 제대로 먹어야 하는 식사이기 때문이다.

저녁 식사는 즐거움을 얻을 수 있는 진실한 기회이다. 그래서 나는 당신이 특히 저녁식사를 잘 활용하기를 바라는 것이다. 인생이 결국 어떤 모습으로 끝날지 그려 봐라. 인생을 돌아봤을 때 기억에 남는 순간으로 명절이나 휴가를 꼽기보다는 "나는 언제나 집에서 먹는 저녁이 제일 좋았어."라고 말할 수 있기를 바란다.

> **잡동사니 음식 법칙**
>
> 즐겁게 식사를 할 때마다 그 순간을 되돌아보고 축하할 것. 단순히 음식을 넘어서 식사가 선사하는 근사한 것들을 상기시켜 줄 것이다.

● 그냥 먹지 말고 즐겁게 먹어라!

그 순간에 충실하라. 즉, 당신이 어떤 사람인지, 어디에 있는지, 누구와 있는지, 무엇을 먹고 있는지, 이 모든 것들이 스스로가 원하는 인생에는 어떤 역할을 하는지 의식하고 있어야 한다는 말이다. 몇 입을 먹는지, 몇 번씩 씹는지 세면서 먹으라는 말이 아니다. 당신은 이미 맛있지만 체중 걱정을 할 필요가 없는 식사를 찾느라 지금까지 고생하지 않았는가?

한발 물러서서 식사를 즐길 줄 아는 능력을 잃어버리지는 않았는지 확인해보라. 당신이 평화로운 각성의 상태를 찾을 수 있기를 바란다. 음식을 먹는 방법을 모르는 사람은 없다. 음식을 먹는 일은 입속에 음식을 넣고, 씹고 삼키는 기계적인 행위이다. 하지만 그게 끝이라면 우리는 애완동물들과 다를 바가 없지 않은가? 당신의 애완동물이 밥을 먹는 방식과, 당신이 음식을 섭취하는 방식 사이에 큰 차이가 없다면 뭔가 단단히 잘못된 거다.

요즘에는 최대한 빨리 음식을 배달시켜 먹어치울 수 있는지의 여부가 성공적인 식사의 척도가 돼버렸다. 식당에 자리를 잡고 앉은 후 1분 안에 주문을 받으러 오지 않으면 당신은 어떻게 반응하는가? 짜증이 나는가?

화가 나는가? 분노를 느끼는가? 나는 이것 때문에 완전히 헐크로 변해버리는 사람들을 여러 번 봤다. 솔직히 말해서 나는 그런 사람들을 볼 때마다 돌아버릴 것 같다. 식탁에 앉았으면 일단 진정할 것. 한숨 돌려라. 그 순간을 감사하게 생각하고 사람들과 함께하고 있다는 사실에 감사하며, 음식의 맛을 음미해라. 가족 및 친구들과 이야기 나누고 웃고 교류할 수 있는 기회는 음식 자체만큼이나 중요한 일이다.

> 피터 씨,
> 프랑스에 있는 동안 저희는 미국 사람들처럼 집에 잡동사니를 마구 쑤셔 넣지 않는 가족과 지내게 됐어요. 그 집에는 가족 대대로 물려받은 가구만 몇 가지 있어요. 찻잔들은 찬장 속에 짝이 안 맞는 접시 세트들과 함께 처박아 두지 않고 벽에 예쁘게 걸어 놓았더라고요. 기가 막히게 맛있는 음식이 나왔지만 충분한 시간을 갖고 편안한 분위기 속에서 식사를 하더군요. 서두르지 않았죠. 제게는 그게 프랑스 와인보다도 더한 프랑스의 매력처럼 느껴졌어요(저는 사실 와인을 별로 좋아하지 않거든요). 일주일이 넘게 치즈며 패스트리며 소스에 묻혀 살았는데도 집에 와보니 글쎄 3Kg이 빠졌지 뭐예요.

사라진 전통: 감사하는 마음 갖기

나는 독실한 종교인이 아니다. 하지만 식사 전에 기도를 하거나 감사의 말을 하는 건 오랫동안 전해 내려온 전통이며 중요한 기능을 수행하는 거라고 생각한다. 당신이 종교가 없다고 해서 내 말을 너무 단칼에 물리치지는 말았으면 한다. 내가 하려는 말은 종교적 믿음과는 전혀 상관이 없으니까.

보통 기도는, 식탁에 앉은 모든 사람들이 하던 일을 멈추고 생각을 하게 만든다. 모든 사람들의 관심이 그 순간에 집중되고, 우정어린 한 끼 식사를 나누기 위해 식탁에 둘러앉은 자신들이 세상의 중심이 된 것처럼 느낀다. 맛있는 음식에 대해 감사해 할 수 있는, 식탁을 넘어서서 종종 번잡한 세상에 대해 생각해 볼 수 있는 기회이기도 하다.

모든 사람들이 식사 전에 기도를 해야 한다고 말하려는 건 아니다. 하지만 다른 어떤 식으로든 주어진 것에 감사해 할 수 있는 방법이 있다면 하나도 해가 될 게 없지 않을까. 당신이 먹고 있는 음식, 함께하고 있는 사람들에게 감사해 하며, 이런 것들이 당신이 원하는 인생에 어떤 공헌을 하는지 마음에 새겨라. 매일 매일을 작은 추수감사절처럼 생각해라. 단순하게 음식의 맛에만 신경 쓰지 말고, 당신이 먹고 있는 음식에 대해 자각하며, 그 경험을 감사히 여겨라.

조금 더 천천히

접시 위의 음식들을 해치웠다고 바로 두 번째 접시를 집어 들지 마라. 기다려라. 여유를 가져라. 이 문제에 대해 자기 자신과 솔직한 대화를 나눠라. 당신의 몸을 부양하기 위해 당신에게는 정말 더 많은 음식이 필요한가. 아니면 단순히 '식사 구역'에서 빠져나오지 못하고 있는 것은 아닌가? 식탁에서 일어나 접시를 모두 닦아라. 당신은 정말 새 그릇을 다시 설거지 거리로 만들고 싶을 만큼 배가 고픈가? 남은 음식이 내일 점심으로 안성 맞춤은 아닌가?

대부분의 사람들이 후식 때마다 가장 어려운 부분처럼 느끼는 일이기도 하지만 마지막으로 당부한다. 완벽하다고 할 수 있을 만큼 건강한 식사를 한 것에 대해 아이스크림이나 디저트를 먹어치우는 것으로 스스로에게 상을 주지는 말자. 그나저나 그것들이 지금 당신 집에서 뭘 하고 있는 건가? 그 음식들은 당신의 목표에 도움이 되는가? 당장 없애버려라! 당신은 이미 식사를 했다. 식사를 마친 것이다. 당신은 항상 바쁘다고 징징대지 않았는가. 그러니 어서 가서 식사 준비 시간을 잡아먹고 있던 그 중대한 일들을 처리하시길. 어서 가서 당신이 그리는 이상적인 삶을 살기 위해 노력하라.

● 다른 식사들

아침

그렇다. 끼니때마다 저녁 식사와 똑같은 수준의 질서와 의미를 요구하기는 힘들다. 중요한 것은 어떤 끼니를 중요한 식사 시간으로 삼을 건지 결정해서, 그걸 실천하는 데 필요한 일을 습관으로 삼는 것이다. 가족들이 모두 모일 수 있는 유일한 시간이 아침이라면 아침에 초점을 맞춰라. 당신의 가족들에게는 아침이 정신없이 후다닥 먹어치워야 하는 식사를 의미하는가? 그게 정말 당신이 바라는 이상인가? 무엇이 아침을 그토록 정신없게 만드는가? 기상 시간을 조금 앞당기면 도움이 되지 않을까? 전날 저녁에 더 준비를 해 놓는 건 어떨까? 가족들이 다 제각각 딴 음식을 먹고 있어서 그런 것은 아닐까? 아침에 가족들은 당신을 도와주는가? 아니면 당신은 아침을 만들고, 점심 도시락을 싸면서, 망아지처럼 뛰어다니는 아이들을 진정시키느라 곡예를 부리고 있지는 않은가?

아침을 별로 내켜하지 않는 사람들도 많다. 뭐든 더 빠른 걸로 집어 들고 집을 나서는 게 훨씬 더 편하니까. 카페인 한 잔과 빵이나 머핀에 들어 있는 설탕덩어리면 충분한 거다. 하지만 이렇게 생각해 보자. 대부분의 사람들은 아침에 일어난 후 거치는 규칙적인 일상을 좋아한다. 하지만 나는 당신이 프로그램해 놓은 아침의 기계적 일상이 효율적인 일상인지 체크해 봤으면 좋겠다. 당신의 하루는 자리에서 일어날 때 시작된다. 아침을 먹을 때 그날의 기분이 정해진다. 아침을 어떻게 먹을 것인지 결정하고, 그게 당신에게 잘 맞는지도 점검해 봐야 한다. 아침 대용 도넛 하나로 그날의 비전을 정하고 싶은 마음은 없을 테니까.

자녀가 있는 경우에는 아이들에게 모범을 보여야 한다. 아침이 제일 중요하다고 말하는 수많은 연구결과들을 떠올려 보라. 아, 네! 아침이 하루 중 가장 중요하고요? 그 말을 백만 번도 더 들었을 테니 진절머리가 날만도 하다. 그리고 원하는 만큼 마음껏 비웃어도 좋다. 어찌됐든 우리의 몸은 매일 연료 보충을 필요로 한다. 그리고 스스로를 위해 아침을 먹고 싶은 생각이 없다면, 아이들을 위해서라도 다시 생각해 보는 건 어떨까. 몸에 좋은 음식으로 뱃속을 든든하게 채운 뒤 문밖을 나서는 아이들은 집중력도 더 높고 선생님 말씀도 더 열심히 들을 수 있으며, 더 빨리 배울 수 있다. 그리고 아침을 거르고 와서 학교 자판기에만 좋은 일을 시켜주는 아이들보다 성적도 훨씬 더 좋다. (당신도 마찬가지다. 아침을 든든히 먹으면 점심을 먹기 전까지는 식욕의 먹이가 될 위험이 없다.)

아침을 먹는 방식에 변화가 필요하다면 가족 모두를 한자리에 모아 그 문제에 대해 상의해 보자. 우리는 지금 당신이 가장 사랑하는 사람들의 행복과 건강, 성장에 대해서 이야기하고 있는 것이다. 당신이 중요하다고 생각하는 것을 아이들에게 보여주고, 그런 행동을 솔선수범해서 보여줘라. 열심히 노력하면 즉각적인 결과를 볼 수 있다.

점심 및 간식

이제 집에서 점심과 간식을 해결하는 사람들은 별로 없다. 점심과 간식 식단을 세우는 데 어려움을 겪고 있다면 당신이 먹는 음식과 아이들에게 주는 음식을 수첩에 2주 동안 기록해 보자. 2주가 지난 후 그 기간을 되돌아보자. 수첩에 적힌 내용은 만족스러운가? 가족들 모두가 건강한 음식을 먹고 있는가? 신선한 음식인가? 다양하며 맛이 있는가? 과자나 초콜릿 등 마음에 들지 않는 음식이 눈에 띄면 X표를 해서 지워버리고 건강한 대안을 써 넣어 보자. 짠! 이제 바로 활용이 가능한 2주간의 점심 및 간식 식단이 생겼다.

균형 있는 점심식사를 하라

당신이 가장 자주 먹는 점심식사 메뉴를 써 보자. 몸에 좋은 음식으로 어떤 것이 있는가? 몸에 별로 안 좋은 음식으로 어떤 것이 있는가? 점심때마다 과식하고 있다면 아침이 부실해서 점심을 너무 많이 먹고 있는 것은 아닌지 자문해 보자. 컴퓨터 앞에서 점심을 먹는 건 TV 앞에 앉아 저녁을 먹는 것과 전혀 다를 게 없음을 기억할 것. 먹는 일에 관심을 쏟지 않고 있는 것이다. 그러면 얼마나 많은 양을 먹었는지도 알아차리기 힘들다. 이메일이나 잡지를 읽으면서 식사를 하면, 필요한 양을 다 먹고 나서도 결국 더 먹게 될 거다.

> **Activity** 미리 만들어 놓을 수 있는 음식들을 찾아보자!
>
> 미리 만들어서 냉동시킬 수 있는 음식들:
> - _____
> - _____
> - _____
> - _____

식사 준비하기

퇴근 후 너무 피곤해서 요리할 힘도 없을 때 건강하고 맛있는 음식을 신속하게 차려낼 수 있는 방법이 있다면, 바로 음식을 미리 준비해 놓는 것이다. 주말에 시간을 내서(아니면 언제든 시간이 날 때) 일주일 동안 먹어도 상하지 않을 요리를 몇 가지 만들어 놓자. 사이드 메뉴에 대해서는 지나치게 신경 쓰지 않아도 된다. 스튜나 로스트치킨은 어떨까. 계속 실험을 해 봐야 한다.

    요리하는 걸 싫어하는 사람이라 해도, 항상 충분한 휴식을 취한 후 압박감에 시달리지 않고 요리하다 보면 요리가 점점 더 쉽게 느껴질 것이다. 자꾸 하다 보면 요리 실력도 늘게 되어 있다. 결국은 일주일 동안 두고 먹어도 상하지 않는 몇 가지 요리들을 미리 준비해 놓는 데도 도가 트게 된다. 즉흥적으로 친구를 초대할 수도 있을 것이다. 데우기만 하면 되는 간편한 식사거리가 있기 때문이다.

항상 접시에는 적당량의 음식을 놓도록, 그리고 그것보다 더 먹지 않도록 주의할 것. 일주일 치에 해당하는 음식을 한 끼에 다 먹어치우지 않도록 조심할 것. 당신이 직접 만든 요리를 "짠"하고 꺼내놓을 때 얼마나 기분이 좋을지 상상해 보라. 게다가 건강한 재료로 만든 음식이라는 생각에 더욱 기분이 으쓱해질 것이다.

요리의 실제

집안의 모든 공간들 가운데서도, 특히 시작한 일은 반드시 끝을 봐야 하는 곳이 있다면 바로 부엌이다. 설거지거리가 나왔으면 조리대나 싱크대 위에 두지 말고 식기세척기 안에 넣어라. 다 써서 빈 통이 있으면 채워둬라. 뭔가 꺼내 썼으면 제자리에 넣어라. 다른 일을 하면서도 끊임없이 치우고 정리해야 한다. 작업 공간이 지저분해지는 일이 없도록, 그리고 부엌이 요리를 하기 전이나, 요리를 하는 동안, 요리가 끝난 후에도 머물고 싶은 공간이 될 수 있도록 말이다.

요리를 잘하기 위한 첫 번째 단계는 깔끔하게 정리된 공간에서 요리를 시작하는 것이다. 그리고 (이것도 매우 중요한 일이다) 당신이 좋아하는 음악을 틀어라. 당신에게 에너지를 주며 행복하게 만들어 주는 음악으로 골라보자. 요리할 때 음악을 트는 것보다 TV보는 쪽을 선호하는 사람들도 있다. 하지만 내가 생각하기에 TV를 보고 싶다는 건 따분해서 멀티태스킹이 필요하다는 증거다. 그리고 TV를 보게 되면 현재 하고 있는 일에서 정신이 산만해지기가 쉽다.

요리하는 것을 즐겨라. 당신에게 요리가 머리를 쥐어짜면서 해야 하는 힘든 일이 되지 않기를 바란다. 그래서 요리가 즐거운 일, 마음에 평화를 주는 일, 기다려지는 일이 될 수 있기를 바란다. 당신은 움직이고 있으며, 열중하고 있고, 신선하고 건강한 재료로 맛있는 식사를 만들고 있다. 그러니 그걸 느낄 수 있게 해주며, 요리 만드는 일에 집중할 수 있게 해주는 음악을 선곡하자.

이제 요리를 하는 데 필요한 레시피와 재료들을 꺼내 보자. 이 레시피는 장보기 목록을 작성하면서 당신이 선택한 것들이다. 특별한 행사가 아니면 간단한 요리를 고르자. 매일 저녁마다 미식가 수준의 식사를 요리할 수 있는 사람은 없다. 신선한 재료를 이용한 간단한 요리는 몸에도 좋고 맛도 좋다. 신선한 재료는 손이 덜 탈수록 더 훌륭한 요리가 된다는 게 나의 지론이다.

선택한 레시피의 결과물이 마음에 든다면, 쪽수를 표시해 놓거나 그 레시피를 다음 주 식단에 포함시키자. 좋아하는 음식을 몇 번 만들어 보면 그 음식을 만드는 게 몸에 배서 미래에 식단을 세울 때는 이미 머릿속에 이 메뉴가 저장되어 있을 것이다. 단 똑같은 메뉴를 너무 많이 사용하지는 말 것. 아무리 맛있는 닭고기 요리도 매일 먹다 보면 다시는 쳐다보기도 싫어질 테니까.

가능하다면 도움을 요청하는 것도 좋은 방법이다. 아이들에게 상을 차려달라거나, 재료를 계량해달라고 부탁해라. 요리 시간은 아이들을 위한 미니 수학교실이나 마찬가지다. 식사시간을 가족들이 함께하는 시간으로 만들어라. 메인 메뉴가 손이 많이 가는 요리였다면 사이드 메뉴는 반드시 쉬운 것으로 만들자. 야채나 밥을 곁들이거나, 녹색 야채가 듬뿍 들어 있는 간단한 샐러드를 내는 건 어떨까.

기억할 것. 음식이 조리되는 동안의 자투리 시간을 활용해 설거지나 정리정돈을 하는 등, 요리를 하면서 부엌을 청소하는 습관을 길러야 한다. 그러면 저녁식사를 하고 난 후에는 냄비 두 개, 요리를 담은 접시, 개인용 접시만 닦으면 설거지가 뚝딱 끝난다.

결과에 너무 많이 투자하지 말 것. 대신 과정에 집중해라. 새로운 레시피를 시도하는 일은 실험이나 마찬가지다. 생각했던 것만큼 훌륭한 결과가 나오지 않았다 해도, 뭔가 배우지 않았는가. 당신이 만든 음식을 모든 사람들이 다 좋아하지 않는다 해도 속상해하지 말자. 당신은 결코 시간을 낭비한 게 아니다. 새로운 음식을 발견하는 것은 중요한 일이다.

● **패스트푸드**

> 햄버거를 통해 얻을 수 있는 체험은 너무나도 국한돼 있다. 햄버거는 모든 면에서 우리의 사고를 좁게 만든다. 햄버거는 단순한 음식의 문제가 아니다. 햄버거에는 모든 문제들이 내포돼 있다.
>
> 앨리스 워터스(Alice Waters), 『맛있는 혁명(The Delicious Revolution)』

앨리스 워터스는 캘리포니아 주 버클리에 있는 쉐파니스(Chez Panisse)라는 식당의 주방장이며 널리 존경받는 요리사이다. 그녀는 질 좋은 제철 음식, 그것도 환경을 오염시키지 않는 유기농법으로 기른 것들만 사용하는 것으로 유명하다. 그녀의 식당에서 쓰는 식재료 역시 대부분이 지역 농부들에게서 나오는 것이다. 이 모든 것들이 삶을 향한 그녀의 관점을 비춰주는 거울이다. 그녀는 마치 연인에 대해서 이야기하듯 음식에 대해 이야기한다. 또 음식을 통해 즐거운 일을 축하하는 일과 식사에 대해서 이야기한다.

앨리스 워터스가 '햄버거 체험'에 대해 이야기하는 걸 처음으로 들었을 때 나는 그만 그 자리에 우뚝 멈춰서고 말았다. 우리가 먹는 음식은 이 세상에 대한 체험의 반영이다. 매일 똑같은 것만 먹을 때 감각은 무뎌지고 세계관은 심각한 제약을 받는다. 당신이 먹는 음식이 바로 당신이라면, 패스트푸드점의 햄버거가 주를 이루는 식습관이 어떤 영향을 미칠 수 있을지 생각해 보라. 인공 감미료, 화학 첨가제, 강제로 사료를 먹여 키운 동물들을 섞어 만든 고기 등은 모두 거대 기업의 이윤에 영합하는 것이다. 이런 식습관이 당신에게 좋을 리가 있을까? 그뿐 아니라 가짜 환경에서 가짜 음식을 먹을 때는 스스로를 보는 시각 역시 영향을 받을 게 뻔하다. 당신은 어떤 사람이 되고 싶은가?

피터 씨,
저희 가족과 제가 끼니를 때우려고 외식을 하거나 차에 앉아서 주문하는 테이크아웃 음식을 사먹는 일이 지나치게 많은 것도 다 부엌, 즉 요리공간에 어질러진 잡동사니들 때문인 것 같아요. 가족이 함께 식탁에 둘러앉아 생산적이고, 편안한 마음으로 식사하는 게 정말 어려운 일(어렵다 못해 불가능한 일일 때도 많아요)인 것도 그 때문인 것 같아요. 가족 모두가(저희는 네 식구랍니다. 엄마, 아빠, 두 딸, 이렇게요. 그리고 12월에는 세 번째 아이가 태어날 예정이랍니다!) 식탁에 둘러앉아 즐거운 시간을 보낼 수 없는 것도 마찬가지 이유 때문이고요.

패스트푸드에 있어서만큼은 무슨 말을 해도 소용없다. 반론을 펴거나 합리화를 해도 상관 없지만 결론은 패스트푸드가 몸에 안 좋다는 사실이다. 패스트푸드를 먹는 건, 충동구매로 질 나쁜 싸구려 물건들을 사들이고 집안을 가득 채워, 스스로의 공간을 난장판으로 만들고 스스로를 절망시키는 일과 조금도 다르지 않다. 패스트푸드와 싸구려 잡동사니, 이 둘은 별로 다를 게 없다. 물론 패스트푸드점들도 일제히 건강식 메뉴를 선보이고 있다. 당신이 그런 메뉴들을 좋아한다면 그나마 다행이다. 하지만 그래도 패스트푸드점에서 가장 맛있는 메뉴들은 몸에 나쁜 음식들 아닌가. 싫든 좋든 그게 사실이다. 패스트푸드를 꼭 먹어야겠다면 그 지침은 간단하면서도 가혹할 수밖에 없다.

슈퍼사이즈/콤보 메뉴 금지

소스 금지

치즈 금지

베이컨 금지

드레싱 금지

튀긴 음식 금지

디저트 금지

정 그렇게까지 해야겠다면 칼로리를 모두 계산해 본 뒤 치킨 샐러드와 다이어트 탄산음료를 주문해도 좋다. 그러나 그것도 사실은 다 시간 낭비에 지나지 않는다. 패스트푸드는 그냥 멀리하는 게 상책이다.

탄산음료

패스트푸드와 마찬가지로 탄산음료 역시 사라져야 할 음식이다. 탄산음료는 미국식 식사의 필수품이 돼버렸다. 미국의 1인당 하루 평균 탄산음료

섭취량은 2.5캔에 달한다. 보통의 탄산음료로 치면 매년 탄산음료로만 32Kg의 설탕을 들이키고 있는 셈이다! 그게 당신 눈에는 건강하게 보이는가? 바꿔 말하면, 하루에 탄산음료를 두 캔씩만 마셔도 거기서 나오는 칼로리가 식단에 추가돼 일 년이면 15Kg에 가까운 체중 증가를 유발한다는 말이다.

또 하루에 탄산음료를 한 캔씩만 마셔도(다이어트 탄산음료든 보통 탄산음료든) 심장병이나 당뇨병의 발병확률이 급격히 증가한다는 연구 결과도 있다. 탄산음료에 들어 있는 인산 역시 몸에서 칼슘을 빼앗아가서 뼈를 약하게 하는 데 한몫한다. 그 결과가 군살이든, 충치든, 지나친 카페인 섭취든, 뼈가 약해질 위험이든, 그 최종 메시지만큼은 분명하다. 가혹한 말처럼 들리겠지만 정말로 건강한 인생을 살고 싶은 마음이 있다면 탄산음료는 당장 끊어라.

배달음식

배달음식 보기를 돌같이 하라. 배달음식이 뭐 그렇게 나쁘냐고 반문할 수도 있다. "아주 건강한 식당에서 주문해 먹는단 말이에요."라고 주장할 수도 있다. 하지만 내가 하고 싶은 말은 이거다. 음식의 문제로만 국한시키지 말라는 거다. 당신이 어떤 인생을 선택해서 살고 있길래 음식을 배달시켜 먹겠다는 결정을 내렸냐는 거다.

배달음식은 당신의 참여가 전혀 없이, 당신의 통제력이 전혀 미치지 않는 재료로, 다른 누군가가 만든 음식이다. 양은 또 왜 그렇게 많을까. 대량 생산되는 음식이기 때문이다. 배달음식을 광고용 우편물로 생각해도 좋다. 광고용 우편물은 당신이 원하는 뭔가를 제공해 줄 것처럼 당신의 집으로 찾아온다. 하지만 문 앞에서 물리쳐버리지 않으면 자꾸자꾸 당신을 찾아올 것이다. 별로 달갑지는 않지만, 적어도 중요한 메시지가 들어 있는 고지서나 개인 편지와는 완전히 다른 종류의 우편물이다.

광고용 우편물 속에 당신이 원하는 게 들어 있을지, 필요 없는 게 들어 있을지는 알 길이 없다(하지만 내가 대신 말해주겠다. 분명 쓸데없는 게 들어 있을 거다). 그런데도 당신의 집을 장악해버릴 때까지 끊임없이 찾아오는 것이다. 배달음식도 마찬가지다. 전화만 한 통 걸면 음식이 배달돼 온다. 하지만 그게 정말로 당신이 원하거나 필요로 하는 것일까? 배달을 시켜먹는 음식 대부분은 지나친 가공을 거쳐서 진짜 음식보다는 '음식 대체품목'에 더 가깝다고 할 수 있다. 그게 정말 당신이 살고 싶은 인생인가? 당신이 참여할 수 있는 통로가 차단돼 있으며, 전혀 통제할 수 없는 인생. 그게 스스로를 위해 그려 보았던 인생인가?

당신 입속에 어떤 음식을 집어넣을지는 당신이 결정한다. 하지만 음식에는 결과가 따른다. 결론적으로, 직접 요리를 하는 대신 패스트푸드 음식을 먹거나 음식을 배달시켜 먹기로 했다는 건 다음과 같은 사실을 말해준다.

- 나는 식사를 계획하는 데 시간을 들이지 않았다.
- 나는 스스로를 위해 가장 바람직한 일이 아니라, 가장 쉬운 일을 하겠다고 선택했다.
- 나는 다른 사람이 만든 음식을 먹고 있다. 거기에 뭐가 들어갔는지, 이게 몸에 좋은 음식인지 전혀 알 수가 없지만 상관없다.
- 식사시간은 나에게 중요하지 않다. 그냥 먹고 싶은 거다. 우리가 뭘 먹고 있는지, 그 시간을 즐겁게 보내고 있는지 따위는 아예 생각을 안 하

는 게 속 편하다.

당신은 살을 빼려고 노력하고 있다. 스스로에게 도움이 되고, 목표에 도움이 되는 식사를 선택했다. 당신에게는 계획이 있다. 결실을 맺고 싶다면 그 계획을 고수해야 한다. 당신이 스스로의 인생에 만족할 수 있을 때 배달음식에 대해 이러쿵저러쿵할 자격도 생긴다. 빼고 싶은 살을 다 뺀 다음에 나를 찾아와서 배달음식과 패스트푸드에 대해 논해라. 그때까지는 일단 나를 믿고 따라와야 한다. 그 음식들은 기름기와 나트륨으로 뒤덮인 미끌미끌한 낭떠러지나 마찬가지다.

● 당신과 함께 식사를 하는 사람

혼자 하는 식사

혼자 밥을 먹을 때 우리는 식사가 어떤 맛이어야 하는지, 어떤 재료로 만들어져야 하는지, 어떻게 담아서 내야 하는지, 전체적으로 이 식사가 어떤 경험이 될 것인지 전혀 생각하지 않는다. 보는 사람이 아무도 없다. 그렇다 보니 아이스크림 한 통을 다 먹어치우고 나서 그걸 저녁이라고 부르고, 앉은 자리에서 거대한 부리토(Burrito: 토틸라 빵에 야채와 고기를 싸서 먹는 멕시코 요리-옮긴이) 하나를 다 먹어치워버리는 옛날 버릇으로 돌아가기 쉽다. 자기를 위해서, 자기 자신만을 위해서, 건강한 식사를 준비하는 수고를 쏟을 이유를 찾기는 힘들다. 하지만 가장 중요한 것은 자신이 아닌가! 변화하고 싶은 사람은 바로 당신이다. 바꿔 생각해 보면 혼자 식사하는 일은, 다른 사람과 상관없이 원하는 대로 식사를 만들어 먹을 수 있는 절호의 찬스다.

혼자 밥을 먹을 때는 살고 싶은 인생을 스스로에게 환기시킬 필요가 있다. 당신은 기름기가 줄줄 흐르는 패스트푸드점의 치즈버거를 먹어치우는, 그런 생각 없는 사람인가? 아니면 기꺼이 5분이라는 시간을 투자해 자기 전까지 필요한 에너지를 제공해줄 샐러드를 준비하는 그런 사람인가? 당신이 지금 혼자 먹을 샐러드를 만들 수만 있다면, 그게 건강한 식습관의 일부로 자리 잡을 것이며, 몇 년 동안 쌓이고 쌓여 건강과 행복을 만들어줄 것이다.

혼자 밥 먹는 일을 당신이 좋아하는 특별한 일로 만들어라. 고독을 즐겨라. 음악을 틀어라. 몸에도 좋고 보기도 좋은 음식을 만들면서 식사를 마쳤을 때 죄책감에 전혀 시달리지 않아도 된다는 사실을 떠올려 보라. 스스로가 대견하게 느껴질 것이다. 건강한 식사를 하고 나면 에너지가 넘치는 기분으로 산책을 할 수도 있을 것이다(벌써 몸이 날씬해진 것 같은 기분을 만끽하면서). 저녁 식사 후에는 하루 종일 먹어댄 과다한 칼로리를 태워버려야겠다는 생각에 시달리는 대신 편안히 휴식을 취할 수 있을 것이다.

대부분의 사람들은 혼자 점심을 먹는다. 물론 당신에게는 일행이 있을 수도 있고, 점심 약속이 있을 수도 있고, 직장 동료들과 식당에 함께 앉아 식사를 할 수도 있다. 하지만 대다수는 혼자 밥을 먹는다. 기억할 것. 그 시간을 어디에, 어떻게 쓸 건지, 그리고 어떤 음식을 먹을 건지 결정하는 것은 오로지 당신 혼자 해야 할 일이다.

열대 지방에서 흔히 볼 수 있는 시에스타(siesta)에 대해 잠시 생각해 보자. 누구나 시에스타를 낮잠시간으로만 여기지만, 원래 시에스타의 의미는 오후의 휴식시간이었다. 가족과 친구들과 시간을 보낼 수 있는 기회였다. 그날 하루를 위해 연료를 보충하고, 에너지를 얻을 수 있는 유일한 기회가 바로 점심식사다. 컴퓨터 앞에 앉아 패스트푸드를 게걸스럽게 먹어 치우는 것으로, 집을 청소하면서 아이들이 남긴 음식이나 먹는 것으로 그 목적을 제대로 달성할 수 있다고 생각하는가? 그건 아니지 않은가. 당신에게는 휴식이 필요하다. 진정한 휴식이. 당신은 휴식을 취할 자격이 있다. 휴식을 취하면 남은 하루 동안의 업무 성과 역시 향상될 것이다.

대충 점심을 때우지 말고 어떻게 먹을지 계획을 세워라. 직장에서 쓰는 달력에 그 계획을 적어 넣어라. 사람들이 같이 점심을 먹자고 하면 병원 예약이 있다고 말해도 좋다. 사람들은 모두 당신이 정신과 상담을 받고 있는 줄로만 알 것이다. 살짝 귀띔하자면, 그 결과는 정신과 상담만큼이나 훌륭할 것이며, 대신 비용은 훨씬 저렴할 것이라는 사실. 아직 자녀가 어리다면, 일이 끝도 없이 쏟아진다면 더욱 계획성이 있어야 한다. 아이들을 돌보는 동안은 식사를 준비하는 게 어렵기 때문에 이미 준비가 끝나 당신을 기다리는 식사거리가 필요하다. 그 전날 저녁에 점심식사거리를 만들어 놓는 건 어떨까. 나중에 아이들 점심 도시락 싸는 일에 대비해서도 좋은 연습이 될 것이다.

혼자 먹는 식사에 신경을 쓰는 일은 지금껏 말한 일들 가운데 가장 힘든 일일 수도 있다. 혼자 있을 때는 자신의 가장 큰 공포와 근심이 그 모습을 드러낸다. 그런 감정들을 머릿속에서 지워버리기 위해서 보통은 잡동사니들로 주어진 시간을 채운다. 혼자 있는 시간을 최소화하려고 노력하거나, 아니면 혼자만의 시간을 다른 방해물들로 채워버린다. 정신을 대기모드로 맞춰놓고, 몇 시간이나 TV 앞에 멍하니 앉아 있는 거다. 그 시간을 제대로 된 식사 시간으로 만들고, 혼자 먹는 식사를 고독한 즐거움으로 만드는 일은 크나큰 도전이다. 하지만 그 일은 당신의 하루에 평화를 되찾겠다는 다짐이다. 최선을 다했을 때 얻을 수 있는 최상의 삶을 살겠다는 스스로의 다짐이다.

좋아서 혼자 있는 게 아닐 때는 혼자의 시간을 즐기는 데 거부감을 느낄 수도 있다. 그게 당신이 원했던 게 아니기 때문이다. 충분히 이해는 가지만, 지금까지 살아 봤으니 스스로의 삶을 있는 그대로 받아들일 때 외로움이 사라진다는 사실을 터득했으리라 믿는다. 우선 자기만의 시간을 즐길 수 있는 진정한 마음의 평정을 구해라. 인생을 함께할 사람을 찾고 있다면, 마음의 평화를 찾을 때 그리고 다른 누군가가 기쁘게 동참하고 싶은 인생을 살 때, 좋은 사람을 찾을 수 있는 확률도 높아진다.

동반자와 함께하는 식사

피터 씨:

저희는 아직 아이가 없어서 식사 시간은 보통 조용하답니다. 요리는 제 담당이라 미리 준비해 놓으려고 노력해요. 남편이 퇴근해서 돌아오면 앉아서 먹기만 하면 되도록 말이에요. 저희 부부는 교회 활동에 열심이라서 일주일에도 몇 번씩 집을 비운답니다. 빡빡한 스케줄 때문에 식사 시간이 길지 않아서 1분이라도 최대한 활용하려고 노력하죠.

식사 중에는 맛있는 음식을 즐기고, 서로의 존재에 감사하는 데 최대한 집중하죠. 하루가 어땠는지 서로 대화를 나누거나, 가끔은 실없는 이야기들도 나눈답니다. 그래서 식사할 시간이 20분밖에 없어도 식사 후에는 언제나 기운이 나고 행복해져요.

인생을 함께할 동반자를 이미 찾았다면, 둘이 공유하는 삶의 목표와 방향을 위해 노력해야 한다. 음식과 관련된 선택에 대해서도 함께 이야기를 나눠봐야 한다. 세 끼 식사 중 같이 식사를 할 수 있는 때가 언제인지 함께 결정해라. 장보는 일이나 아이들 공부시키는 일, 요리, 청소 등의 일을 분담하고 있는가? 책임 분담에 둘 다 만족하는가? 노력의 결과로 만들어진 식사에 둘 다 만족하는가?

그렇지 못하다면 둘 다 한곳을 볼 필요가 있다. 함께 요리책을 훑어보는 거다! 둘 중 한 사람이 건강한 메뉴의 선택에 반감이 있다면, 건강한 음식에 대한 오해 때문일 수도 있다. 매일 저녁 데친 야채에 닭가슴살만 먹는 게 건강한 식사라고 생각하는 건 아닐까. 둘 다 좋아할만한 몇 가지 메뉴를 찾아보는 게 좋은 출발점이 될 수도 있다. 그 메뉴들을 중심으로 한 주의 식단을 짜보자. 친구들과 가족에게 건강식 레시피가 있는지 물어봐라. 맛좋은 건강식 재료들을 파는 가게에 들러보면, 연어나 껍질을 벗긴 닭가슴살도 적당한 레시피로 대변신이 가능하다는 걸 깨닫게 된다.

가족과 함께 식사를 통해 얻고 싶은 게 뭔지 이야기를 나눠라

식사시간에 대한 토론 주제들

세 끼 식사 중 우리는 언제 함께 식사를 하는가?
우리는 메뉴를 언제, 어떻게 결정하는가?
누가 장을 보는가? 누가 식사 준비를 하는가? 누가 요리를 하는가? 누가 뒷정리를 하는가?

> 책임 분담 방식에 모두 만족하는가?
> 우리가 먹는 음식에 우리는 만족하는가?
> 우리는 어디서 식사를 하는가? 식사를 하는 곳은 즐거운 공간인가?
> 식사를 하면서 우리는 무엇을 하는가? 대화? TV 시청?
> 우리는 가족이 함께하는 식사를 즐기는가?
> 함께 식사를 할 때 바꾸고 싶은 점은 무엇인가?
> 우리는 저녁 식사를 통해 무엇을 얻고 싶은가?

가족과 함께하는 식사

아이가 없었을 때는 저녁을 만들면서 대화를 나눌 수 있었을 것이다. 주말이면 중대한 책임을 요하는 일 없이 편히 쉴 수 있었을 것이다. 아이가 생기면 온 가족이 한곳에 모이는 일이 훨씬 더 힘들어진다. 스케줄도 제각각, 해야 하는 일도 제각각, 취향도 제각각이 되기 때문이다. 그렇다면 함께 식사하는 일을 가족의 중심점이 되는 활동, 가족의 유대감을 형성하고 다지는 기회로 만들기 위해 더욱더 노력해야 한다.

언제나처럼, 내 접근법의 핵심이라고 할 수 있는 질문을 다시 되돌아보자. 당신은 어떤 인생을 원하는가? 당신의 가족은 어떤 인생을 원하는가? 가족들과 함께하는 식사시간이 어떤 모습이기를 원하는지, 어떤 분위기이기를 원하는지 생각해 보라. 교양 있는 대화, 재미있는 이야기들이 곁들여진 여유롭고 평화로운 분위기인가? 서로 얘기 도중에 말을 끊고, 장난치고, 식탁에는 음료수가 엎질러져 있고, 개가 발을 핥는 정신없고 지저분한 광경인가? 아니면 가족들이 조용히 소파에 한 줄로 앉아 피자를 먹으면서 폭력 드라마나 별로 웃기지도 않은 시트콤 재방송을 멍하니 응시하고 있지는 않은가? TV는 가족들을 뚱뚱하게 만드는 주범이다. 지금 당장 가족들을 구출하라!

피터 씨,
저는 작년에, 우리 네 가족이 점점 바빠지면서, 더 이상 식탁에 함께 앉아 식사를 할 기회가 없다는 걸 깨달았어요. 가장 큰 이유는 난장판이 된 식탁을 치울라치면 굶어죽을 판인데다 이제 잡동사니들을 옮겨 놓을 장소도 없기 때문이죠. 그래서 저희 가족은 TV 앞에 앉아서 식사를 한답니다. 생각해 보면 우리가 전보다 밥도 많이 먹고, 간식도 많이 먹는 게 부분적으로 가족 모두가 함께 식사하는 일이 없기 때문인 것 같아요. 부엌에서 자기가 원하는 걸 골라서 직접 퍼다 먹는 경우에는 가족들이 야채를 먹는지 확인하기가 어렵죠. 자꾸 이런 식으로 밥을 먹다 보니 남편의 체중은 10Kg 정도 늘었죠. 그이의 체중 증가에 저는 점점 더 큰 죄책감과 책임감을 느낀답니다. 만약 그이가 심장마비에라도 걸린다면 저는 절대 스스로를 용서할 수 없을 거예요.
제게 꿈이 있다면, 남편이 12시간 넘게 근무하고 집에 돌아왔을 때 식탁에 차려진 저녁상을 보고 행복해하는 거예요. 제가 상황을 좀 더 잘 다스릴 수 있었다면, 남편에게 명랑하게 뽀뽀를 해주며 하루의 스트레스를 풀어줄 수 있었을 텐데 말이죠.

난장판이 된 집이 점점 늘어가고 있는 이유를 하나만 꼽으라면, 가장 큰 원인은 규칙적인 가족생활의 부재라고 생각한다. 아이들은 매일매일 변동이 있는 방과 후 활동에 열중하며, 그런 활동들이 학교에서 돌아와 잠자리에 들 때까지의 대부분의 시간을 차지한다. 운동 연습이 끝나고 집으로 돌아오는 길에 패스트푸드로라도 아이들의 배를 채워주면 뭔가 해냈다는 기분이 들 정도다. 하지만 왜 그런 일이 일어나도록 손을 놓고 있는지 스스로에게 물어보라.

당신은 아이들의 몸을 존중하고 있는가? 아이들은 자신들의 몸을 존중하고 있는가? 아이들의 행동은, 당신을 보고 배운 데서 나오는 것이다. 아이들이 자라서 어른이 되면, 그들은 부모들이 가치 있게 생각하고 소중하게 생각했던 일들을 똑같이 가치 있게 생각하고 소중하게 여기게 된다. 내가 부모들에게 자주 물어보는 질문이 있다. "인생에서 음식이 차지하는 비중, 예의바른 대화의 중요성, 공동체 경험의 가치에 대해 부모가 아이들에게 가르쳐주지 않는다면 누가 그 일을 대신해 줄까?"

최근, 알고 지내는 부부인 애덤과 조앤이 맛있는 이탈리아 식당에서 저녁식사를 하자고 우리 부부를 초대했다. 그 식당에 도착했을 때 나는 그들이 아홉 살, 열 한 살짜리 아이들을 데리고 나왔다는 사실에 적잖이 놀랐다. 당연히 어른들끼리만 식사를 하는 자리라고 생각했기 때문이다. 하지만 자리에 앉는 순간부터 나는 그 두 아이들의 태도와 행동에 매료됐다. 아이들이 아직 어린 나이임에도 불구하고, 꼬마 신사처럼 식사 자리에서 어떻게 행동해야 하는지 정확히 알고 있었던 것이다.

처음에 아이들은 부끄럼을 탔지만 내가 학교생활, 좋아하는 운동, 유행하는 컴퓨터 게임 등에 대해서 묻기 시작하자 대화에 아주 열중했다. 그 아이들은 얘기에 신 났을 때나, 뭔가 강조하고 싶은 게 있을 때도 서로 말을 가로막거나 식탁에 앉은 다른 사람의 말을 가로막지 않으려고 조심했다. 둘 다 알아서 메뉴를 보고 음식을 주문하더니, 필요할 때마다 음료를 리필해달라고 부탁했고, 나이프와 포크를 사용하는 법도 정확히 알고 있었다.

애덤과 조앤에게 아이들의 행동을 칭찬하자, 그들은 이미 일찍부터 식탁을 가족생활의 중심요소로 만들겠다는 데 서로 동의했다고 설명했다. 식사시간이 곧 가족시간이 된 것이다. 친구들이 못마땅해 할 때도 있지만 애덤과 조앤은 최대한 자주 아이들을 저녁식사 자리에 데리고 나간다고 했다. 그들은 아이들에게 다양한 음식들을 시도해보라고 권한다. 그리고 그들은 식당에서 아이들이 어떻게 행동해야 하는지 설명해주고 모범을 보인다고 했다. 물론 항상 그들이 바라는 대로 좋은 분위기로 흘러가지 않을 때도 있었다. 아무리 신사처럼 행동해도 아이들은 역시 아이들인데다, 아무리 치밀하게 세운 계획도 틀어지는 경우는 얼마든지 있으니까. 하지만 이제 아이들의 식습관이 점점 나아지고 있다니, 그 습관은 평생 그 아이들을 따라다닐 것이다.

저녁 식탁은 가족의 분위기가 결정되는 곳이다. 식사 계획을 미리 세워놔라. 가족들을 참여시켜라. 가족들이 어떤 음식을 먹는지 자각하라. 서로의 존재에 감사하라. 건강과 존경, 소통의 열린 수단 등, 거기에서 얻을 수 있는 긍정적 효과는 엄청나다.

불순한 목소리를 걸러내라

당신에게 가장 가까운 이들은 누구인가? 그들은 당신이 내리는 결정에 어떤 영향을 주는가? 당신과 남편은 배달시킨 음식 접시들이 널브러진 TV 앞 소파에 몸을 묻는 걸 좋아하는가? 어머니는 당신을 볼 때마다 당신의 몸무게에 타박을 하시는가? 당신의 부인은 당신의 러브 핸들을 꼬집으면서 "내가 정말 당신을 많이 사랑하긴 하나봐."라고 말하는가? 당신의 배우자가 즐겨 만드는 음식들은 해마다 뱃살에 3Kg씩을 꼬박꼬박 보태주고 있지는 않은가? 항상 가장 친한 친구를 만날 때마다 아이스크림을 먹으러 가지 않는가? 최근, 친구가 비만일 때는 본인도 비만이 될 가능성이 세 배 가까이 늘어난다는 놀라운 연구 결과가 발표되기도 했다. 뚱뚱함은 전염병이 아니지만 주변 사람들과 가족이 당신의 체중에 지대한 영향을 미치는 것만은 틀림없다.

이들은 우리가 가장 사랑하는 사람들이다. 사랑은 보살핌이지만 동시에 방종을 눈감아 주는 일이 될 수도 있다. 방종은 건강과 거리가 먼, 잘못된 선택으로 이어지기 쉽다. 이제 중대한 결정을 내려야 할 때가 왔다. 아마 가장 어려운 결정일 수도 있을 것이다. 당신의 대인관계가 당신의 새로운 목표에 도움이 되는지 확인해보는 것이다. 그렇지 않을 때는 뭔가 조정이 필요하다.

> 피터 씨,
> 저는 남편과 외출을 할 때마다 저칼로리 식단을 고수하려고 이를 악물어야 한답니다. 남편은 프렌치프라이, 피자, 다른 간식거리들을 사서 항상 저에게도 먹으라고 권하거든요. 나쁜 뜻이 있어서 그런 건 아니에요. 시집에서는 음식이 간식거리를 뜻했거든요. 친정에서 음식은 어디까지나 음식이었죠.

기억할 것. 당신의 몸을 책임져야 하는 것은 당신이다. 마음속에서 가장 큰 힘을 가지고 있는 것은 당신의 목소리여야 한다. 변화는 스스로의 내면에서 비롯된다. 당신의 대인관계가 음식의 선택에 있어 어떤 역할을 하는지 자세히 살펴보자. 주변 사람들은 더 먹으라고, 또는 나쁜 음식을 먹으라고 자꾸 당신을 부추기는가? 그들의 비난이 당신을 자극하는가? 당신이 변화를 이루고자 한다면 그들은 당신에게 힘이 돼 줄 수 있을까?

피터 씨,

제 남편은 문제(제 체중 문제요)에 전혀 도움이 안 돼요. 제 남편도 체중 과다죠. 그이는 요리하는 걸 좋아하는 데다, 고집스럽게 따지는 것들이 많답니다. 뭐든 다 맛을 봐야 되고, 접시는 싹싹 비워야 되고, 다 먹고 나면 한 그릇 더 먹어야 된다는 거예요. 제가 그걸 거절하면 남편은 모욕을 당했다고 느끼고요. 2인분은 만들 수가 없나 봐요. 말 그대로 군대용 사이즈라니까요. 항상 남는 음식이 많아서 내다 버리기 일쑤죠.

당신이 친구들과 가족에게서 바라는 게 뭔지 정해 보자. 자주적으로 결정을 내리기 위해서 거리를 둘 필요가 있는 사람은 누구인가? 가족들이 함께 식사를 할 때는 타협점을 찾을 수 있을까? 어떤 타협이 필요할까?

가족의 식사 스케줄, 식사 스타일, 보통 음식을 준비하는 방식에 있어 어떤 점을 바꾸고 싶은지 잠시 생각해 보자. 구체적인 예를 생각해 놓으면 가족들과 변화에 대해 이야기하는 게 훨씬 더 쉬워진다. 최선을 다해 다음의 빈칸을 채워보자.

우리 가족의 식사습관에 있어 바꾸고 싶은 점

- _____
- _____
- _____
- _____

주로 요리를 하는 게 당신이라면 가족들에게 몸에도 좋지만 맛도 좋은 새로운 메뉴를 찾는 걸 도와달라고 해보자. 운이 좋아서 가족 중 다른 누군가가 요리를 하는 경우가 많다면 변화를 이루기 위한 방법에 대해 진지하게 대화를 해봐야 한다. 단 주방장의 심기를 건드리지 않도록 조심하자! 장 보는 일이나 식사 준비에 당신이 더 적극적으로 참여할 필요가 있다.

아이스크림을 사랑하는 당신의 가장 친한 친구는 당신을 위해 기꺼이 산책 등의 새로운 습관에 동참해 줄까? 인생을 즐겨라. 당신이 먹는 음식을 즐겨라. 건강한 식사를 할 때마다 잠시 이에 기뻐할 시간을 갖자. 변화가 눈앞에 있다. 그 낯선 장소에 함께 가줄 사람이 있다면 변화는 더욱 쉬워질 것이다.

● **식사를 하는 장소**

식탁

식사를 하는 장소는 당신이 식사를 통해 얻고 싶은 게 뭔지에 대해 많은 것을 말해준다. 당신은 부엌의 싱크대 앞에 서서 급하게 만든 샌드위치를 정신없이 게걸스럽게 먹어치우는가? 아니면 부엌이나 식당의 정갈한 식탁에 앉아 밥을 먹는가? 그것도 아니면 TV 앞에 앉아서 식사를 하는가? 캐서린과 제임스에게는 일곱 명의 자녀가 있고 모두 장성해 뿔뿔이 흩어져 산다. 이미 가족을 꾸린 자녀들도 있다. 가족이 모두 모이는 크리스마스는 할머니, 할아버지부터 어린 손자, 손녀들까지 모두가 함께하는 중요한 행사다.

식사시간은 당연히 그날의 클라이맥스지만 더욱 놀라운 것은 식사를 준비하는 과정이다. 가족 모두가 식사를 하기 세 시간 전에 도착해서 부엌에 집합하는 게 이 집안의 관례가 됐다. 칠면조와 햄, 야채구이, 파이가 보통의 전통적인 크리스마스 메뉴지만, 이 집에서는 대신 가족들이 함께 모여 신선한 해산물과 열 가지 정도의 샐러드를 준비한다. 각자 맡겨진 음식을 준비하는 동안 모두가 둘러서서 잔을 부딪치며 그동안 못다 한 이야기들을 주고받는다.

식사시간뿐 아니라 준비 과정도 축제 분위기다. 이런 과정 모두가 이 가족의 사랑과 에너지, 가치관을 반영하고 있는 것이다. 식사 준비가 끝나면 모두가 식탁에 앉아 음식과 대화, 장난스러운 농담, 가족의 전통을 함께 나눈다. 집이 들썩일 정도로 정신을 쏙 빼놓는 일이기는 하지만, 음식을 만드는 일은 이 행사에 기쁨을 더해준다. 캐서린은 이런 행사가 언제부터 있었는지 기억조차 나지 않는다고 말한다. 식사를 할 때는 입에 들어가는 음식보다 훨씬 더 중요한 게 있다. 나의 가족에게 자양분이 되는 것이 무엇일까?

가족끼리 함께하는 식사가 우리에게 무엇을 의미하는지 알고 싶다면, 크리스마스나 유대교 명절인 하누카, 추수감사절과 같은 특별한 행사들을 떠올려 보자. 그리고 그와 똑같은 관점에서 당신 가정의 일상을 살펴보자. 당신은 보통 정신없이 허겁지겁 식사를 마치는가? 스스로에게 자양분을 공급하는 것보다 더 중요한 일이 뭐라고 생각하는가? 당신이 식사를 하는 식탁은 어떤 모습인가? 깔끔하게 정돈돼 있으며 청결한가? 나는 이 책에서 끊임없이 당신이 어떤 인생을 원하는지, 그 비전에 대해 이야기하고 있다. 집안에 가지고 있는 물건뿐 아니라 가정에서 당신이 가치 있게 여기는 것이 무엇인가를 통해서도 그 비전이 진실하게 드러나야 한다.

지저분한 식탁은 뚱뚱하게 만든다. 왜일까? 지저분한 식탁이 당신의 정신 상태에 대해 뭘 말해주는지 생각해 보자. 식사를 하기 위한 깔끔한 공간을 마련하지도 못할 만큼 당신은 바쁘다. 물건들을 제자리에 정돈할 수 없을 만큼 무질서하게 살고 있다. 매일 양분과 기쁨을 위한 공간을 남겨두지도 못할 정도로 스스로에 대한 존중이 부족하다. 그 외에도 지저분한 식탁은 당신에 대해 다른 많은 것들을 말해준다. 그게 무엇인지는 당신만이 알고 있을 것이다.

나는 내가 도왔던 한 가족을 기억한다. 아홉 살 난 딸과 아이의 여동생은 식탁을 덮은 잡지와, 고지서, 오래된 우편물, 서류 등 잡동사니 때문에 식탁의 윗면이 어떻게 생겼는지 한 번도 본 적이 없었다. 부모들은 아이들의 식사 습관에 대해 엄청난 불만을 터뜨렸지만, 저녁마다 TV 앞에 앉아서 무릎에 간신히 접시를 올린 채 식사를 하는 게 전혀 문제라고 생각하지 못했다.

이 가족을 도우며 가장 놀랐던 건 아이들의 반응이었다. 잡동사니를 정리한 뒤 난생 처음으로 식탁에 앉아 식사를 할 수 있게 됐을 때였다. 첫째 딸은 실제로 울음을 터뜨리기까지 했다. 그 아이는, 자신들도 식탁에 앉아 '특별한 게 아니라도 이런저런 이야기들'을 나눌 수 있는 그런 가족이 될 수 있다는 건 상상도 못했다고 말했다. 식사를 하는 공간을 존중하라. 단순히 음식의 문제가 아니다. 식탁은 당신이 살고 있는 인생과, 당신이 선택해서 만들어가고 있는 인생에 대한 문제다.

식사를 하는 곳은 특별한 공간이어야 한다. 이 중요한 공간, 그리고 가족들과 함께 나누는 특별한 순간들을 아끼고 존중하지 않는다면, 당신은 스스로 중요하다고 생각하지 않고, 가치 있게 여기는 것을 실천하지 않고 있는 것이다. 가족들을 위해 식탁을 깔끔하게 유지하기 위한 노력조차 하지 않는다면, 스스로의 몸을 건강하게 돌보기 위해 노력할 가능성은 제로에 가깝다.

TV는 당신을 뚱뚱하게 만든다

나는 TV를 통해 직장을 얻었다. 나는 TV 속에서 일하는 걸 좋아하고, TV 보는 것도 좋아한다. 하지만 TV는 고민해 봐야 할 물건이다. TV는 위대한 발명품이지만 일방통행만 가능한 특징이 있다. TV에 대고 이야기를 한다고 생각해 봐라. 몇 분이나 견딜 수 있을까? TV는 정보 및 즐거움을 우리의 머릿속에 주입하기 위한 의도로 만들어졌다. 우리가 해야 하는 일이라고는 자리에 앉아서 그걸 흡수하는 것밖에 없다.

그리고 또 한 가지. TV는 경쟁을 좋아하지 않는다. 이 사실을 모른다고 부인하지는 말 것. TV를 켜면 모든 커뮤니케이션이 중단된다. 누구와 식사를 하고 있든, 무엇을 먹고 있든 상관없다. TV가 켜져 있을 때 우리의 모든 관심은 화면으로 집중된다. 정말로 모든 관심이 일제히 TV로만 집중된다. 여럿이 TV를 보고 있을 때조차 TV는 개개인을 고립시키며 모든 사람의 전적인 관심을 요구한다. 좀비처럼 멍한 상태일 때는 주의 깊은 식습관을 실천하는 것도 불가능하다. 식사 속도도 빨라질뿐더러 음식의 맛도 느낄 수 없게 되고 당연히 음식을 즐길 리는 만무하다. 그런데다 언제 배가 부른지도 모르기 때문에 계속 먹게만 되는 것이다. 당신이 먹고 있는 음식이 무엇이든 그 음식은 극장에서 먹는 팝콘과 하나도 다르지 않다. 바닥이 드러날 때까지 계속 입에다 쑤셔 넣기만 할 뿐이다.

피터 씨,
식탁이 잡동사니로 뒤덮여서, 제대로 된 식사를 차려 함께 둘러앉아 먹을 공간조차 없다면 어디서 밥을 먹게 되겠어요? 가장 쉽게 의지할 수 있는 게 TV 앞이에요. 뭘 먹는지, 얼마만큼 먹는지 전혀 신경 쓰

> 지 않게 되는 곳이죠. 식탁에서는 대화 덕분에 식사 속도가 느려지죠. 먹는 일 자체에 훨씬 더 주의를 기울이게 되고요.

나는 당신에게 한 달 동안만이라도 TV를 끊어보라고 말했다. 진심에서 우러나온 말이다. TV는 절대 금물이다. TV 시청을 중단하는 데서 얻은 시간을 당신의 인생을 적극적으로 개선하는 데 써보자. 집을 청소하고, 재정상태를 정리하고, 아끼는 사람들과 함께 시간을 보내면서. TV 앞에서 식사를 하는 버릇은 쉽게 끊기 힘든 습관이다. 당신에게는 그 시간이 즐거운 식사시간일 수도 있겠지만 당신의 우선순위를 다시 떠올려 보라. TV 앞에서 식사를 하지 않게 되면, 식사량도 줄어든다. 수학공식처럼 자명한 사실이다. 식사량이 줄면 몸에도 변화가 느껴질 것이다. 당신은 그런 변화를 위해서 지금 이 책을 읽고 있는 것 아닌가?

● 성공으로 가는 마지막 비결

엄마 말씀치고 틀린 말 없다

유행처럼 한때 불어닥쳤다 식어버리는 다이어트 비책들로 당신에게 부담을 주지 않겠다고 이미 약속했다. 하지만 꼭 새겨 뒀으면 하는 몇 가지 생활의 지혜들이 있다. 보통 부모님이나 조부모님이 알고 계신 것보다 우리가 가지고 있는 지식이 훨씬 월등하다고 생각하기 쉽다. 우리가 먹는 음식이 지난 몇 세대를 거치며 많이 바뀐 것도 사실이다. 하지만 내 경험에 따르면 오래된 삶의 지혜치고 틀린 말은 별로 없다. 특히 식습관에 있어서는 더더욱 그렇다. 어머니나 할머니들이 귀에 못이 박히도록 하셨던 말씀들을 몇 가지 적어보았다.

꼭꼭 씹어 먹어라

우리 위가 음식을 충분히 먹었다고 뇌에 알리기까지는 약 20분 정도의 시간이 걸린다. 하지만 게걸스럽게 음식을 먹어치우고 있다면 그 20분이라는 시간이 20분간의 폭식을 의미하게 될 수도 있다. 음식을 천천히 먹으면 그 음식을 즐길 수 있고, 대부분이 지나치게 잘 알고 있는 더부룩한 느낌 역시 피할 수 있다.

채소를 많이 먹어라

우리 집에서는 보통 "브로콜리 남기지 말고 다 먹어."라는 말로 통했다. 우리는 어렸을 때부터 다양한 음식을 골고루 먹으라는 말을 지겹게 들었고, 어머니는 항상 밝은 초록색 콩(또는 브로콜리) 옆에 나란히 다른 색의 채소들을 함께 준비하는 걸 잊지 않으셨다.

과일과 야채의 다양한 색깔들이 그 속에 들어 있는 영양소를 알려주는 자연의 방법이라는 걸 알게 된 건 훨씬 후의 일이었다. 당신도 가족들에게 "다양한 색깔의 음식을 먹어야지."라고만 하지 말고 "콩 남기지 말고 다 먹어."라고 말해보는 건 어떨까. 운이 좋으면 아이들이 당신의 말을 귀담아 들을지 누가 아는가.

밤에는 푹 자라

수면량과 체중 사이에는 밀접한 관계가 있다. 밤에 숙면을 취하면 몸에 필요한 휴식을 충분히 취할 수 있다. 그러면 몸은 당신이 먹은 음식을 더 잘 소화할 수 있게 된다. 수면을 충분히 취하지 않으면 먹은 음식을 소화하기 위해 훨씬 더 많은 양의 인슐린을 분비해야 한다. 인슐린 수치가 증가하면 체중이 증가할 수 있다. 그러면 악순환처럼 건강한 체중을 유지하는 게 점점 힘들어진다. 당신의 어머니는 인슐린까지는 미처 생각지 못하셨을 것이다. 단순히 당신이 또 잔소리라고 생각했던 어머니의 말씀은 틀리지 않았다.

빵으로 배를 채우지 마라

할머니께서는 식사하기 전에 빵을 너무 많이 먹으면 "저녁 먹을 때 입맛 없어진다."라고 말씀하시지 않았는가? 흰 빵을 먹는 것과 체중과다 사이에는 흥미로운 관계가 있다. 그 이유에 대해서는 이론이 분분하지만(빵이 칼로리가 높고 영양학적 이점은 거의 없다는 것 정도는 우리도 알고 있다), 빵의 주원료인 지나치게 정제된 곡물에는 섬유질이 부족하다는 데 이의를 제기하는 사람은 없다. 그 이유가 무엇이든, 우리는 모르고 있는 뭔가를 할머니께서는 알고 계셨던 모양이다.

입에 음식을 잔뜩 넣고 말하지 마라!

적당한 속도로 식사를 할 때 우리는 일상의 소소한 부분들을 다른 사람들과 공유할 수 있다. 입을 다물고 음식을 씹으라고 하셨던 어머니의 말씀은 단순히 씹다가 만 음식이 튀어나오는 불미스러운 사태에 대한 염려 때문만은 아닌 것 같다.

당신의 어머니가 단순히 '매너박사'였을 수도 있지만, 어머니는 아마 천천히 여유를 가지고 음식을 먹어야 다른 사람과 함께 식사하는 즐거움을 깨닫게 되고, 다른 사람들이 하는 말을 존중할 수 있으며, 평화로운 분위기를 만들게 된다는 걸 알고 계셨을 것이다.

눈보다 배를 믿어라

우리는 몸에 필요한 만큼 위에 무리 없이 담을 수 있는 것보다 지나치게 많은 양을 그릇에 담는 경향이 있다. 대부분의 식당들이 지난 20년 동안 접시에 담아내는 음식의 양을 두세 배 가량 늘려왔다는 사실을 알고 있는가? 그런 식당에 가보면 접시가 보통 서핑보드만 하다. 두세 사람이 먹어도 충분한 양이다. 안타깝게도 음식이 접시에 있으면 그걸 다 먹게 된다는 게 조사 결과 확인됐다.

식사 시작 전, 항상 첫술을 뜨기 전에는 그릇에 담겨진 음식의 양을 확인해라. 당신에게는 정말 그만큼의 음식이 필요한가?

이것 말고 또 당신의 어머니는 어떤 말씀을 하셨는가? 하루 사과 한 개씩만 먹어도 의사가 필요 없다고? 음식을 다 먹기 전까지 디저트 먹을 생각은 하지도 말라고? 지금부터라도 엄마의 말씀을 귀담아 들어도 늦지 않았다. 꼭 어머니께 일일이 다 보고를 할 필요는 없다.

Chapter 07

점검사항

- [ ] 한 끼 식사를 통해 얻고 싶은 게 뭔지 정해라.
- [ ] 우리 가족의 식사습관 중 바꾸고 싶은 점을 적어보라.
- [ ] 가족들과 함께 식사를 통해 얻고 싶은 게 뭔지 이야기를 나눠라.
- [ ] 미리 만들어 놓을 수 있는 음식들을 찾아보라.
- [ ] 균형 있는 점심식사를 하라.
- [ ] 배달음식을 멀리하라.
- [ ] 어머니 말씀을 귀담아들어라.

당신이 사는 인생

The Life You Live

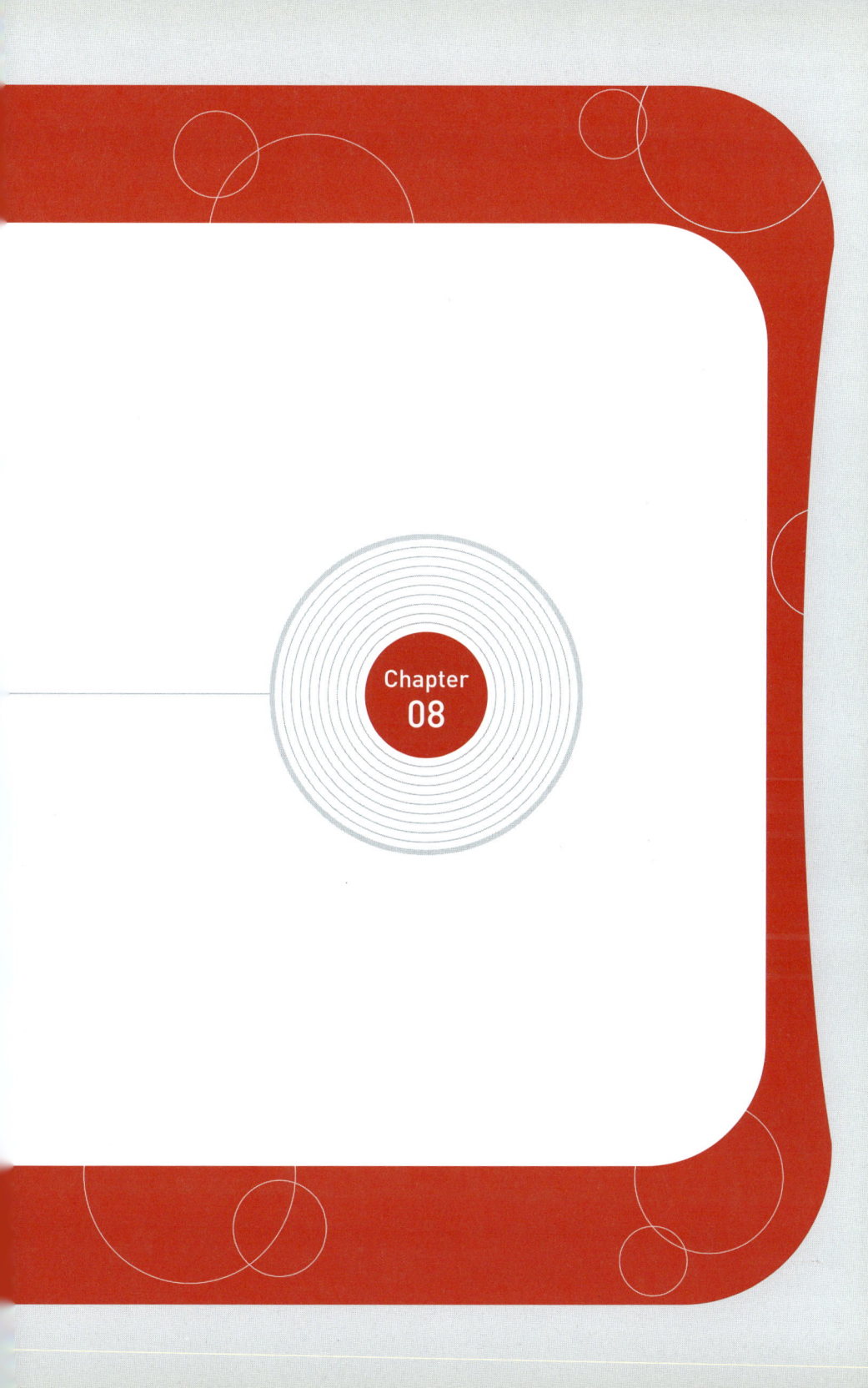

Chapter 08

Does · This · Clutter · Make · My · Butt · Look · Fat?

● 모든 것은 하나로 연결돼 있다

인생은 정확하게 구획을 나눌 수 있는 것이 아니다. 가정, 가족, 사랑, 일, 음식, 활동, 취미, 휴식 등 한 가지 요소라도 잘못되면 모든 것이 고통을 받는다.

당신의 인생은 균형을 이뤄야 한다. 생산적인 삶, 다른 사람들과 함께하는 삶, 영적인 삶, 사랑을 주고받는 삶이 돼야 한다. 이미 분명히 말했지만, 변화를 시작하기 위한 최상의 공간은 가정이다. 그러면 그 변화가 균형 잡힌 삶의 모든 영역으로 울려 퍼질 것이다. 물론 나는 당신이 인생의 모든 면을 살펴봤으면 한다. 하지만 지금 당신이 이 책을 읽고 있는 게 살을 빼기 위한 목적인 만큼, 특히 인생의 육체적인 면들을 주의 깊게 살펴보기 바란다. 당신의 몸이 필요로 하는 관심을 충분히 받고 있는지 살펴보라는 말이다.

피터 씨,

제 잡동사니 문제가 작년에 훨씬 더 악화됐다는 건 이미 알고 있었어요. 그리고 이 편지를 쓰다 보니 그때 제 일을 싫어하는 마음도 극심해졌다는 것도 깨달았어요. 주변을 지저분하게 만드는 제 습관은 직장에서도 문제랍니다. 제가 가는 곳마다 여기저기 물건들이 쌓이죠.

자기 자신의 육체적·정신적·영적인 부분에 구획을 그어서 분리할 수는 없잖아요. 한 부분이 영향을 받으면 모든 부분이 영향을 받게 돼 있죠. 그리고 제가 어느 한 부분에 있어서(그게 운동이든, 식습관이든, 다른 어떤 것이든) 스스로를 다잡으면 다른 부분들도 개선되게 마련이죠. 게으름을 피우며 한 부분에 손을 놓아버리면 다른 모든 부분들도 똑같이 돼버리고요.

활동적인 삶

인생을 통제하려면 에너지가 있어야 한다. 그 에너지는 어디서 나올까? 그렇다. 음식에서 나온다. 그러나 활동적인 삶을 영위하는 것으로도 그런 에너지를 얻을 수 있다. 너무너무 바쁘지만 소소한 일들을 잔뜩 성취하는 날이 있지 않은가? 세탁소에 드라이를 맡기고, 출근을 하고, 공과금을 납부하고, 친구를 도와주고, 어머니께 생신 축하 전화를 드리고, 수리점에서 차를 찾아오고, 집에서 저녁을 요리하고, 우편물을 정리하고, 부엌을 청소하고, 손톱을 자르고……. 휴! 이 일을 다 해냈다니! 항상 다람쥐 쳇바퀴 돌듯 살고 있다면, 이런 날은 정말 더 이상은 못 참겠다는 생각이 들 것이다.

하지만 당신이 게임을 리드할 수만 있다면 효율적이고 생산적으로 움직이는 것이 삶의 원동력이 될 수 있다. 그렇지 않은가? 엔돌핀만큼 정신적 잡동사니를 잘 처리해 주는 것도 없다. 그러니 어서 움직여라! 끝마치지 못한 일들을 어서 처리하자. 화초를 가꾸거나, 벽장을 청소하거나, 차를 세차하거나, 강아지 목욕을 시키자. 십분 동안 간식을 먹어치우는 대신 다림질을 끝내버리는 건 어떨까. 소소한 집안일들을 성취하는 데서 얼마나 많은 기쁨과 에너지를 얻을 수 있는지 직접 느껴보면 놀랄 수밖에 없을 것이다.

단, 무슨 일을 해도 좋지만 쇼핑만은 금물이다. 당신에게 절대 필요 없는 게 있다면, 바로 잡동사니 아닌가.

● 당신이 원하는 인생을 위해 운동을 하라

우리는 더 건강한 음식을 선택하는 게 큰 그림의 한 부분뿐임을 알고 있다. 앉아서 그렇게 시간을 보내니, 살이 다 엉덩이로 가는 것도 놀랄 일은 아니다. 즉, 살을 빼기 위해서 엄청난 변화가 필요한 것은 아니라는 말이다. 음식과 마찬가지로 운동이라는 부분에 있어서도 뭘 해야 하는지는 당신이 더 잘 알고 있을 것이다!

엘리베이터를 타는 대신 계단을 걸어서 올라가라. 가게에 갈 때는 좀 떨어진 곳에 주차를 해라. 직접 잔디를 깎아라. 매일 십 분씩만 걸어도 당신의 외모와 기분이 크게 달라진다. 우선은 육체적 활동을 증가하기 위해서 일상에서 시작할 수 있는 작은 변화들을 찾아보자. 그 효과는 엄청날 것이다.

> 피터 씨,
> 다이어트와 운동에 집중할 때는 집안의 잡동사니도 점점 줄어들어요.
> 자기관리에 힘쓰면 모든 게 정리정돈 되기 시작하고요.

당신에게 맞는 운동으로 시작해 보자. '당신에게 맞는 운동'이라는 말을 흘려듣지 말 것. 나는 지금 진지하게 충고하고 있는 것이다. 당신의 능력, 나이, 몸, 취향에 맞지 않는 운동에는 금방 싫증을 느낄 테고 거부감이 생길 것이다. 당신이 어디 사느냐에 따라 할 수 있는 운동들은 다양하다. 그러나 누구에게나 공통으로 적용되는 사실이 하나 있다. 운동을 하지 않으면 살을 뺄 수 없다는 것. 운동은 지방을 연소한다. 그러나 그게 다가 아니다. 근육이 발달하면 신진대사가 증가해서 온종일 더 많은 지방을 연소할 수 있다.

당신을 날씬하게 만들어 줄 기적의 알약 따위는 존재하지 않는다. 하지만 건강한 식습관을 기르는 동시에 근육을 기르는 게 기적의 알약 역할을 대신 해줄 수는 있다. 나이나 건강상태와 상관없이, 일상적으로 심장혈관을 건강하게 해주는 운동과 뼈와 근육을 튼튼하게 해주는 체중부하 운동을 실천하라. 자신의 삶을 소극적인 방관자처럼 살고 있다면, 체중과 잡동사니가 쌓여가는 건 당연한 일이다.

주도권을 잡아라. 적극적인 참여자의 인생을 살아라. 당신이 실천할 수 있으며 앞으로도 계속할 수 있는 긍정적인 일들로 다음의 빈칸을 채워 보자.

Activity 육체적 활동 증가시키기

내가 보통 하는 일	육체적 활동을 증가하기 위해 할 수 있는 일
매일 저녁 3시간 동안 TV를 본다.	저녁 식사 후 15분 동안 산책을 한다.
차로 아이들을 학교까지 데려다 준다.	십 분 더 일찍 나가서 아이들과 함께 학교까지 걸어간다.

당신의 인생을 살아라

운동이라고 해서 꼭 운동장에서 하던 조깅을 팔굽혀 펴기로 바꾸는 등, 강도 높은 훈련을 해야 된다는 말은 아니다. 운동을 항상 싫어했던 사람이라면 운동을 보는 시각을 바꿀 필요가 있다. 운동은 말 그대로 운동이다. 몸을 움직이는 일이다. 신나는 마음으로 즐기는 게 운동이다. 도를 지나치거나 하루에 열 시간씩 벽만 보고 러닝머신 위에서 달리지만 않는다면 운동도 얼마든지 재미있는 일이 될 수 있다.

활동적으로 살기 위해 다른 사람들과 함께하는 재미있는 방법들을 찾아

보라. 댄스 강습은 어떤가. 인라인스케이팅을 시작해 보는 건 어떨까. 소풍을 계획해도 좋다. 누가 같이 등산을 가자고 하면 거절하지 마라. 기억할 것. '등산'은 '걷기'의 스포츠 용어 정도에 지나지 않는다. 당신도 할 수 있다. 사람들이 소프트볼 경기를 한다고 하면, 싫어도 일단 가보자. 꼭 경기에 참가할 필요는 없다. 단순히 야외에 있는 시간을 즐기는 거다. 운동 도구를 옮기는 걸 돕겠다고 나서라. 경기가 진행 중인 공원이나 운동장을 거닐어라. 움직여라. 몸을 움직이는 게 어떤 기분인지 만끽해 봐라.

당신이 원하는 인생 속에서 얼마나 활동적으로 살고 있는가? 육체적으로 무엇을 성취할 수 있는가? 어떤 활동을 즐기는가? 그렇게 그려본 비전을 목표로 삼아야 한다. 매주 일요일마다 호숫가를 거닐다가, 친구들과 피크닉을 가는 건 어떨까. 잘 생각해 보면 어렸을 때는 항상 수영을 좋아했지만 귀찮아서 수영장을 찾지 않게 된 건지도 모른다. 항상 생각만 해왔던 살사 댄스 강습을 받아보는 건 어떨까. 친구들을 만나라. 운동을 즐거운 일로 만들어야 한다. 그게 건강을 위해 하는 일이라는 걸 잊어버릴 수 있도록 말이다.

한 단계 업그레이드

이렇게 시작해 보자. 별로 어렵지 않은 일이다. 지금 당신이 하고 있는 운동이 무엇이든 그 운동을 한 단계 업그레이드하는 거다.

별로 활동적이지 않은 사람이라면 쉬운 운동으로 시작하는 게 좋다. 산책도 좋다. 원래 산책을 즐겨하는 사람이라면 거기에 근력운동이나 조깅을 추가해라.

이미 이런 운동을 하고 있는 사람이라면 운동의 종류를 다양하게 바꿔

볼 수도 있다. 자전거를 타던 사람은 헬스클럽에 가입하거나, 친구와 함께 자전거 타는 시간을 더 늘릴 수 있을 것이다. 헬스클럽에 다니고 있다면 새로운 스포츠를 시도해 보거나 다른 운동 강습을 받아보자.

다른 사람들 앞에서 운동하는 게 창피하다면, 집에서 편한 마음으로 운동 비디오를 시청해도 좋다. 끔찍할 정도로 지루한 비디오들도 있지만, 잘 찾아보고 친구들에게도 물어보면 당신의 능력과 성격에 맞는 몇 개 정도는 찾을 수 있을 것이다. 몇 가지 비디오를 정해 놓고 돌아가면서 시청해라. 똑같은 비디오만 매일 보면 차라리 비디오 속의 운동 강사와 잡담을 나누고 싶을 정도로 지겨워질 거다. 어쩌면 그게, 집에서 당신이 하고 있는 활동을 다른 사람들과 함께하는 좀 더 사회적인 장으로 끌어낼 준비가 됐다는 신호일 수도 있다.

시간 절약

시간에 쫓기는 사람이라면, 저녁 식사거리가 오븐 속에서 요리되고 있는 동안 운동 비디오를 시청할 수도 있을 것이다. 단 사람들에게 놀리지 말아달라고 미리 귀띔을 해놓거나, 운동을 같이 하자고 해보자. 당신에게 맞는 방법을 찾아 그걸 따르기만 하면 된다.

운동을 할 시간을 따로 낼 수 없어도 얼마든지 자신의 라이프스타일에 맞춰 운동을 할 수 있다. 개를 산책시킬 때 걷는 대신 뛰는 것도 한 방법이다. 아이가 있다면 유모차를 끌고 다니며 운동을 하는 동네 엄마들의 모임을 찾아보자.

출근을 할 때는 직장에서 멀리 떨어진 곳에 주차를 해놓거나, 차로 출퇴근하는 시간을 단축해 아침마다 1.5Km씩만 걸어도 도움이 된다. TV를 보는 동안 다리를 들어 올리면서 운동을 해도 좋다(솔직히 말하면 TV는 헬스클럽에서도 볼 수 있다). 아이들의 닌텐도 위(Wii) 게임기를 빌려 써보자(Wii는 가상으로 볼링, 테니스, 야구를 할 수 있는 게임기로, 노인들을 위해 요양시설에서도 적극 활용되고 있는 훌륭한 지방 연소 도구이다). 84세 되신 우리 할머니께서 좋아하시는 거라면, 당신도 분명 할 수 있다!

당신이 뛰어넘어야 할 장애물들

The Challenges You Face

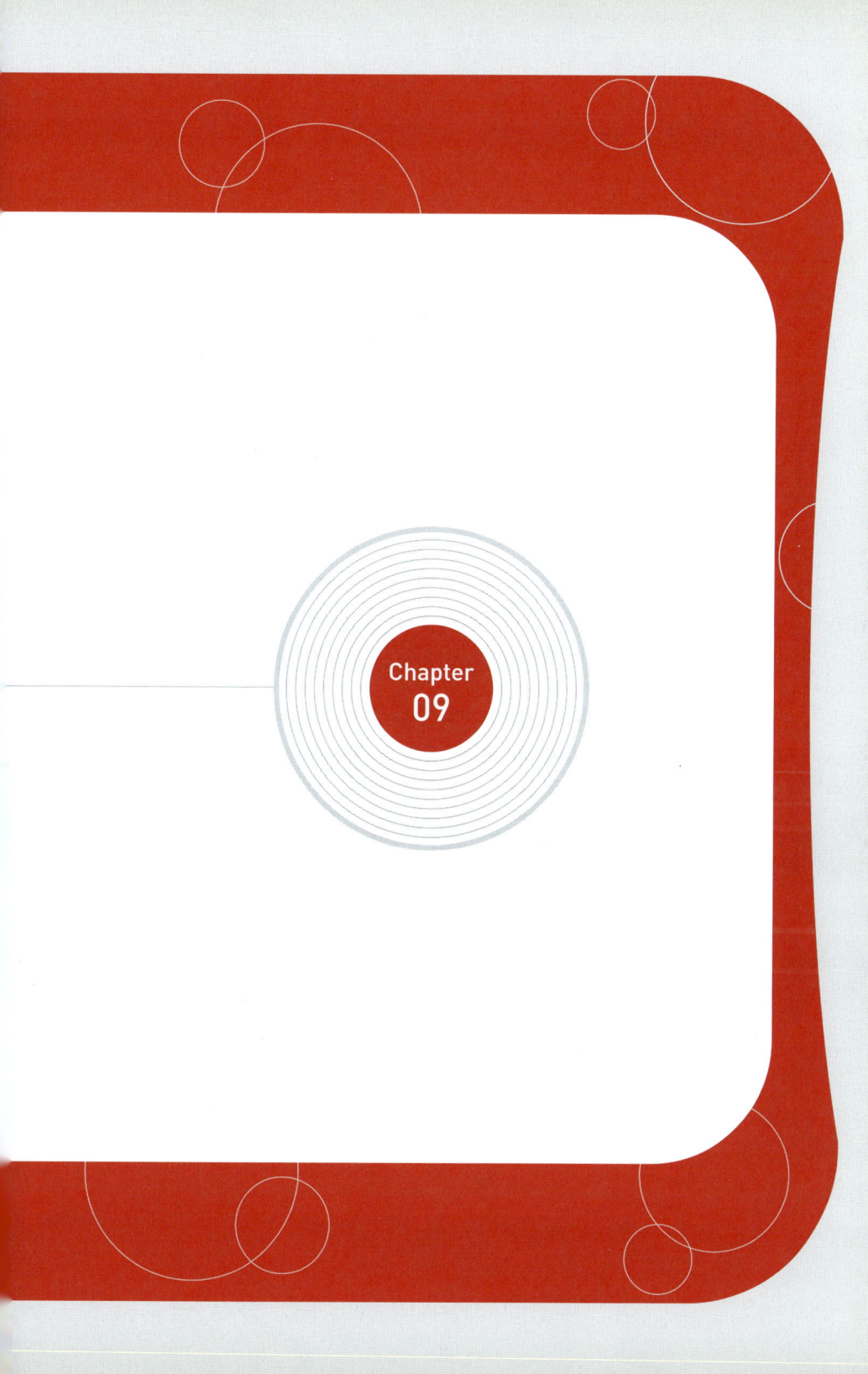

Chapter 09

Does · This · Clutter · Make · My · Butt · Look · Fat?

몸에 나쁜 음식에 손이 가게 만드는 내면의 심리적 방아쇠들에 대해서는 이미 앞에서 이야기했다. 이제 외부에 도사리고 있는 유혹들에 대해 이야기해 보자. 당신이 세운 계획을 자꾸 어기게 하는 상황들에는 어떤 것이 있을까? 9장에서는 몸에 나쁜 음식을 먹게 만드는 위험상황을 찾아보고, 정리정돈하는 습관을 활용해 이런 상황을 피해가거나 완전히 바꿔버리는 방법에 대해 이야기하겠다.

잡동사니 음식 법칙

뚱뚱함은 하루아침 짠하고 나타나지도 않았고, 하루아침 짠하고 사라지지도 않을 것이다.

Chapter 09 당신이 뛰어넘어야 할 장애물들

● 좋아하는 음식 현명하게 즐기기

수천 번도 더 말했지만, 당신의 집은 당신이 원하는 이상적인 당신의 모습을 반영하고 있어야 한다. 변화를 만들고 싶다면, 집에서부터 시작해야 한다. 하지만 집에 틀어박혀 살아서는 안 된다. 인생은 즐기라고 있는 것이다. 이 세상의 예술, 문화, 미, 활동, 사람들을 즐길 수도 없다면 아름답고 깔끔한 집, 완벽한 식생활, 완벽한 몸이 있어봤자 다 무슨 소용이란 말인가?

집에서만 식사를 하는 게 나쁜 습관을 없애고 건강을 일상화하는 데 도움이 된다고 생각하겠지만, 결국은 자기만의 안락한 천국에서 벗어나 진짜 세상으로 모험을 해야 할 것이다. 그리고 그 진짜 세상에서는 모든 게 더 복잡하다. 그러므로 외식에 대처하는 법, 건강을 타협하지 않고도 예전처럼 즐겁게 사는 법, 예기치 못한 일들에 대비해 계획을 세우는 법 등 외부의 방아쇠들을 다루는 법에 대해 이야기해 보자.

> 피터 씨,
> 집 밖에 나올 때마다 식습관이 완전히 달라지는 것 같아요. 저와 가장 친한 친구는 아이스크림을 먹으러 가거나 외식하는 걸 좋아하고, 저도 거절을 하지 않아요. 어떻게 거절해야 할 지 모르는 거죠. 가끔은 진짜 제가 아예 노력도 안 하는 것처럼 느껴져요.

외식을 할 때 특히 유념할 것. 당신이 누구인지, 어떤 사람이 되고 싶은지 잊지 말라. 마음의 행복을 찾으면 살도 빠진다. 행복해져라. 외출을 했을 때는 즐거운 시간을 보내라. 메뉴에도 안 나온 퍽퍽한 연어와 드레싱을 따로 담은 샐러드를 특별 주문하지 말자. 디저트를 먹고 안 먹고가 중요한 게 아니다. 진짜 중요한 건 충만하고 균형 잡힌 인생을 살면서 당신이 만족할 수 있는 체중을 유지하는 것이다. 체중 변화는 속도가 느린 점진적인 과정이다. 일주일이나 3주 동안만 식습관을 바꿨다가 다시 옛날로 돌아갈 생각이라면 내가 할 수 있는 충고는 하나뿐이다. 아예 시작도 하지 마라. 자세부터 틀렸다.

지금 이 순간 가장 중요한 건 당신의 이상적인 자아에 대해 생각해 볼 수 있는 환경을 만드는 것이다. 당신의 인생에는 디저트를 위한 자리가 있을까? '케이크 한 조각쯤이야.'라고 생각할 수도 있다. 하지만 당신이 원하는 인생, 당신이 가질 자격이 있는 인생에서 그 케이크는 어떤 위치를 차지하는가? 당신이 내리는 작은 결정들 하나하나는 더 중대한 선택의 일부이다. 다음의 자가진단을 활용해 당신의 자제심을 측정해 보자.

자가진단 스스로의 약점을 파악하라

웨이터가 빵을 갖다 주면 당신은 어떻게 행동하는가?
- a) 즉시 빵을 집어서 다음 메뉴가 나올 때까지 계속 먹는다.
- b) 빵을 딱 한 조각 집어서 먹고 거기서 멈춘다.
- c) 빵을 하나도 먹지 않는다.
- d) 웨이터에게 빵을 치워달라고 말한다.

저녁 식사를 할 때 당신은 어떤 음료를 주문하는가?
- a) 가끔씩 칵테일을 한 잔 하고 함께 온 사람과 와인 한 병을 나눠 마신다.
- b) 보통 와인이나 맥주, 또는 탄산음료를 한 잔 정도 마신다.
- c) 물만 마신다.
- d) 다이어트 탄산음료를 마신다.

칵테일파티나 직장에서 여는 모임에 갔을 때, 식욕을 돋우기 위한 전채요리를 들고 있는 웨이터가 눈에 띈다면?

    a) 웨이터를 따라간다. 공짜 음식을 마다하는 정신 나간 사람도 있나?

    b) 제일 좋아하는 전채요리가 나올 때까지 기다린다.

    c) 거절한다. 저녁 식사를 기다린다.

    d) 어딘가 분명 있을 야채 테이블을 찾아 셀러리로 배를 채운다.

메뉴를 보고 음식을 주문할 때는?

    a) 가장 맛있어 보이고 흥미로워 보이는 메뉴를 주문한다. 그러지도 않을 거라면 뭐하러 맛있는 식당에서 식사를 하겠는가?

    b) 당신이 좋아하는 애피타이저 한 가지, 몸에 좋은 메인 메뉴 한 가지씩을 고른다.

    c) 색이 다채롭고 기름기가 적은 요리와 샐러드를 주문한다.

    d) 특별히 모든 음식에 드레싱과 소스는 따로 담아 달라고 주문한다.

식사가 끝난 후 웨이터가 그릇을 치우러 왔을 때, 당신의 그릇은 어떤 모습인가?

    a) 접시를 싹싹 깨끗이 비웠다. '접시 깨끗이 닦기' 협회의 회원이라고 해도 믿을 것이다.

    b) 깨끗이 비울 때도 있고 집에 남은 음식을 가져갈 때도 있다. 얼마나 배가 고픈지에 달렸다.

    c) 항상 조금씩은 남긴다. 내일 점심 식사 때 먹을 수 있을 만큼 충분한 양의 음식을 남기려고 노력한다.

    d) 시킨 음식의 반을 정확하게 나눠서 50%는 손대지 않고 그대로 남긴다.

당신은 패스트푸드를 즐겨 먹는가?

    a) 패스트푸드를 자주 먹고, 사랑한다. 패스트푸드 없이는 살 수 없다.

    b) 습관적으로 먹지는 않지만 어쩔 수 없이 먹을 때는 패스트푸드가 맛있다는 걸 인정한다.

    c) 가급적 패스트푸드는 피하지만, 가끔씩 가는 패스트푸드점에서 몸에 좋은 메뉴를 몇 가지 찾아 놓았다.

d) 사람들이 자기 몸에 그런 쓰레기를 집어넣는다는 걸 믿을 수가 없다.

식사가 끝난 후 디저트는?
  a) 항상 디저트를 주문한다. 특별한 날인데 당연히!
  b) 맛있는 디저트를 시켜서 나눠 먹는 걸 좋아한다.
  c) 디저트는 시키지 않지만 다른 사람들이 주문하면 한 입 맛을 본다.
  d) 설탕을 넣지 않은 차를 홀짝거리면서 다른 사람들이 돼지처럼 먹는 걸 물끄러미 쳐다본다.

자기평가

대부분의 질문에 A라고 답했다면:

당신은 최대한 인생의 즐거움을 만끽하고 싶어한다. 외식은 즐겁고, 설레는 일이며 그 기회를 최대한 활용하고 싶어한다. 그런 태도에 박수를 보낸다. 당신과 함께하는 저녁 식사는 즐거운 시간이 될 것이다. 하지만!(이 말이 나올 거라는 건 알고 있었을 텐데……) 이런 사람의 경우 체중과다가 인생의 즐거움을 최대한 만끽하는 데 방해가 될 가능성이 매우 높다. 당신은 진퇴양난에 빠져 있다. 당신은 인생을 즐기고는 싶지만, 그 때문에 스스로의 인생에서 즐거움을 박탈하고 있는 셈이다. 두 마리 토끼를 다 잡을 수는 없는 법.

건강을 타협하지 않고도 외식 자리에서 그만큼의 똑같은 즐거움을 얻을 수 있어야 한다. 물론 당신이 좋아하는 음식을 먹는 일, 망설이지 않고 술을 즐기는 일, 원하면 언제든 먹고 싶은 어떤 음식이든 가리지 않고 먹는 일은 일종의 해방감·충만감·즐거움을 준다. 그러나 이런 감정들은 당신이 입속에 넣고 있는 음식이나 웨이터가 들고 있는 쟁반에서 나오는 게 아니다. 이런 감정들은 당신에게서 나오는 것이다. 그런 감정들을 식탁으로 불러오는 건 바로 당신 자신이다.

외식도 식습관의 연장선상에 있다. 외식을 한다고 해서 당신이 하는 모든 행동들을 완전히 딴 사람처럼 바꿀 필요는 없다. 자가진단의 B 답안들을 죽 살펴보자. 이 답안들은 A 답안들보다 조금 더 건강한 선택들을 나타낸다. B 답안으로 제시된 내용들을 참고삼아 외식을 할 때 먹는 음식들의 질을 높이고, 양은 줄여보자. 스스로 식탁에 어떤 감정들을 불러오는지 주의 깊게 살피자. 당신이 먹는 음식은, 함께하고 있는 사람들이나, 그 사람들과 함께하고 있는 즐거운 시간에 비하면 아무것도 아니라는 사실을 깨닫고 놀라게 될 것이다.

대부분의 질문에 B라고 답했다면:

원래 알고 있었는지 모르겠지만, 당신은 매우 이성적인 사람이다. 당신에게는 맛있는 음식이 맛있는 음식, 그 이상의 의미가 있다. 외식을 할 때 당신은 신중함을 내동댕이쳐 버리지는 않지만, 가끔은 느끼한 파스타나 초콜릿 케이크에 유혹을 느낀다. 누가 그런 당신을 비난할 수 있겠는가?

당신의 식습관은 다른 많은 사람들에게도 적용된다. 아직까지 신진대사가 활발한 젊은 사람들이나 뭘 먹어도 절대 살이 안 찌는 얄미운 당신 친구 등에게 적합한 식습관이다.

나는 당신의 식습관과 당신의 선택에 대해 아무 불만이 없다. 그게 당신에게 맞기만 하다면 얼마든지 좋다고 생각한다. 하지만 어쩌면 한때는 전혀 문제가 없던 이런 식습관이 더 이상 당신에게 맞지 않는 것일 수도 있다. 당신의 행동이 얼마나 이성적인가와 관계없이 중요한 것은 당신이 현재의 체중에 만족하는가, 아니면 뭔가 변화가 필요한가의 여부이다. 당신은 건강한 식습관을 가지려고 어느 정도 노력을 기울이고 있지만(분별력 있는 선택을 내리고 디저트도 나눠 먹으려고 노력하고 있지 않은가) 한층 더 열심히 노력할 때가 왔다.

위의 자가진단에서 A라고 답한 질문이 하나라도 있는지 살펴보자. 그게 바로 당신의 약점이다. 어쩌면 저녁 식사에 나오는 빵바구니에 번번이 무릎을 꿇고 있는지도 모른다. 어쩌면 접시에 올라온 음식은 무조건 다 먹어치우려는 습성이 약점일 수도 있다. 계획을 통해서 스스로의 약점을 보완할 필요가 있다. 미리 적절한 한계를 정해놓고 식당에 들어서기 바로 전에 그 한계들을 다시 한 번 떠올려 보라. 당신도 모르게 빵바구니로 손이 갈 때는 즉시 팔을 제자리에 놓고 식탁에서 오가는 대화에 집중해라.

이제 C라고 답한 질문들이 있는지 살펴보자. 건강한 음식을 적당량 섭취하려고 총력을 기울이는 사람들은 위의 질문들에 C라고 답할 것이다. 바로 그게 당신이 목표로 삼아야 할 방향이다.

대부분의 질문에 C라고 답했다면:

축하!!! 당신은 먹고 싶은 음식과 그 음식의 양에 있어 정말로 훌륭한 선택을 내리고 있다. 당신의 노력에 박수를 보낸다. 어쩌면 외식은 당신에게 전혀 문제가 아닐 수도 있다. 하지만 C 외에 다른 답안을 선택한 질문이 있으면 눈여겨보자. 그게 당신의 약점을 가리키는 질문들일 테니까. 당신은 죽을 때까지 맛없는 닭가슴살과 샐러드만 먹고도 얼마든지 살 수 있는 그런 사람일 수도 있다.

하지만 식사가 끝난 후 커다란 초콜릿 마시멜로 캐러멜 케이크를 먹어치우거나 끼니마다 와인을 한두 병씩 비운다면 아무리 건강한 식사를 해도 소용이 없을 것이다. 스스로의 약점을 알아내라. 그 약점을 따로 떼어

놓고, 그 부분에 집중적으로 노력하라. 그러다 보면 한 가지 작지만 꾸준한 변화가 얼마나 큰 차이를 만들어낼 수 있는지, 그 결과에 깜짝 놀라게 될 날이 올 것이다.

대부분의 질문에 D라고 답했다면:
와, 당신의 자기 절제에는 정말이지 왕관이라도 씌워줘야 할 것 같다. 규율이 있다는 건 정말 훌륭한 일이지만, 그 규율이 당신의 삶을 지배하고 있지 않은지 확인해볼 필요가 있다. 당신의 인생을 지배하는 건 당신이어야 한다. 외식을 할 때는 즐거운 시간을 보내는지 스스로를 돌아보자. 어쩌면 당신이 정한 규율들이 지금은 너무 익숙해져서 규율처럼 느껴지지 않을 수도 있다. 하지만 항상 웨이터에게 음식을 다 따로 담아 달라고 하거나 이것저것 까다로운 주문을 하고 있다면 당신의 식사에는 뭔가 빠진 게 있는 거다.

불쌍한 주방장에게 당신이 집에서 먹는 것과 똑같은 걸 복사해서 만들어 달라고 강요하고 있는 것은 아닌가? 그리고 당신이 그렇게 부지런히 한 치의 실수도 없이 완벽한 식습관을 실천하고 있다면 왜 당신은 아직도 그 결과를 보지 못하고 있는 걸까? 어쩌면 음식에서 눈을 떼고 인생의 다른 면들을 봐야 할 때가 온 게 아닐까. 당신은 행복한가? 그게 당신이 원하는 인생인가? 그게 당신이 원하는 가정인가? 그게 당신이 원하는 몸인가? 사소한 일들에 모든 에너지를 소진하지는 말자. 큰 그림을 보자.

식사를 하는 시간과 식사량

어떤 사람들의 경우, 그 주의 식단에서 한 걸음만 삐끗해도 그게 낭떠러지로 굴러 떨어지는 계기가 될 수 있다. 쿠키 한 조각을 조금씩 아껴 먹다가 갑자기 정신을 차려 보니 빈 아이스크림 통을 멍하니 응시하고 있었던 적은 없는가? 어떻게 그렇게 아무 생각 없이 먹어댈 수 있었는지 혼란스러워하면서 말이다. 그런가 하면 균형을 잃고 최악의 상태로 빠지지 않고도 하루 중, 또는 한 주 중 잠깐의 예외를 만끽할 수 있는 사람들도 있다. 스스로에게 주의를 기울이고, 식단을 지키며, 식사 일지를 빼놓지 않고 작성하다 보면 당신이 어느 쪽에 해당하는지 알아낼 수 있을 것이다.

당신이 부엌과 식료품 수납장, 냉장고에 건강한 음식들만 들어 있는지 확인하기만 해도 큰 발전이라고 할 수 있다. 그리고 유혹을 없애는 게 그 다음 단계이다. 하지만 집을 벗어나면 상황은 더욱 어려워진다. 당신이 쉽게 빠지는 유혹이 어디에 도사리고 있는지는 스스로가 잘 알고 있을 것이다. 어떤 식당에는 절대 저항할 수 없는 디저트가 당신을 기다리고 있다는 것도 스스로 잘 알고 있을 것이다. 또는 극장에 가면 번번이 탄산음료와 팝콘, 초콜릿이 포함된 콤보 메뉴를 사게 된다는 걸 스스로가 알고 있을 수도 있다.

항상 잊지 말고 식사 일지를 작성해야 한다. 그렇게 하면 계획을 지키는 데 도움이 된 것은 무엇이고, 나쁜 길로 빠지게 한 건 무엇이었는지 분명하게 볼 수 있다. 먹은 음식에만 그치지 말고 당신의 기분이 어땠는지, 왜 그 음식을 먹었는지도 적어 놔야 한다. 그런 오래된 패턴들과 습관들을 알아내면 앞으로 더 나아지는 데 도움이 된다. 스스로를 위해 과거의 패턴들을 대신해줄 새로운 패턴을 만들어낼 수 있는 것은 당신 자신밖에 없다. 해결책을 찾을 때까지는 규칙을 만들어낼 때나, 그 규칙을 어길 때 스스로에게 정직해야 한다.

잡동사니는 수학과 다를 게 없다. 당신은 책장의 공간이 허락하는 범위 내에서만 책을 꽂을 수 있다. 온종일 쿠키를 먹어대면서 기분이 좋을 거라고 기대해서는 안 된다. 어쩌면 당신은 구속감을 견딜 수 없어서 먹고 싶다면 얼마든지 돼지처럼 먹을 수 있다는 걸 증명하고 싶은 건지도 모른다. 원하면 얼마든지 인간으로서 도저히 더 먹을 수 없을 정도의 도넛을 먹을 수 있다는 걸 말이다. 당신이 그런 길로 들어서는 걸 막으려고 내가 당신의 현관문 앞에 짠 하고 나타나 줄 수는 없는 일이다. 당신이 스스로 해야 하는 일이다.

스스로 빠져나갈 수 있는 구멍을 남겨둬서는 안 된다. 음식의 양에 있어서도 스스로에게 엄격해야 한다. 어쩌면 당신은 식습관을 바꾸겠다고 스스로에게 약속하고 있을 수도 있다. 단, 내일부터 하겠다고? '주말이 끝나면', 또는 '스케줄이 한가해지면'이라고 미루지 말자. 이건 당신의 인생이다. 인생을 자꾸 미루지 말자. 늑장부리는 습관을 버리고, 당신이 손을 뻗고 있는 음식이 당신이 원하는 목표에 어떤 도움이 되는지 자문하는 습관을 기르자. 당신의 몸에도 한계가 있다. 그 한계를 존중하자.

피터 씨,
제가 항상 명심하려고 노력하는 게 한 가지 있다면 접시를 싹싹 비우는 걸로 제가 이득을 보고 있는 게 아니라는 사실이에요. 저는 본전을 뽑고 싶은 마음에 식당에서 시킨 음식은 남기지 않고 먹는답니다. 남겨 놨다 나중에 먹으면 맛이 없는 음식의 경우는 특히 더 그래요. 하지만 겨울을 대비해 몸속 지방에 저장해 놓을 수 있는 곰도 아니니, 먹을 수 있는 것보다 지나치게 많이 먹는 게 사실은 이득을 보는 일도 아니죠. 오히려 몸에 나쁘기만 한 걸요. 두통이나 건강문제, 체중증가가 '이득이 되는 일'은 절대 아니잖아요.

굳게 다짐해라. 당신의 식단이 현재 식사량보다 더 적은 식사량으로 이뤄져 있는지 다시 확인해라. 그리고 자꾸 규칙을 바꾸지 말자. '일주일에 도넛 한 개쯤은 괜찮겠지.'라고 생각했다가 일주일 후에는 자기도 모르게 도넛 한 접시를 다 먹어치우고 있다면 뭔가 단단히 잘못된 것이다. 당신은 진지한 자세로 임하고 있지 않은 거다. (스스로를 속이는 일에 대해서는 뒤에서 더 이야기하겠다.)

● **특별한 행사와 명절**

피터 씨,
저희는 올해 서른 두 번의 졸업 기념 식사에 초대받았고, 많게는 하루에 열두 곳까지 참석해 봤어요. 식사 초대는 체중 대란으로 가는 초대랍니다. 어디를 가든 음식이 한 상 차려져 있는데다, 자기 아들이나 딸의 졸업 기념 케이크를 먹지 않으면 재수 없는 일이 생긴다고 말하는 사람들도 많아요. 쉬지 않고 먹어대는 친구들과 그리운 추억을 더듬으면서 몇 시간 동안이나 정신을 바짝 차리며 앉아 있기란 정말 끔찍할 정도로 힘들다니까요.

생일 케이크를 안 먹겠다고 거절하기는 쉬운 일이 아니다. 누군가의 생일이 아닌가! 일 년에 한 번밖에 없는 일 아닌가! 특별한 날이 아닌가! 추수감사절에 먹는 파이도 마찬가지다. 추수감사절이 아닌가! 집에서 직접 만든 파이라는데! 어떻게 싫다고 말할 수가 있겠는가? 그리고 결혼식에 가서 술을 한두 잔씩 들이키다 보면 그게 대여섯 잔이 되는 것도 순식간이다. 평생 한 번 있는 일 아닌가(다들 그러기를 바란다). 그런 자리들을 다 합쳐보면 당연히 명절이나 특별한 행사들은 엄청나게 많다. 좋은 일이다. 잔치를 마다할 사람이 어디 있겠는가. 단, 과식과 과음만 하지 않는다면 말이다.

특별한 행사와 명절은 많은 사람들에게 가장 인기 있는 변명거리다. 신나고 즐거운 삶은 그런 특별한 일들로 가득 차 있다. 단, 나는 당신이 이 신나고 즐거운 인생을 오래, 건강하게 살 수 있기를 바라는 것이다. 외식에 대해 스스로 규칙을 정해 놓듯, 이런 특별한 행사를 위해서도 미리 계획을 세워둬야 한다. 명절이나 잔치에 도사리고 있는 유혹거리들을 생각해 보라. 가장 쉬운 비결 가운데 하나는 건강한 식사로 배를 채운 뒤 집을 나서는 것이다. 배고픔에 허덕이는 대신 포만감으로 배가 부른 상태로 그 자리에 도착한다면 커다란 케이크나 당신을 부르는 뷔페 테이블에 "노(NO)"라고 말하는 게 훨씬 더 쉬워질 것이다.

전채요리

치즈로 만든 요리 한 입. 그리고 기름기가 줄줄 흐르는 요리 한 입. 먹은 거 같지도 않은 적은 양의 음식들이니 괜찮다고 생각할 수도 있다. 당신은 너무 배가 고프다. 누가 당신을 비난할 수 있겠는가? 그리고 당신을 비난하는 그 사람들이 당신보다 더 많이 먹었을지 또 누가 알겠는가. 음식은 끝도 없이 계속 나온다. 그렇게 다 먹고 나면 당신이 방금 뭘 먹었는지조차 기억할 수 없을 것이다. 전채요리를 경계하라. 규칙을 정해놓고 그 규칙들을 지켜라. 전채요리는 작아 보이지만 치명상을 입힐 수 있다.

축배

특별한 행사에는 보통 축배를 들며 성취물이나 행복한 일을 축하하는 순서가 있기 마련이다. 그리고 많은 경우 잔을 채 비우기도 전에 웨이터가 테이블을 돌아다니며 잔에 술을 가득 따라준다. 역시 얼마나 많이 마셨는지 세면서 기억을 하기 힘든 경우다. 조금씩 천천히 마셔라. 잔을 비울 때까지는 더 따르지 말아달라고 말해라. 목구멍으로 아무리 술술 잘 넘어가도, 알코올 음료도 역시 결국 디저트다. 스스로 절제해라.

  술을 너무 많이 마시면 정신도 흐려질 수 있다. 당신이 살고 싶은 인생이 눈앞에서 흐려지기를 원하지는 않을 것이다(술독에 빠진 몽롱한 인생을 살고 싶은 게 아니라면). 술을 절제해서 마시면 정신이 맑은 상태에서 그 순간을 즐길 수 있을 것이고, 그 다음날 아침에 일어나서도 얼마나 즐거운 시간을 보냈는지 기억할 수 있을 것이다.

전통

축하행사들은 종교적인 것이든, 아니든, 그 안에 특별한 의미와 전통을 담고 있다. 시어머니께서 만드신 크리스마스 전통 사탕과 과자를 떠올려 보라. 새해를 맞으면서 드는 샴페인을 생각해 보라. 밸런타인데이의 초콜릿, 독립기념일에 먹는 프라이드치킨과 맥주를 떠올려 보라. 그게 전통이라고 해서 절대 무조건 허겁지겁 먹어치우지는 말자. 그 음식을 먹는 이유는 그 음식이 당신에게 의미가 있고, 그 음식의 맛을 좋아하며, 그 맛을 음미할 수 있고 마음속에 간직할 수 있기 때문이어야 한다. 그 음식을 먹는 순간이 올 때까지 특히 더 식습관에 조심하면서 계획을 세워두자. 전통은 시간을 의미 있는 것으로 만들기 위해 세워진 것이다.

하지만 전통이라는 이유로, 스스로를 위해 열심히 노력해온 모든 것들을 포기해서는 안 된다. 정도를 지나치지 않고도 함께할 수 있다. 음식을 한 입 맛보라. 그리고 주위를 둘러보라. 그 순간, 그 전통이 갖는 본질적인 의미를 느껴보라. 벨트가 터져나갈 것 같은 포만감 대신, 왜 굳이 시간을 내서 친구들이나 가족들과 모였는지 그 의미를 가슴속에 간직한 채 그 자리를 나와라.

친구들이 주는 압박감

"자, 어서 한 입만 더 먹어. 이거 한 입 먹는다고 안 죽어!" 친구들이 주는 압박감은 십대들만의 이야기가 아니다. 모든 모임에는 어느 정도의 사회적인 압박이 존재한다. 의도적이거나 공공연한 게 아니라고 해도 말이다. 당신도 함께하고 싶은 마음이 들 것이다. 괜히 당신에게 시선이 집중되게 만들고 싶지는 않을 테니까. 파티에서 술을 전혀 마시지 않으려고 한 번이라도 노력해 본 사람이라면 의도치 않게 사람들의 이목이 집중될 때, 그게 얼마나 고통스러운 일인지 알 것이다.

사람들은 당신이 임신을 했다고 생각하거나, 알코올중독이라 술을 끊은 거라고 생각할 수도 있다. 둘 중 어느 경우라도 그걸 파티에 모인 사람들 전체에게 떠벌리고 싶어하는 사람은 없을 것이다. 마찬가지로 체중을 조절하려는 노력을 토의 주제로 만들어, 저녁식사 시간을 허비하고 싶지는 않을 것이다.

자, 이제 잘난 척하는 매너박사 흉내를 내볼 때가 왔다. 당신에게는 스스로 원하는 선택을 내릴 권리가 있다. 그리고 당신에게는 깜짝 놀라며 눈을 치켜뜨는 사람들을 무시할 권리, 누가 부적절한 질문을 할 때는 예의

바르게 화제를 돌릴 권리 역시 있다.

누가 "오늘 술 안 마신다고?"라거나 "뭐? 디저트는 안 먹는다고? 초콜릿 완전 좋아하잖아!"라고 말하면 괜히 뻔한 말을 반복하지 말자. 그냥 "고맙지만 사양할게. 맛있어 보인다." 라고 말해라. 그리고 화제를 전환해라. 자기도 모르는 새 발목이 잡히는 일을 방지하기 위해서는 화제를 어떻게 전환할 건지 미리 계획을 세워두는 게 좋다.

뷔페

아, 당신의 이름을 부르는 뷔페식당이여. 종류를 막론하고 뷔페는 식사를 조절하려고 노력중인 사람에게는 최후의 도전과제나 마찬가지다. 무제한의 음식에다 무제한의 횟수라니. 이보다 더 좋은 게 어디 있을까? 뷔페를 먹을 때 규칙은 매우 간단하다. 딱 한 접시만 먹는 거다. 그걸로 끝이다. 두 번째, 세 번째, 심지어 네 번째 접시를 들라고 부추김을 당할 때, 그리고 매번 깨끗한 접시에 음식을 담을 수 있을 때는 얼마나 먹었는지 양을 계산해서 기억하기가 힘들다.

뷔페를 하나의 메뉴라고 상상하며 뭘 시키고 싶은지 결정해라. 그렇게 정한 음식들을 적당한 양만큼만 접시에 담아라. 접시가 온갖 종류의 음식들로 흘러 넘쳐서는 안 된다. 간단하면서도 다채로운 색을 띤 건강한 음식들이 담겨져 있어야 한다. 천천히 먹어라. 대화, 식사를 하고 있는 그 순간, 당신과 함께하고 있는 사람들의 존재를 즐겨라. 많이 먹었다고 후회하는 대신 얼마나 즐거운 시간이었는지 떠올리게 될 내일을 즐겨라.

잡동사니 음식 법칙

앞으로 즐거운 식사를 하는 데 초점을 맞춰라. 한 번의 실수가 포기로 이어지게 내버려두지 말라.

● **스스로에게 거짓말하기**

당신은 분명히 다이어트 중 스스로에게 거짓말을 해본적이 있을 것이다. 안 그래 본 사람이 어디 있을까? 살을 빼야겠다고 난생 처음으로 결심한 사람이 아닌 이상 과거 언젠가는 자신을 속여본 일이 한 번씩은 있을 것이다. 당신이 지금 이 자리에 있기 때문에, 다시 한 번 살을 빼기 위해, 체중계에 '성공'이라는 마법의 숫자가 뜨기를 바라며 노력하고 있기 때문에, 나는 그렇게 확신할 수 있는 것이다.

이 책은 먹은 음식의 칼로리를 계산하며 몸무게를 재보고 정기적으로 모임을 갖는, 그런 다이어트 프로그램이 아니다. 당신이 뭘 하는지 지켜봐 주는 사람은 아무도 없다. 당신은 다이어트를 하고 있는 게 아니다. 당신은 식습관을 바꾸겠다고 스스로에게 약속을 하고 있는 것이다. 현재의 모습에서 당신이 원하는 모습으로 변화를 꿈꾸고 있는 것이다. 그러니 스스로에게 거짓말을 하는 게 무슨 소용이란 말인가? 당신이 성취하고 싶은 모든 일들을 마음속에 떠올려 보라.

최근 나의 책인 『뒤죽박죽 내 인생 정리의 기술』에 대한 강연을 하러 뉴욕에 갔다. 한 여성은 나에게 어떻게 하면 자신의 아파트를 깔끔하게 정돈할 수 있을지 물어왔다. 나는 "앞으로 6개월간은 생필품이 아닌 물건은 절대 아무것도 사면 안 됩니다."라고 말했다. 그녀는 얼굴 가득 활짝 미소를 띠었다. 그리고 그녀는 수긍하는 뜻에서 고개를 끄덕였지만, 그녀의 눈 속에서 내가 본 것은 강한 부정뿐이었다. 이 문제에 대해 그녀를 더 다그쳐 묻자 그녀는 자신의 인생, 특히 주거공간을 정리정돈하고 싶은 절박한 심정이라고 말했다. 하지만 더 이상 물건을 사지 말라니, 쇼핑을 끊으라니? 그렇게는 할 수 없다는 것이다.

나를 조금이라도 알고 있다면 내가 가끔씩은 아주 까다로워질 수도 있다는 걸 알 것이다. 가혹한 말처럼 들리겠지만 나는 이 여성에게 진짜 집을 정리하고 싶은 생각이 별로 없는 것 같으니 내가 해줄 수 있는 일이 없다고 말했다. 그게 그녀가 원하는 대답은 아니었겠지만 필요한 대답이었음은 분명하다. 음식이나 잡동사니에 기적의 해답, 즉각적 해결책 따위는 없다. 이 문제를 성공적으로 해결하기 위해 내가 찾아낸 길을 보여줄 수는 있지만, 스스로 진심을 다해 그 길을 따를 준비가 안 돼 있다면 차라리 그냥 지금 그만두는 게 나을 수도 있다. 이 일은, 내가 당신을 위해서 대신 해 줄 수는 없지만, 당신이 혼자의 힘으로 얼마든지 해낼 수 있는 일이다.

이제 자신을 속이는 일에 대해 이야기해 보자. 정직이 빠지면 성공도 있을 수 없다. 당신은 자신을 속이겠다고 스스로 선택한 거다. 그렇게 간단한 논리다. 당신이 속이고 있는 사람이 당신 자신인 것이다. 자기가 어떤 음식을 먹는지 감추려고 하는 사람들을 만나는 건 언제나 흥미진진한 일이다. 그들은 아무도 볼 수 없을 때 집에서 식사를 한다. 아니면 커다란 초콜릿 봉지를 책상 안에 숨겨 놓고 아무도 모르게 한 주먹씩 몰래 꺼내먹는 거다. '웨이트워처스(Weight Watchers: 체중 감시단이라는 뜻으로 다이어트 프로그램을 제공하는 세계적 기업이다. 회원들은 매일 먹는 음식들을 일지로 작성해야 하고 정기적으로 웨이트워처스 모임 장소에 모여 몸무게를 측정한다-옮긴이)' 일지를 거짓으로 작성하는 클라이언트도 있었다. 그녀는 자기가 먹은 초콜릿을 일지에 쓰지 않으면 그걸 먹지 않은 것 같이 느껴진다고 말했다. 그녀는 누구에게서 숨고 있는 것일까? 당신이 방해하고 있는 인생은 당신 자신의 인생이다.

우유 잔에 스스로 우유를 부어 마시는 법을 배우려고 애쓰는 꼬마가 있다고 생각해 보자. 이 아이가 삼일 연속 우유를 엎지르기만 하고 있다면, 이 아이에게 어떤 말을 해줄 것인지 생각해 보자. 당신은 아이에게 "너는 나쁜 아이야!"라고 말하겠는가? "진짜, 관둬! 그냥 병째 마셔. 너 앞으로는 절대 잔에다 따라서 마실 생각은 하지도 마."라고 말하겠는가. 당연히 아닐 거다. 아이를 위로해 줘야 할 것이다. 당신은 아이에게 신선한 우유를 한 잔 따라줄 것이다. 몸을 다치지 않게 조심해야 한다고, 유리를 다룰 때는 조심해야 한다고 말해줄 것이다. 그리고 다시 해보라고 아이를 격려할 것이다.

우리는 당연히 실수할 수밖에 없다. 오래된 습관은 고치기가 힘드니까. 그런 실수에 대해 스스로를 호되게 자책하기보다는 부드럽게 어루만져 주는 게 중요하다. 믿음을 가져라. 그리고 다시 한 번 시작하라. 하지만 자기가 한 일을 뒤돌아보는 일을 잊어서는 안 된다. 아이들은 아직 '자기 인식'이 부족하기 때문에 우유를 쉽게 엎지른다. 아이들은 친구와 농담을 하면서, 동시에 자기의 팔꿈치가 어디 있는지 생각할 수가 없다. 하지만 당신은 이제 어른이 되지 않았는가.

다시 돌아가서 식사 일지를 살펴보자. 무엇이 그런 실수를 저지르게 했는가? 낮 시간에 일어난 일인가? 바빠서 건강한 식사를 위한 계획을 미처 세워두지 못했는가? 누군가 당신을 화나게 하는 말을 했는가? 앞에서 이야기한 방아쇠들을 기억하는가? 당신의 행동을 강화해줄 뭔가가 필요할 때마다 그 부분을 펼쳐서 다시 읽어보자.

방아쇠와 정면으로 대결해야 한다. 인생의 잘못된 부분을 변화시키거나 감정을 배출할 수 있는 다른 통로를 찾아보자. 예기치 못한 상황에서 발목을 붙잡히는 일이 없도록, 계획을 세울 때는 그런 방아쇠들을 항상 고려해야 한다.

당신이 거짓말을 했다고 해서 실패했다는 뜻은 아니다. 작은 실수들이 눈덩이처럼 불어나게 해서는 안 된다. 어떤 실수를 저질렀든(그게 도넛 하나였든, 더블 치즈버거였든, 또는 포테이토칩 한 봉지였든) 그 실수를 있는 그대로 볼 수 있어야 한다. 그리고 왜 그런 일이 발생했는지 생각해본 후에는 그 일을 뒤로하고 앞으로 나갈 수 있어야 한다.

식사일지 활용을 잊지 말 것

외부의 방아쇠 및 심리적 방아쇠와 씨름을 하고 있다면, 당신을 몸에 나쁜 음식으로 이끄는 상황을 알아내기 위해 식사 일지를 계속적으로 활용해라. 적어놓은 내용을 검토하다 보면 그런 약점의 순간을 극복하기 위한 대안적 행동들을 마련해낼 수 있다.

건강한 대안들을 찾아라

외부의 방아쇠를 대신해줄 새로운 행동방식을 생각해 보자. 다음의 예에서 여러 가지를 적당히 골라 봐도 좋고 자기만의 답을 생각해내도 좋다.

바꿔야 할 행동:	새로운 대안:
칵테일 파티에서 과식을 한다.	그 자리에 가기 전에 미리 건강한 간식으로 배를 채워놓고, 먹을 수 있는 전채 요리의 개수 역시 미리 정해놓는다.
금요일 저녁 퇴근 후 동료들과 끝도 없이 술을 마신다.	레몬이나 라임을 넣은 소다수를 마신다. 내 잔 속에 뭐가 들었는지 다른 사람들이 알아야 할 이유는 없지 않은가.
토요일 저녁 친구들과 만나 배가 터질 때까지 좋아하는 음식을 먹는다.	메뉴에서 건강한 음식을 찾는다. 먹는 양을 스스로 제한한다.
명절이나 특별한 행사 때마다 정신을 못 차리고 마구 먹는다.	규칙을 세운다: 생일 케이크는 먹지 않는다. 파티음식 대신 진짜 저녁거리를 먹는다.
원래의 계획이 틀어지면 좋아하는 음식을 닥치는 대로 먹는다.	집에 비상용으로 건강식을 준비해 놓는다.
패스트푸드를 먹는다.	패스트푸드는 절대 금물이다. 계획만이 살 길이다.

어떤 사람들에게는 행동 대신 음식을 위한 대안을 찾는 게 더 쉬울 수도 있다. 당신이 좋아하는 음식 가운데 최악이라고 할만한 음식들을 써 보고, 그런 음식들을 대신해줄 몸에 좋고 포만감을 주는 대안이나 행동을 생각해 보자.

바꿔야 할 음식/음료:	새로운 대안:
입맛을 돋우는 전채요리	과일 한 조각이나 견과류 한 주먹
나쵸	당근과 허머스
칵테일	탄산수

Chapter 09

점검사항

- [ ] 과식으로 이어지는 방아쇠를 찾아라.
- [ ] '자기 약점 찾기' 자가진단을 실시하라.
- [ ] 어떤 식사자리에서 과식을 하게 되는지 알아내라.
- [ ] 패스트푸드를 멀리하라.
- [ ] 육체적 활동을 늘리기 위한 방법들을 열거해 보라.
- [ ] 식사 일지를 꾸준히 작성하라.
- [ ] 건강한 대안들을 찾아라.

| 맺음말 |

당신이 누릴 성공

● **매일의 성공을 인정하라**

　나는 내가 하는 일과, 잡동사니들이 사람들의 인생에 미치는 효과에 대해 미국 전역을 돌며 강연을 한다. 매 강연회의 질문 시간마다 약속이나 한 것처럼 손을 들고 지겹게 들어온 질문을 하는 사람이 한 명씩은 꼭 있다. "피터 씨가 도와주는 가족들과 TV에 출연하는 가족들 있잖아요? 그 사람들은 피터 씨가 떠난 후에도 집을 그렇게 깔끔하게 유지하나요?" 누구든 주위를 어지르는 습관을 버리고 가정을 깔끔하게 유지하는 게 가능한지 여부에 대해서 다들 엄청난 관심이 있는 것이다.

　대부분의 사람들은 변화를 지속적으로 유지하는 데 성공한다. 내가 도움을 준 모든 가족들이 성공한다고 말할 수 있었으면 좋겠지만 그렇지 않은 게 현실이다. 하지만 지난 몇 년 동안, 변화를 유지하고 새로운 삶의 방식을 확실하게 자기 것으로 만들기 위한 방법이 한 가지 있다는 걸 깨달았다. 적어도 성공의 가능성을 확실히 높여줄 방법인 것만은 분명하다. '물건'을 출발점으로 삼아서는 안 된다는 것이다. 당신이 어떤 인생을 살고 싶은지, 그 인생에 대한 분명한 관점이 출발선이 돼야 한다. 잡동사니나, 음식이나 마찬가지다. 오로지 겉으로 보이는 문제(집안에 굴러다니는 잡동사니나 접시 위의 잡동사니 음식 등)에만 집중하면 절대 장기적인 성공을 성취하지 못할 것이다.

이상한 말처럼 들리겠지만 잘못된 길로 빠지지 않는 유일한 방법이 있다면 한발 물러서서 이렇게 자문해 보는 것이다. 내가 나의 인생에서 원하는 것은 무엇인가? 나는 어떤 인생을 살고 싶은가? 그 인생은 어떤 모습인가? 이렇게 해보는 것은 생각보다 굉장히 어려운 일이고, 많은 사람들이 두려움에 차마 시도조차 못하는 일이기도 하다. 대부분의 경우 실패에 대한 두려움, 성공에 대한 두려움, 답하지 못한 수많은 질문들에 대한 두려움은 내 클라이언트들이 인생의 목표에 집중하는 데 걸림돌이 돼 왔다. 이제 정말 질문해 볼 때가 왔다. 그리고 그 질문이 가리키는 길을 따라가라.

● 뚱뚱한 엉덩이는 이제 그만

변화를 보기 시작하면, 축하를 해야 마땅하다! 외식을 하러 나가서 원하는 음식을 무엇이든 먹어라. 라지 프렌치프라이를 시켜서 시원한 밀크셰이크 한 잔과 함께 끝내버리자. 그러고 나서 프렌치프라이를 하나 더 추가해도 좋다!

그만! 미안, 미안. 농담이다. 그렇게 쉬운 일이었으면 얼마나 좋을까. 나 역시 당신의 발전에 대해 스스로에게 뭔가 보상해주기를 바란다. 하지만 과거의 잘못된 습관으로 빠져드는 일로 자축을 해서는 안 된다. 음식을 보상의 수단으로 사용하지 말 것. 군살 없는 새로운 엉덩이를 축하하기 위해 스스로에게 뭔가 좋은 일을 해보자. 성공이 또 다른 성공으로 가는 발판이 되게 해라. 여기 몇 가지 아이디어가 있다.

- 너무 커서 맞지 않는 옷을 기부한다.
- 몇 년 만에 처음으로 수영복 쇼핑을 간다.
- 자기의 '비포 & 애프터' 사진을 나란히 붙여본다. 그리고 거울이나 잘 보이는 장소에 걸어둔다. 당신이 얼마나 멀리 왔는지 뒤돌아보라.
- 벌거벗은 채로 춤추는 자신의 모습을 찍어본다.
- 댄스 강습을 등록하거나 전에는 항상 겁나서 하지 못했던 일을 시도해 본다.
- 주말에 큰 마음 먹고 마사지를 받거나 스파를 즐겨본다.
- 누군가에게 데이트 신청을 한다.

잡동사니 음식 법칙

주의 깊은 식습관을 삶의 방식으로 삼지 않으면 엉덩이에 군살이 다시 슬금슬금 붙기 시작할 것이다.

● 자기관리의 즐거움

훌륭한 몸매를 가진 건강한 사람들만이 알고 있는 비밀이 하나 있다. 날씬함을 유지하는 게 살을 빼는 것보다 훨씬 더 쉬운 일이라는 사실이다. 생각해 봐라. 살을 빼려면 칼로리가 모자라야 한다. 흡수량보다 연소량이 더 많아야 한다는 말이다. 섭취하는 칼로리보다 소모하는 칼로리가 더 많아야 한다는 말이다. 쉽지 않은 일이다. 당신의 몸은 손해 보는 장사를 하고 있다는 걸 알아채고 크고 분명한 목소리로 항의할 것이다. 꾸르륵거리는 뱃속을 무시하거나 허기의 고통을 무시하는 건 힘든 일이다. 하지만 체중을 유지하기 위해서는 연소시키는 칼로리와 똑같은 양의 칼로리를 섭취하기만 하면 된다. 훨씬 더 쉬운 일이다. 아직 목표에 다다르지 못했다면 꼭 명심해 둘 것. 살을 빼는 건 힘든 일이다. 하지만 체중을 유지하는 일은 그보다 더 쉽다. 터널의 끝에 다다르면 희망의 불빛이 보일 것이다.

또 한편으로는, 그 힘든 체중감량 과정을 다시 거치고 싶은 사람은 절대 없다는 사실을 떠올려 봐야 한다. 박탈감을 느끼게 하지 않는 일상적인 습관을 길러서, 스스로 만들어낸 변화를 유지해라. 간식을 먹는 게 무조건 나쁜 일은 아니지만, 반드시 두 가지 면에서의 제한이 뒤따라야 한다. 간식의 빈도수와 양이다.

당신은 여전히 매일 선택을 내려야 한다. 당신이 살고 싶은 인생에 도움이 되지 않는 선택들을 내리다 보면 결국은 다시 제자리로 돌아와 있는 자신의 모습을 발견하게 될 것이다. 맛있고 살찌는 음식들은 수없이 많다. 배가 고플 때마다, 끼니마다, 여생 동안 그런 유혹과 싸워야 할 수도 있다. 기운 빠지는 소리처럼 들리겠지만 그런 유혹에 맞서 싸우고 싶지 않다면, 당신이 원하는 인생에 반하는 선택들을 내리는 수밖에 없다. 결정은 당신의 몫이다.

피터 씨,

저는 하루에도 몇 번씩 통제 불능의 상황에 맞닥뜨린답니다. 저는 자폐증이 있는 두 아이와 함께 사는 싱글 맘이고, 밖에서 일을 해야 하는 재무상담가 겸 작가예요. 그래서 항상 정리정돈하는 습관과 계획성은 필수죠. 그런데 정신없이 살다보니 사실 그 부분에 있어서는 부족함을 느낀답니다. 보통 때보다 혼돈이 더 극심해지면 저희 집, 즉 저만의 성지(저는 저희 집을 이렇게 부르는 걸 좋아해요)에 그게 그대로 드러나고 잡동사니들은 저를 창피하게 만들죠. 그럴 때는 체중도 늘었어요.

주위를 둘러볼 때 느끼는 좌절감과 감당할 수 없는 실패의식 때문에 일시적인 위안으로 음식에 의지하게 될뿐더러, 무력감 때문에 운동도 하지 않게 되거든요. 그러면 스트레스는 더 커지고, 저는 상황을 통제하려는 노력조차 하지 않게 되고, 체중은 더욱 늘어나죠. 끔찍한 악순환 아닌가요……. 이런 소용돌이 속에서 통제력을 되찾기 위해 제가 터득한 유일한 방법은 잡동사니부터 처리하는 거예요. 그러면 나머지는 다 저절로 따라온다니까요.

● 규칙적인 일상과 지루함은 동의어가 아니다

당신은 스스로에게 잘 맞는 규칙적인 일상을 찾아냈기 때문에 변화를 목격하고 있는 것이다. 당신은 조금씩 먹는다. 당신은 몸에 더 좋은 음식을 먹고 있다. 그런 습관을 유지해라. 하지만 판에 박힌 단조로운 인생을 살아야 된다는 말은 아니다. 인생은 지루해서는 안 된다. 삐쩍 마른 몸으로 무미건조하고 반복적인 삶을 사는 건 우리의 목표가 아니다. 누구나 그런 사람을 만나본 적이 한 번쯤은 있을 거다. 그런 사람들의 삶은 별로 즐거워 보이지 않는다.

규칙적인 일상에 익숙해졌으면 지루함을 느끼기 전에 당신이 먹는 음식의 지평을 넓히기 위한 방법들을 찾아보라. 잡지나 요리책에서 새로운 레시피를 찾아보자. 재밌어 보이는 음식을 시도해 보되 이번에는 친구들에게 버터로 범벅이 된 음식을 대접하는 대신 맛있고 몸에 좋은 음식을 만드는 방법을 찾아보자. 아직 한 번도 사용한 적이 없는 그릴을 꺼내 사용해 보거나 당신의 첫 번째 오븐 찜요리를 시도해 보는 건 어떨까. 다른 나라의 요리법들이 나온 책을 사서 새로운 향신료와 요리 테크닉을 탐험해 보자. 스스로 성취해낸 것을 희생하지 않고도 모험을 즐기는 방법은 수백 가지도 넘는다.

● 뚱뚱함과는 이제 정말 안녕

건강한 생활이 당신 인생의 일부가 돼야 하지만, 그게 당신 인생 자체가 돼서는 안 된다.

- 음식과 맺고 있는 관계만을 통해 스스로를 정의하지 말라.
- 음식 먹는 일의 기쁨을 스스로에게서 박탈하지 말라. '나쁜' 음식을 먹는 데서만 즐거움을 얻었다면, 그를 대신할 건강식을 찾아보거나 새로운 관심거리를 찾아보라. 건강하고 즐거운 삶을 사는 게 중요하다. 그게 가치 있는 목표이다.
- 집착하지 말라. 진심으로 하는 당부이다. 당신이 어떻게 하면 포테이토

칩을 한 조각도 안 먹을 수 있을까 그 방법을 찾으려고 일생을 바치는 사람이 될지도 모른다는 생각만 해도, 나는 몸서리쳐진다.
- 항상 칼로리를 계산하거나 다이어트용 대체식품만 먹고 살지는 말자. 저녁 식사에 초대를 받았을 때 당신이 먹을 음식은 직접 싸왔다고 말하는 그런 사람이 되지는 말자.
- 당근의 당분 함량이 높다는 말을 어디서 듣고 와서, 샐러드에서 당근 조각들을 다 골라내지는 말라.
- 다른 사람이 먹고 있는 음식에 대해 의견을 피력하려고 하지는 말라. "어머머, 나는 그런 거 안 먹어. 진짜 살찌는 음식이잖아!." 같은 식으로. 사려 깊고 너그러운 사람이 돼라. 품위를 지켜라.
- 친구들에게 언젠가는 그들도 당신처럼 완벽한 사람이 될 수 있을 거라고 설교를 늘어놓지 말라. 사람들을 돕고 싶었을 뿐이라고? 배고픈 사람들에게 음식이나 나눠 줘라!

● 당신이 그리는 이상적인 인생과 이상적인 당신

실제로 다른 사람들의 집에 들어가 잡동사니 처치를 도울 때마다 나는 깨끗해진 집을 뒤로한 채 그들을 떠날 수 있었다. 물건을 없애는 일은 그나마 즉각적인 결과를 눈으로 볼 수 있기 때문에 여러모로 더 쉽다고 할 수 있다. 하지만 이미 앞에서도 말했듯 효과가 바로 나타나는 처방 따위는 없다. 이렇게 깔끔하게 정리된 집들이 그 상태로 유지될 거라는 보장은 어디에도 없다. 광고용 우편물과 소비문화의 홍수 속에서 그들은 몇 주 만에라도 금방 다시 감당할 수 없는 물건에 뒤덮이게 될 수 있다.

하물며 당신 눈앞에 펼쳐진 길은 그보다도 훨씬 더 힘겨운 가시밭길이다. 이 책에 나온 지시사항들을 다 읽었다고 해서 일주일 안에 몽땅 살을 빼지는 못할 것이다. 체중감량에는 시간이 필요하다. 건강한 체중감량은 일주일에 0.5~1Kg 정도에 해당한다. 즉, 한 달이라고 해봤자 2Kg밖에 안 된다는 말이다. 잡지 뒤에 실린 광고들이 말하는 '30일만에 기적 같은 20Kg 감량'과는 완전히 거리가 먼 숫자 아닌가. 우리의 몸은 우리의 집보다 청소하기가 훨씬 힘든 대상이다. 건강해지는 데 초점을 맞추라고 하는 것과, 이상적인 몸을 갖게 됐을 때 할 수 있는 일에 초점을 맞추라고 하는 것도 다 그런 이유에서다. 체중계는 중요하지 않다. 중요한 건 당신의 인생이다.

● 포기는 금물!

오래된 습관은 잘 없어지지 않는다. 차츰 시간이 지남에 따라, 더 나아지기 위한 더 많은 변화들을 위해 노력하면 된다. 스스로의 체중에 불만이 없다면, 당신의 건강은 어떤지 생각해 봐라. 당신은 심장에 좋은 음식을 먹고 있는가? 당신은 운동을 하고 있는가? 당신은 행복한가? 당신의 목표를 기억해라. 당신의 이상적인 삶을 기억해라. 시간과 에너지를 들이면 간간이 변화를 목격하게 될 것이다.

당신의 인생을 통제할 수 있는 능력은 당신의 내면에 있다는 걸 기억해라. 기회를 만들어낼 수 있는 것도 당신이다. 구직의 기회는 왔다가 사라진다. 아이들은 자란다. 새로운 사상과 아이디어들은 당신의 머리를 채운다. 우리는 유기체이다. 우리의 삶은 유기적이다. 당신의 인생이 변화하고, 성장하고, 성공하게 하라. 죽을 때까지 젊은 기분으로 살 수 있을 것이다.

■ 감사의 말

이 책을 쓰는 일은 커다란 도전이었다. 미국으로 이민을 온 후 2년 쯤 뒤 처음으로 준비한 추수감사절 만찬과 비슷했달까. 만찬에 참석한 사람만도 서른다섯 명이었다. 다양한 요리법은 물론이요, 추수감사절 음식에 대한 의견이 그렇게 저마다 다 다르다는 걸 알았다면 만찬을 준비하겠다고 말하기 전에 아마 다시 생각해 봤을 거다. 이 책을 쓰는 일도 그와 별다르지 않았다.

나는 일곱이나 되는 남매들 사이에서 자랐지만 어머니께서 식사 준비를 위해서 깡통이나 상자 속에 든 재료를 쓰시는 걸 한 번도 보지 못했다. 지금 와서 생각해보면 어떻게 그렇게 하셨는지 혀를 찰 노릇이다. 우리는 그렇게 어렸을 때부터 신선한 재료와 정성이 들어간 음식의 중요성을 배웠다. 식사는 내 유년시절의 중심 역할을 했고, 지금도 우리 가족들은 모이면 자연스레 식탁에 둘러앉는다. 우리 가족의 식탁은 왁자지껄 웃음소리로 가득하며, 정신이 하나도 없다. 음식과 함께 우리 가족들의 삶의 중심을 이루는 게 또 한 가지 있다면, 바로 과한 것은 몸에 좋을 수가 없다는 사실에 대한 날카로운 자각이다.

저절로 만들어지는 음식은 없듯이 저절로 써지는 책도 없다. 그리고 추수감사절 칠면조를 굽는 데 수천 가지 다른 방법이 있듯이, 잡동사니와 똥

풍함에 대한 의견도 수천 가지, 아니 그보다도 훨씬 많이 있다. 많은 사람들의 도움과 유머, 통찰력이 없었다면 지금처럼 당신은 이 책을 손에 들고 있을 수 없었을 것이다.

초고를 읽어봐 준 이들: 홀리 아굴넥, 그렉 배튼, 리사 조지폴즈, 앤드류 머즈먼, 딘 미너드, 안드레아 로스차일드펠드먼, 신디 사이너. 이 일곱 명의 용사들은 초고를 읽고 소화시킨 후 믿을 수 있는 의견과 훌륭한 건의 사항들을 내주었다. 이 책은 그들의 피드백과 뚜렷한 통찰력 덕분에 더욱 강해질 수 있었다.

위대한 문장가: 힐러리 리프틴. 나 혼자만의 장황함에 목이 메는 일이 없도록 확인해 주고 메시지의 모양을 잡는 걸 도와준 데 감사한다. 항상 그 자리에 있어준 것만으로도 나는 그녀에게 엄청난 빚을 졌다.

프리 프레스/사이먼 & 슈스터 출판사: 질 브라우닝, 수잔 도너휴, 카리사 헤이즈, 마사 레빈, 도미닉 앤푸소. 발행인, 편집인, 홍보 담당자, 고문, 평론가, 지지자, 친구, 사업 파트너, 이들 중 어느 타이틀을 골라도 이들에게 어울리는 이름이 될 것이다. 이 놀라운 출판 팀은 열성적으로 지지와 격려를 쏟아부어줬고, 나는 그걸 감사한 마음으로 받아들일 뿐이다.

위대한 에이전트: 리디아 윌스와 패러다임 팀원들. 이들만큼 장난스러

운 요소들을 즐기는 이들도 없는 데다, 큰 그림을 나에게 이들만큼 시각적으로 잘 보여주는 이들도 없다. 그녀가 우리 팀의 일원이라는 건 정말 감사한 일이다. 그녀는 게임이 어떻게 돌아가는지 정확히 알고 있으며, 어떤 아이디어가 어디서 나온 건지 피차 서로 알고 있을 때 그게 내 아이디어인 척 눈감아 주기도 했다.

나의 새로운 지지자들: 시카고의 하포 프로덕션즈. 〈오프라윈프리쇼(The Oprah Winfrey Show)〉팀, 오프라 & 프렌즈 XM 라디오 그룹(Oprah & Friends XM Radio Group), Oprah.com 팀과 함께 일하는 건 커다란 힘이 됐다. 그들의 우정, 격려, 지지는 값으로 매길 수가 없다. 그곳에서 일하는 재능 넘치는 분들에게 감사의 말을 전한다.

세상에서 가장 용감한 이들: 잡동사니와 뚱뚱함에 대한 그들의 생각과 의견을 나와 함께 나눠준 모든 이들. 이들 가운데 대다수는 이 책을 읽다가 자신의 모습을 발견하게 될 것이다. 그들이 없었다면 이 책은 불가능했다. 자신의 이야기와 통찰력을 공유해 준 사람들의 너그러움을 항상 영광으로 여길 따름이다. 나는 수천 통의 이메일을 받아왔으며 이메일이 들려준 저마다의 이야기들이 이 책의 한마디 한마디에 영향을 주었다. 정말 감사할 따름이다.

그리고 켄에게. 켄이 없었다면 이 책의 어느 일부분도 절대 불가능했을 것이다. 그걸 다 말로 하자면 또 다른 책을 한 권 써야 할 것이다.

식사가 상에 차려지면, 그 풍미와 양념, 맛에 최종적인 책임을 지는 것은 주방장이다. 이 요리가 접시에 담겨 나오기까지 수많은 요리사들이 주방에 있었지만 그 최종적인 책임은 내가 진다. 천천히, 그리고 즐겁게 들기 바란다.